AF565853

Danksagung

Mein besonderer Dank gilt meinem verehrten Lehrmeister der Radiästhesie, Herrn Reinhard Schneider (1925-2001), dem ich wesentliche Aspekte meiner spirituellen Entwicklung verdanke und dessen Seminare es mir ermöglichten, die erforderlichen Untersuchungstechniken zu erlernen und damit einen experimentellen Zugang zu den Energien zu erhalten, die unser Lebensumfeld prägen und die ich hier beschreibe. Mein Dank gilt ebenfalls allen Personen, die mich bei dieser Arbeit unterstützt haben, sei es durch Anfragen oder Kommentare von Lesern meiner Bücher oder durch gemeinsame Forschungsarbeiten zu den hier dargestellten Themen. Herrn Sven Henkler vom Verlag Zeitenwende danke ich für sein großes Interesse an meiner Arbeit und seine spontane Entscheidung, dieses Buch allen Lesern über seinen Verlag zur Verfügung zu stellen.

Über den Autor

Dr. rer. nat. Siegfried Grabowski ist Diplom-Chemiker, Heilpraktiker und Rutengänger. Von früher Jugend an mit allen Erscheinungsformen der Grenzphänomene vertraut, befaßt er sich mit der Erforschung feinstofflicher Energien in unserem Lebensumfeld, insbesondere im Zusammenhang mit ihren Auswirkungen auf unsere Gesundheit. Seine naturwissenschaftliche Ausbildung sowie seine Intuition und Fühligkeit ermöglichen es ihm, die energetischen Phänomene unterschiedlichster Lebensbereiche zu analysieren, in verständlicher Weise zu beschreiben und einer praktischen Nutzung zuzuführen – und damit auch dem Leser einen verstandesmäßigen Zugang zu den Kräften zu vermitteln.

Siegfried Grabowski

Feinstoffliche Energien

richtig einsetzen und umsetzen

Siegfried Grabowski: Feinstoffliche Energien richtig einsetzen und umsetzen

Steigerstraße 64
01705 Freital OT Kleinnaundorf
www.verlag-zeitenwende.de
buecher@verlag-zeitenwende.de

2. Auflage 2017

Die Deutsche Bibliothek - CIP-Einheitsaufnahme
Ein Titelsatz für diese Publikation
ist bei der Deutschen Bibliothek erhältlich.

Umschlaggestaltung: Verlag Zeitenwende
Satz: Verlag Zeitenwende

ISBN 978-3-934291-67-6

* * *

Hinweis des Verlages:
Alle Angaben und Ratschläge in diesem Buch - vor allem die gesundheitlichen - sind nach bestem Wissen und Gewissen zusammengestellt. Sie sind vom Autor und vom Verlag sorgfältig erwogen und geprüft worden, dennoch kann eine Garantie nicht übernommen werden. Eine Haftung des Autors beziehungsweise des Verlages und seiner Beauftragten für Personen-, Sach- und Vermögensschäden ist ausgeschlossen.

Dieses Buch wurde noch nach den Regeln der sogenannten »alten« Rechtschreibung veröffentlicht.

Inhaltsverzeichnis

Vorwort . . . 8

Teil 1: Physikalisch-energetische Effekte . . . 9

Die feinstofflichen Energien der Metalle . . . 9

Allgemeine Wirkungen von Metallen auf den Organismus . . . 11

Feinstoffliche Wirkungen der Metalle nach Calligaris . . . 21

Wirkungen von Metallen im Wohnbereich . . . 29

Die feinstofflichen Kraftfelder von Steinen . . . 31

- Die natürlichen Polaritäten der Steine und ihre Anwendungsbereiche . . . 33
- Frühgeschichtliche Anwendung der Steinstrahlung nach Gerhard Pirchl . . . 43
- Heilwirkungen von Steinen – Karlbad . . . 46
- Die feinstofflichen Kraftfelder des Holzes . . . 52
- Die natürliche Polarisierung des Holzes . . . 52
- Anwendungsbeispiel für einen Holzkompaß . . . 54

Die feinstofflichen Kraftfelder von Mineralien und Kristallen . . . 55

- Besonderheiten der Kristallstrahlung . . . 55
- Das polarisierte Kraftfeld der Kristalle . . . 56
- Die Polaritäten der Kristalle . . . 58
- Die informativen Strahlungsqualitäten der Kristalle . . . 60
- Steine zur Informationsübermittlung . . . 60
- Steine für die manuelle Therapie . . . 62
- Therapeutisch nutzbare Kristallpendel . . . 64
- Präparieren von Kristallen zu besonderen Verwendungszwecken . . . 66
- Reinigen und Aufladen von Kristallen . . . 70
- Anfertigung eines Wunschpendels aus Wachs . . . 71

Spirituell wirksame feinstoffliche Eigenschaften von Kristallen . . . 73

- Kristalltypen und ihre charakteristischen Wirkungsspektren . . . 76
- Anwendungsbeispiele für den Einsatz von Kristallen . . . 82

Die Bildung von kristalliner Lichtmaterie . . . 84

Teil 2: Spirituell-energetische Effekte ... 90
Ferromagnetismus und Biomagnetismus ... 90
Magnetismus und Hypnotismus ... 96
Magnetismus und Magnetopathie ... 100
Ausgleich der Körper-Polaritäten nach Eeman ... 101
Methode des Ent-Switchens nach Hellmut Volk ... 106
Die Entwicklung magnetopathischer Fähigkeiten ... 109
Der persönliche Einsatz heilmagnetischer Energien ... 117
Die Kraftströme der Erde ... 117
Die Umsetzung (Verladung) der Kraftströme ... 118
Das bewußte Aufladen von Objekten ... 121
Teil 3: Das Reinigen und Aufladen von Objekten ... 125
Spirituelle Reinigung und Positivierung von Objekten ... 125
Grundstrukturen der energetischen Belastungen ... 127
Reinigung von Objekten durch Abreiben mit Kochsalz ... 132
Reinigen von Objekten durch Abspülen mit fließendem Wasser ... 135
Entzug einzelner Wellenlängen mittels radionischer Systeme ... 140
Absaugen von Energien durch Orgon-Rohre ... 142
Lagerung von Objekten an einem »positiven« Kraftort ... 143
Energetisch wirkende Untersetzer und verwandte Systeme ... 146
Das Arbeiten mit Magneten ... 151
Entoden und Beoden durch Arbeiten mit »geheiligten« Kerzen ... 156
Modifizieren von Energien durch Graphiken und Symbole ... 159
Die Bedeutung geistiger Kräfte bei Entladungs- und Aufladungsverfahren ... 164

Teil 4: Biologische Wirkungen aufgeladener Objekte 168
Messen und Erfühlen von Belastungen 168
Radiästhetische Untersuchungstechniken 168
Körpertestungen 169
Gefühlsreaktionen 169
Mentale Untersuchungstechniken 170
Intuitives Wissen 172
Gefahren beim Reinigen und Aufladen von Objekten 172
Warum kommt es zu Gefährdungen durch belastete Objekte? 172
Der Reinigungsprozeß (Entodung) und seine Gefahren 173
Warum ist eine Aufladung von Objekten erwünscht? 175
Der Aufladungsprozeß (Beodung) und seine Gefahren 176
Teil 5: Spezielle Leserfragen 188
Zur Untersuchung radionischer Therapiesysteme 190
Zur Bewertung spiritueller Gruppierungen 194
Die Ausstrahlung von Bildern bei Digitalaufnahmen 200
Mentaltechniken, die auf eigenen bio-energetischen Kräften beruhen 205
Arbeiten in bestimmten Schichtebenen 206
Einbeziehung außerkörperlicher Wesenheiten in die Mentaltechniken 206
Radionisch arbeitende Verstärkersysteme (»Weißer Strahler«) 207
Wirkungen von heiligem Wasser und Himalayasalz 214
Heiliges Wasser und mineralarmes Wasser 214
Lichtwässer 218
Wasser durch Übertragungsprozesse informieren 221
Verzeichnis verwendeter Fachbegriffe 230
Literaturverzeichnis 238

VORWORT

Die Bezeichnung »Feinstoffliche Energien« wird in den unterschiedlichsten Lebens- und Anwendungsbereichen verwendet und dient dazu, Kraftwirkungen zu kennzeichnen, die von einem Objekt auf ein anderes Objekt übergehen. In den meisten Fällen tritt der Mensch selbst als Vermittler der Kraftübertragungen auf oder ist selbst Ausgangspunkt der Kraftübertragung.

Feinstoffliche Energiefelder sind ihrem Wesen nach eine Urkraft der Natur, die sich als wirksames Agens in jeglicher Materie befindet. Wir sprechen von den Energiefeldern der Metalle, der Nichtmetalle, der Kristalle und Mineralien im Bereich der unbelebten Natur; wir sprechen von einem animalischen (tierischen) Magnetismus oder von einem Biomagnetismus im Bereich der Lebewesen. Als Magnetopathie oder Magnetisieren wird die Übertragung von biologischer Heilkraft von Mensch zu Mensch bezeichnet. Dabei handelt es sich um einen Vorgang, bei dem feinstoffliche Energien übertragen werden. Der Mensch kann seine Lebenskraft ebenso gut auf leblose Gegenstände übertragen wie auf Lebewesen jeglicher Art.

Mit dieser Vielschichtigkeit werden die Begriffe der feinstofflichen Energie oder des Magnetismus zu einer universellen Bezeichnung für Vorgänge der Kraftübertragung jeglicher Art, nicht nur im Sinne eines Aufladens von Objekten mit subtilen Kräften, sondern ebenso gut auch im Sinne einer Transformation von feinstofflichen Energien, was sich in einem Entladen von Objekten, Abziehen von Energien oder einem Verladen (Übertragen) von Energien äußern kann.

In dieser Arbeit sollen die angeführten Begriffe erläutert, die Anwendungsmöglichkeiten der unterschiedlichen Arten der feinstofflichen Energien aufgezeigt sowie Gemeinsamkeiten herausgearbeitet werden, um auf diese Weise zu einem besseren Verständnis der Universalität dieser Energiefelder als einer Großkraft der Natur (Ludwig Straniak) zu gelangen. Die Sichtweise der feinstofflichen Energien als Naturkraft im Sinne einer Lebenskraft, einer universellen Energie, einer Schöpfungskraft, einer Odkraft (Carl von Reichenbach) oder auch eines Transformationsprinzips im Sinne einer steuernden Kraft macht erst es möglich, diese Kraft in unterschiedlichsten Bereichen des Lebens sinnvoll einzusetzen, sei es als Hilfsmittel für andere Menschen oder als Methode, seine eigene spirituelle Entwicklung zu vervollkommnen oder sein Lebensumfeld energetisch erträglicher zu gestalten.

Feinstoffliche Energien durchdringen unser ganzes Leben und wirken auf uns über alle Materialien, mit denen wir zu tun haben, mit denen wir uns umgeben, sie wirken über alle Lebewesen, mit denen wir Kontakt haben und Umgang pflegen, ja sogar über Dinge, an die wir denken und von denen wir träumen.

Siegfried Grabowski

Teil 1: Physikalisch-energetische Effekte

Die feinstofflichen Energien der Metalle

»Wenn du arbeitest, glaubst du nur, Kupfer, Gold oder Silber in Händen zu haben, und fühlst nicht in diesen Metallen das Leben pulsieren.«

(Jules Verne: *»Meister Zacharias«*)

Wenn wir an Metalle denken, von denen feinstoffliche Energien im Sinne von Heilkräften ausgehen sollen, so denken wir zu nächst einmal an den bekannten Magnetismus einiger Metalle, an ihre magnetischen Eigenschaften. Diese Sichtweise ist begrenzt, weil sie weitere Wirkungsaspekte ausschließt. Im Phänomen des Magnetismus scheinen zwei Welten aufeinanderzutreffen: auf der einen Seite der mittels Kompaß nachweisbare Ferromagnetismus, der den Metallen Eisen, Kobalt und Nickel zu eigen ist, und auf der anderen Seite der »tierische« Magnetismus, die allem Lebenden entströmende Kraft, die ebenfalls mit dem Worte Magnetismus belegt wurde, wohl, weil er vergleichbare Wirkungen hervorzubringen imstande war. Eine gewisse Vermittlerrolle zwischen den beiden Begriffsbestimmungen oder Verständnisaspekten einer universell wirksamen Kraft der feinstofflichen Energien bildet eine heute kaum noch praktizierte Therapieform, die sich Metallotherapie nennt, eine Behandlungsform durch Auflegen von Metallplatten oder Metallstückchen. Daß auch über nicht ferromagnetische Metalle eine Beeinflussung der Körperfunktionen möglich ist, beweist, daß in beiden Arten von Metallen ein gemeinsames ursächliches Prinzip wirken muß, das in beiden Fällen die spezifischen Wirkungen hervorruft. Bei der Metallotherapie geht es also nicht um die Magnetisierbarkeit der Metalle im Sinne eines Ferromagnetismus und auch nicht um eine mental-suggestive oder magnetopathische Beeinflussung durch Übertragung eines persönlichen Lebensmagnetismus.

Mitteilungen über den äußeren Gebrauch von Metallen zu Heilungszwekken finden sich bereits bei den alten ägyptischen, griechischen und arabischen Ärzten. Anfang des 19. Jahrhunderts tauchten diese Ideen wieder auf und kamen bei nervenleidenden, insbesondere gelähmten Patienten zur Anwendung. Das jeweils erforderliche Metall wurde durch Ausprobieren ermittelt (Metalloskopie). Ich zitiere aus einem älteren Konversationslexikon (Stichwort Metallotherapie):

»Werden bei halbseitig gelähmten insbesondere hysterischen Kranken auf die Haut der betreffenden Teile, die vollständig unempfindlich, blaß, kalt und muskelgelähmt sind, Metallstücke von Gold, Silber, Kupfer, Eisen, Blei oder Zink aufgelegt, so empfinden die Kranken, je nach der individuellen Disposition, bald bei dem einen, bald bei dem anderen Metall, im Umkreise der Applikationsstelle, Ameisenkriechen und ein Gefühl von Wärme, und bald darauf läßt sich auch objektiv an derselben Stelle Röte, Wiederkehr der Empfindung, thermometrisch nachweisbare Steigerung der Temperatur sowie Zunahme der Muskelkraft konstatieren. Dabei verliert merkwürdigerweise die genau symmetrische Stelle der gesunden Körperhälfte genau so viel an allgemeiner Reaktion, als die kranke gewonnen, so daß demnach eine Übertragung der Empfindung von einer Körperhälfte nach der entsprechenden Stelle der anderen Seite hin stattfindet. Die bequemste Anwendung der Metallotherapie besteht darin, daß man das Metall in Form von Platten (mit einer Öse, um ein Band durchzuziehen) ein bis zwei Stunden lang auf der gelähmten Hautstelle liegen läßt, bis subjektive Sensationen, wie Kribbeln, Ziehen, Brennen usw., eintreten. Die durch Metallauflegung wieder erlangte Empfindlichkeit pflegt übrigens in der Regel nach einigen Stunden allmählich wieder zu verschwinden.«

Wir sehen an diesem Beispiel, daß im physikalischen Sinn nicht magnetisierbare Metalle eine ausgleichende, harmonisierende Wirkung auf die energetischen Strömungen des Körpers aufweisen. Wo liegen hier die Ursachen? Die radiästhetische Untersuchung der Metalle zeigt, daß von ihnen unterschiedliche Wellenlängenbereiche abgestrahlt werden, daß von ihnen also feinstoffliche Energien ausgehen. Diese Energien haben offenbar eine solche Intensität oder doch zumindest ein so hohes Resonanzvermögen zu Schwingungen des Organismus, daß sie vom menschlichen Kraftfeld aufgenommen und integriert werden können.

Woher kommt die ursächliche Kraft? Sie scheint in der speziellen räumlichen Struktur der Metallatome zu liegen, die das sogenannte Metallgitter aufbauen. Die kristalline Ordnung im Metall (atomares Metallgitter) bewirkt hier eine Transformation universell vorhandener kosmischer Heilkräfte, wie wir sie sowohl aus der Therapie mit Magneten als auch aus magnetopathischen Therapieverfahren kennen. Der atomare beziehungsweise molekulare Gitteraufbau des Metallstücks richtet (ordnet) die kosmische Energie, die dann dem Metallstück mit besonders hoher Kraftwirkung zu entströmen scheint.

Mit dem Phänomen der kosmischen Durchstrahlung von Metallen beziehungsweise der Materie überhaupt hat sich der Ingenieur und Pendelforscher Ludwig Straniak befaßt. Er untersuchte Materie jeglicher Art in bezug auf die Strahlen-Achsen, die von dieser Materie ausgesandt werden. Seine Untersuchungen erfolgten an Metallen und Nichtmetallen, kristallinen und amorphen

Materialien, organischen Materialien und Naturstoffen sowie unterschiedlichen Chemikalien. Als Ergebnis ermittelte er 64 unterschiedliche Möglichkeiten, wie Materie die kosmische Strahlung (er sprach von der achten Großkraft der Natur) bündelt beziehungsweise kanalisiert und wieder aussendet. Die Achsen der Strahlungen (in bezug auf unsere drei Raumrichtungen) erwiesen sich als unabhängig von der äußeren Form der Körper. Straniak weist auch darauf hin, daß die Körper in sich selbst keine Kraft zur Bewegung tragen, sondern diese stets von außen empfangen. Er sieht die Stoffe aller drei Naturreiche als Filter für die Erd- oder Weltraumstrahlung an, durch die die Stoffe eine Eigenstrahlung bekommen, die in transversaler Richtung zu den elektromagnetischen Weltraumstrahlen orientiert ist, und er erhärtet diese These anhand von Experimenten.

Auch der naturheilkundige Magnetopath Dr. Karl Bertram (*»Der Mensch als Sender«*) erkennt als einzige Kraftquelle die kosmische Energie an. Sie durchdringe alle Körper; sie sei die Strahlkraft sowohl der Steine und Erden als auch des tierischen und menschlichen Körpers. Interessant ist die Beobachtung aus den Dunkelkammern (Reichenbach), daß viele Körper nicht kontinuierlich strahlen, sondern in mehrere Sekunden langen Intervallen, was für die Pendelforschung in bezug auf die wechselnden Pendelbewegungen von besonderem Interesse ist.

Allgemeine Wirkungen von Metallen auf den Organismus

Nach Paracelsus (De generationibus rerum naturalium) bestehen die Metalle ebenso wie der Mensch aus Geist (mercurius), Seele (sulfur) und Körper (sal). Das sulfurische Prinzip sei die Seele des Metalls, die die gegensätzlichen Prinzipien von Geist und Körper vereine und in ein einiges Wesen verwandle. So wie die drei Prinzipien in dem Menschen wirken, so sollen sie auch in den Metallen wirken. Aus dieser Aussage des Paracelsus läßt sich die Wirkungsweise der Metalle auf Geist, Seele und Körper des Menschen ableiten.

Daß von Metallen besondere Wirkungen auf den Organismus ausgehen können, zeigten auch die Experimente Reichenbachs mit seinen Sensitiven, die eine große Anzahl von Metallen in abgedecktem Zustand allein aufgrund ihres Geruches unterscheiden konnten. Einige Metalle durch Geruch zu unterscheiden, dürfte selbst weniger empfindlicheren Menschen gelingen. Messing zum Beispiel hat einen sehr starken Eigengeruch und eine unangenehme Empfindungswirkung auf sensible Menschen. Dieser typische Geruch ist erst durch gründliches Waschen der Hände zu entfernen. Reichenbachs Sensitive erkannten die Metalle am Geruch selbst dann, wenn sie in ein Glasröhrchen eingeschmolzen waren, so daß absolut keine substanzielle Übertagung möglich war. Diese Experimente zeigen eindeutig, daß hier nicht die Substanz selbst Übermittler einer Information ist, sondern die energetischen Schwingungen, die feinstofflichen Energien, die von den Metallen und anderen Körpern ausgehen. Der Radiästhet kann die Metalle leicht anhand ihrer unterschiedlichen Wellenlängen unterscheiden, die sie aussenden. Für Reichenbachs Sensitive gingen von den Metallen angenehme oder unangenehme Wirkungen aus. Eine Erklärung ist darin zu suchen, daß der Kontakt zu Metallen (unter Umständen auch allein ihr Geruch oder ihre substanzielle Schwingung) eine starke Wirkung auf die Odverteilung im Organismus aufweist und damit in bestimmten Wirkungsbereichen die Lebenskraft zu stärken oder zu schwächen vermag.

Der Grund für die unterschiedlich empfundenen Wirkungen der Metalle auf das menschliche Od liegt nicht allein in der Art des Metalls begründet, sondern im wesentlichen auch in der Polarität der Ausstrahlung des angewandten Metallstücks. Stabförmige Metallstücke oder Metallscheiben weisen eine mehr oder weniger ausgeprägte Polarisierung der Enden beziehungsweise Flächen auf. Die Ausstrahlung dieser Pole muß zwangsläufig unterschiedliche Wirkungen auf den Organismus ausüben, da der Pol entweder od-verstärkend (Pluspol) oder od-schwächend beziehungsweise od-entziehend (Minuspol) wirkt. Je nach Art der Wechselwirkung zwischen Metallpol und Organismus muß es zwangsläufig zu positiven oder negativen Wechselwirkungen kommen, indem die Strahlung des Metallpoles entweder aktivierend, ausgleichend oder sedierend auf den Organismus einwirkt. Offenbar sind es diese individuellen Voraussetzungen beziehungsweise Effekte, die Reichenbachs Sensitive zu teils unterschiedlichen Aussagen über das Empfinden des Metall-Odes veranlaßt haben.

Zum Zweck der medizinischen Anwendung werden auch heute noch in der Ayurvedamedizin gelegentlich Metallpulver als stark wirksame Medikamente eingesetzt. Auch in der westlichen Medizin ist der Einsatz von Metallen noch üblich (Goldsalze bei Rheuma, Platinverbindungen in der Tumortherapie). Im Bereich der Naturheilkunde wird sogenanntes »monoatomisches« (monoatomar vorliegendes) Gold (»Manna«) beispielsweise eingesetzt als alchemistisches Elixier zur Bewußtseinserweiterung und zur Entwicklung und Stabilisierung der Persönlichkeit.

Die therapeutische Wirkung von Metallen beziehungsweise Metallsalzen basiert auf unterschiedlichen Wirkungsebenen. Die Effekte sind am leichtesten zu erklären, wenn die Dreiteilung von Körper, Seele und Geist auch bei den Metallen beibehalten wird, wie es Paracelsus empfohlen hatte. Das Metall in substantieller Form wirkt direkt auf die Substanz der Organzellen. In vielen Fällen verhält es sich dabei so, daß die Metalle essentielle Bestandteile von

Enzymen darstellen, über die dann bestimmte Wirkungen im Organismus erfolgen. Die Seele der Metalle ist ihr Schwingungsfeld, die von ihnen ausgesandte Strahlung beziehungsweise Wellenlänge oder Frequenz. Die Schwingungen wirken auf die Energiefelder der Zellen, Organe oder Organsysteme. Zuordnungen sind hier mit Hilfe von Untersuchungen mittels Elektroakupunktur oder vergleichbaren Testungen möglich. Die Ausbreitung der Energien erfolgt über die Energiemeridiane des Organismus. Das Schwingungsumfeld der Metalle liegt auf einer energetischen Ebene mit den Strahlungen der Planeten. Wir finden hier vergleichbare Wellenlängen und Wirkungen. Dieses Zusammentreffen metallischer und astronomischer Schwingungen führt uns einen Schritt weiter, in den Bereich der geistigen Wirkungen der Metalle, für die ihre Strahlungen das vermittelnde Agens darstellen. Das Ergebnis dieser Wirkungsbeziehungen ist die Einwirkung sowohl planetarer Energien als auch der Energien der Metalle auf die geistige Entwicklung des Menschen beziehungsweise auf ihren Charakter. Eine Reihe von Beispielen soll die Wirkungen der Metalle auf Physis und Charakter der Menschen erläutern.

Der bekannte Bezug der Metalle zu den sieben Planeten setzte sich übrigens erst um das 13. Jahrhundert fest. Man glaubte, daß das Wachstum der Metalle in der Erde von den Kräften der entsprechenden Planeten abhängig sei. Das führte dazu, daß man zu Heilungszwecken ein Metall benutzte, dessen Planet den Lebensweg des Kranken am meisten und wichtigsten durchkreuzte, unter dessen Zeichen er zum Beispiel geboren war. Besonders dem Mond und seinen Phasen maß man große Bedeutung bei. Das dem Mond zugeordnete Silber soll bei zunehmendem Monde unter therapeutischer Hinsicht am kräftigsten wirken.

Gold: Der Typus des Goldmenschen ist meist unter dem Sternzeichen Löwe geboren. Sein Charakter stimmt mit den Eigenschaften des Goldes überein. Der Löwe-Mensch ist voller Selbstbewußtsein und Selbstvertrauen. Er ist so wenig von der Umwelt beeinflußbar, wie das Gold von anderen Metallen, vermag sich andererseits aber auch wohlwollend an die Bedürfnisse der Umwelt anzupassen, wie das Gold sich zu unglaublich dünner Stärke (zehntausendstel Millimeter) aushämmern läßt. Der Goldmensch weist ein großes Selbstbewußtsein und Selbstvertrauen auf, ist großzügig und edelmütig, freizügig, strahlend und schenkend. Er will aber auch beachtet werden und benötigt Komplimente und Verehrung. Auch hört er gerne auf Schmeicheleien, ist eitel, putzt sich heraus und will bewundert werden. Gold ist ein Yang-Metall und ein Symbol der Macht und der Stärke. Sein planetarer Regent ist die Sonne. Gold ist der wirksamste Stoff für das Nervensystem (es kommt dort auch vor) und erzeugt Hitze im Organismus in der Art von Sonnenwärme. In der Medizin werden homöopathische Goldpräparate bei Nervenschmerzen eingesetzt, die besonders in der sonnenarmen Zeit auftreten. Gold hilft auch bei Depressionen und Überempfindlichkeiten. Durch Mangel an Selbstbewußtsein fühlen sich diese Menschen minderwertig, sind leicht beeinflußbar, lichtscheu und sexuell überempfindlich. Die Ich-Betonung des Goldes gleicht diesen Mangel aus. Um im Organismus rasch wirksam zu sein, sollte das Gold allerdings nicht in grob materieller Form eingesetzt werden (es ist zum Beispiel als Blattgold in Likören unwirksam), sondern es bedarf einer homöopathischen Aufarbeitung, entweder des Goldmetalls selbst oder in Form seiner Salze. Bezüglich der äußerlichen Anwendung werden von Mellie Uyldert Erfolge bei Arteriosklerose, Hypertonie, Gleichgewichtsstörungen, Bruch, Laryngitis und Lähmungserscheinungen angegeben. Die Therapie erfolge durch Bestreichen der entsprechenden Körperpartien mit einer Goldmünze.

Magnesium: Der Magnesiummensch ist in gewisser Hinsicht ebenfalls ein Sonnenmensch, der sich durch Großzügigkeit und wohlwollende Ausstrahlung auszeichnet. Meist handelt es sich dabei ebenfalls um einen Löwe-Geborenen, einen Menschen, der Liebe schenkt und Gegenliebe zu empfangen vermag. Er ist ein Künstler, der das Herz seines Publikums berührt und mit stürmischem Applaus belohnt wird. Durch seine wohlwollende Ausstrahlung vermittelt er Vertrauen und Macht. Die Ausstrahlungen des Goldes und der Sonne haben einen besonderen Bezug zum Herzen. So macht das Magnesium den Menschen herzlich und großmütig. Magnesiummangel vermindert die Ausstrahlung des Herzens, führt zu Spannung, Angst und Herzkrämpfen. Der Mensch mit genügend Magnesium im Blut empfindet Ruhe und Sicherheit, es schenkt ihm nährenden Lebensmut. Die diamagnetische Eigenschaft des Magnesiummetalls (wird vom Magneten abgestoßen) führt im Organismus zum Aufbau eines Gegenfeldes gegenüber magnetischen Einflüssen und macht so den Menschen widerstandsfähig gegen fremde Einflüsse. Edelsteine, die Magnesium enthalten, stehen im Ruf, Zauber lösen zu können.

Platin: Der Platinmensch ist ein Feind des Goldmenschen, auf den er heimlich neidisch ist. Er gibt sich vornehm, gelehrt oder magisch, um Eindruck zu machen. Er meint, alles besser zu wissen, unternimmt aber nichts mit seinen angeblichen Talenten. Seine Art ist hart und unempfindlich, rücksichtslos und kalt glänzend. Der Platintypus verachtet andere Menschen, ist stolz und zieht sich in eine höhere Welt zurück. Je größer die psychische Entfernung zur normalen Welt, um so geringer werden seine Beschwerden. Platin ist in erster Linie ein Frauenmittel; homöopathisch wird es eingesetzt bei zu starker sexueller Entwicklung, vorzeitiger Menstruation, Hysterie und Lähmungen, aber auch bei Heißhunger, Übelkeit und Kopfschmerzen. Platin ist ein Gegenmittel bei Bleivergiftungen mit mangelnder Nervenelektrizität, was an Neptun und seine Beziehung zu Saturn (Blei) erinnert. Während Saturn Selbstdisziplin verleiht, wirkt Neptun grenzüberschreitend. Platin wird der Verbindung Luzifer-Neptun zugeordnet, luziferischer Hochmut verbunden mit Neptuns Flucht in schönere Welten.

Silber: Der Silbermensch steht stark unter der Herrschaft des Mondes, rasch schwankende Gemütsstimmungen sind für ihn typisch. Da er keine eigene Initiative entfalten kann, sucht er gern nach einem Führer, dem er kritiklos folgt. Dabei ist er anpassungsfähig, aufmerksam und bemüht, die Wünsche anderer Personen zu erfüllen. Er vermag aber kaum, Eigeninitiative zu entwickeln. Silber gehört zum Pflanzenreich und ist den vegetativen Funktionen des Menschen zugeordnet. Silber als ein Metall des Mondes (ein Yin-Metall) ist insbesondere für Frauen und für kleine Kinder geeignet. Silber leitet die Kräfte, die das Kind in seiner Abhängigkeit und Hilflosigkeit benötigt. Durch eine Silbervergiftung wird man mondsüchtig, man fühlt sich auf Erden nicht mehr wohl; Silbermetall (homöopathisch) heilt von Mondsüchtigkeit. Silbersalze tragen zur Herstellung des Gleichgewichtes zwischen Psyche und Physis bei. Kolloidales Silber wird bei Magen- und Darmerkrankungen eingesetzt.

Wismut: Wismut hat wie Silber eine Beziehung zum Mond. Der Wismutmensch ist schwach, nachgiebig, fühlt sich stets betroffen. Er teilt das Schicksal der Gruppe, besitzt keine eigene Meinung und kann sich nicht von kollektiven Erkrankungen fernhalten. Wismutüberzüge schützen vor Röntgenstrahlung und Gammastrahlung; sie wirken gleitend, wo starke Reibung auftritt. Homöopathisch wird Wismut überall dort eingesetzt, wo bei entzündlichen Erkrankungen die Schleimhäute zu schützen sind, insbesondere bei Magen- und Darmerkrankungen. Hilflosigkeit und Abhängigkeit verlangt nach Wismut, das mütterlichen Schutz gewährt.

Quecksilber: Der Quecksilbermensch zeichnet sich durch schnelles Denken und Tun aus; er ist beweglich, intellektuell interessiert und neugierig. Bei ihm sind Geschäftsleben, Transport und Verkehr in guten Händen. Sein Gemüt ist heiter und sonnig, bis hin zur Leichtfertigkeit. Es ist das Metall des Merkur, des schnellen Götterboten. Merkur ist der Planet der Kräftezirkulationen. Interessanterweise gehen die ferromagnetischen Marsmetalle Eisen, Kobalt und Nickel als einzige keine Legierungen mit dem Quecksilber ein. Quecksilber entfacht im Menschen das Feuer des Geistes; ihm unterstehen Licht, Luft und Wärme. Quecksilber wird bei Katarrhen oder Entzündungen der oberen Luftwege und des Kopfes eingesetzt, weil alle mercuriale Kraft in den Kopf steigt. Quecksilber wirkt auch stimulierend auf die Drüsen und bindend bei Vergiftungserscheinungen (Allergien). Quecksilber schwingt gleichsam zwischen Leben und Tod und wirkt bei Lebensmüden und von schwerer Krankheit Geschwächten.

Kupfer: Der Kupfermensch hat einen gemütlichen, freundlichen Charakter, er ist erfindungsreich und weiß, aus seinem Leben etwas zu machen, er ist ein Genießer und ein Naturliebhaber. Das Kupfermetall hat etwas zu tun mit angenehmer, warmer Atmosphäre; von ihm geht eine Kraft aus, die die Seele aufmuntert. Kupfer gehört zum Planeten Venus. Das Metall wirkt auf Körper und Seele und hat sich bewährt bei Venenerkrankungen, Herzerkrankungen und MS-Patienten. Liebesleben und Schwangerschaft erhöhen den Kupferbedarf. Kupfervitriol (Kupfersulfat) galt stets als Sympathiemittel und erlangte eine Bedeutung in der Magie. Umschläge mit Vitriollösung stillen das Blut, kühlen Wunden und lassen sie schneller heilen.

Antimon: Der Antimonmensch befindet sich im idealen Gleichgewicht zwischen Körper und Geist. Er lebt mit dem Kopf in den Wolken und den Füßen auf der Erde. Er ist im Einklang mit der Schöpfungskraft und gehorcht mit Freude dem Plan seiner Bestimmung. Antimon ist der Stoff, der alle kosmischen Kräfte anzieht und in sich vereinigt. Es ist ein Übergangsmetall, das zwischen den Metallen und Nichtmetallen steht. Antimon gehört zu den wenigen diamagnetischen Naturstoffen; es richtet sich nicht nach den Magnetpolen aus, sondern stellt sich senkrecht dazu. Es verhält sich also abstoßend gegenüber beiden Magnetpolen. Antimon stärkt das Gleichgewicht zwischen Seele und Körper (Anthroposophische Medizin) über seine formbildenden Kräfte. Antimon stärkt das Ich, das Gedächtnis, das Bewußtsein, weckt Willenskraft und Initiative.

Nickel: Der Nickelmensch ist ein liebenswürdiger, zuvorkommender und wohlwollender Menschentypus. Sein äußerliches Gehabe verdeckt aber oft häßliche und unangenehme Wahrheiten. Er vermeidet Probleme und geht Konflikten möglichst aus dem Weg. Nickel kommt mit Eisen und Kobalt im Meteoreisen vor. Nickel enthält ein inneres Licht, das Probleme erhellt, aber auch in dem Sinne wirkt, etwas zu bedecken, schöner zu machen, anzupassen. Nickel hat einen planetaren Bezug zu Mond und Venus, es dient deshalb der Schönheit. Nickel findet sich in vielen Bauchorganen, was auf einen Zusammenhang mit dem Mond hinweist. Nickel ist ein Metall der Jugend, des Wachstums, der Anpassung, der Entwicklung. Es deckt über alles den Mantel der Liebe und läßt vieles schöner erscheinen, als es ist.

Eisen: Der Eisenmensch zeichnet sich durch Spontanität, Offenheit und Ehrlichkeit aus; er liebt die Zähmung der Naturkräfte. Er besitzt ehrlichen Idealismus und einen stählernen Willen, der ihn zum Helden macht. Bei niederer Veredelung kann aus dem Eisenmenschen ein Boxer, Schläger, Soldat oder Mörder werden. In den Wörtern »Eisen und Stahl« drückt sich das Wesen der germanischen, nordischen Seele aus. Das häufigste Eisen auf der Erde ist Meteoreisen. Der planetare Regent des Eisens ist der Mars, das Tierkreiszeichen ist der Skorpion. Eisen ist ein wehrhaftes und ermutigendes Metall, das die energetische Entfaltung unserer Lebenstriebe stimuliert. Es gibt Tatendrang und das Vermögen, seine Vorstellungen im Stoff zu verwirklichen. Wo Eisen ist, da ist der Lebenswille; Eisen bindet die Seele an den Körper.

Zinn: Der Zinntypus gilt als netter Mensch, gastfreundlich und großzügig; von ihm geht etwas Wohltuendes, Aufmunterndes und Hoffnungsvolles aus. Er vertraut auf das Gute im Menschen und wirkt auch auf andere ermutigend. Zinn gehört zum Planeten Jupiter und gibt dem Menschen einen natürlichen Lebensdrang. Die Heilkraft des Jupiters sitzt in der Leber, ihr zuführendes Organ ist die Zunge mit dem höchsten Zinngehalt im Organismus. Zinn dient der Auflösung, Anpassung und Assimilation, es ist ein Stärkungs- und Regenerationsmittel, insbesondere für die Leber.

Zink: Der Zinkmensch ist ein origineller, ideenreicher Typus mit Neigung zu Unruhe und Unberechenbarkeit, ein feuriger Idealist und Utopist. Sein hohes elektrisches Potential läßt ihn intensiv leben und alles heftiger als andere empfinden. Zink ist das Metall des Planeten Uranus. Zink wirkt als Beschützer und Bedecker, heilt Wunden und verletzte Haut. Zink wirkt auch als Heilmittel bei radioaktiv verursachten Beschwerden sowie bei Prostataerkrankungen (die Samenzellen haben ein hohes elektrisches Potential) und reguliert unser Lebenspotential.

Blei: Der Bleimensch ist meistens ein mißmutiger Griesgram, ihm werden die sauersten Pflichten überlassen. Seine Moral ist bleischwer, nichts ist erlaubt. Sein Leben besteht aus Pflichten. Das Temperament ist ernst bis spartanisch. Dabei ist er anständig und zuverlässig, ernsthaft, ruhig und treu, er lebt mehr in der Vergangenheit, in Konventionen und Dogmen. Eine bleierne Seele bewirkt Stillstand, Verhärtung, Austrocknung und Erstarrung, gibt aber dem Menschen auch die feste Form, Zähigkeit und Dauerhaftigkeit. Zurückgezogen lebt der Saturniker in seinem Arbeitszimmer und schreibt fundierte Fachbücher. Er ist ein Muster der Selbstzucht und gibt nie auf. Deshalb übersteht er auch alle Stürme des Lebens. Blei steht unter dem Einfluß des Planeten Saturn, dem Wächter an der Schwelle zum Gold. Dem Saturn zugehörige (und damit den Bleieigenschaften entsprechende) Heilpflanzen sind Salbei, Thymian, Rosmarin, Lavendel, Majoran und Bohnenkraut, die »fugae daemonium« genannt werden, Teufelsjäger, weil sie dem hellseherischen Zustand entgegenwirken und Denkvermögen sowie Nerven stärken.

Wolfram: Der Wolframmensch ist überlegen und hochmütig. Er liebt es, andere herauszufordern, zu reizen, zu provozieren und sie lächerlich zu machen. Stets demonstriert er seine Überlegenheit und Unverletzbarkeit. Er besiegt jeden Gegner und kann enorme Dinge leisten. Wolfram gehört zum Planeten Uranus, der dem Menschen ähnliche Charakteristika verleiht. Uranus macht hart und entspricht damit unserem Zeitalter. Der Uranusmensch folgt seinen eigenen Ideen und Inspirationen und sucht diese auch gegen den Willen anderer Menschen durchzusetzen. Bedeutende Erfinder waren Uranusmenschen. Mars bricht mit Überkommenem aus Vergnügen, Uranus bricht, um aus den Scherben eine neue Form zu schaffen.

Aluminium: Der Aluminiummensch sucht höhere Sphären und Bewußtseinserweiterung, doch nicht durch Selbstzucht, sondern mit Hilfe von trickreichen Techniken (oft Drogen). Er ist wirklich erhaben oder tief dekadent, ihm liegt keine Mittelmäßigkeit. Für ihn gelten weder Ordnung, Gesellschaft noch Moral. Er lebt in höchsten Höhen oder finsteren Tiefen. Er schafft Illusionen und wird deshalb angebetet. Der planetare Regent ist Neptun; er vernebelt, verdampft, zersetzt und wirkt erhebend bis ins Grenzenlose, Transzendente. Homöopathisch wird Aluminium eingesetzt bei Dahinsiechen und Unbeherrschbarkeit, es stabilisiert das seelische Gleichgewicht.

* * *

Nach diesem Exkurs über die physischen und psychischen Wirkungen einiger Metalle möchte ich ein wenig näher auf die Kräfte eingehen, die über die Metalle zur Wirksamkeit gelangen. Wie bereits erwähnt, handelt es sich im Ursprung um kosmische Kräfte, die durch die unterschiedlichen Metalle in eine Form überführt werden, die für uns als irdische Lebewesen direkt umsetzbar ist. Es ist die Umsetzung einer immateriellen Energieform in eine elektromagnetische Energieform unter Modulation der Strahlung durch die Charakteristika der Metalle. Es gibt nur *eine* kosmische Kraft (Odkraft, Lebenskraft), die sich für uns auf unterschiedlichen Wirkungsebenen zeigt. Wird diese Kraft zur Materie transformiert, sprechen wir von Lebenskraft; wirkt die Kraft Materie auflösend, also den Stoff vergeistigend, so sprechen wir von Auflösung und Tod. Diese Kraft durchströmt alle Lebewesen und wird von ihnen transformiert und transfiguriert, also in eine bestimmte Form gebracht. Auch die Metalle verändern sich, indem sie Teile von sich abgeben. Gold verändert sich zu Blei, und Blei verändert sich zu Gold. Dieser Kreislauf gilt für alle Metalle. Betrachten wir diesen alchemistischen Prozeß auf der seelischen beziehungsweise geistigen Ebene des Menschen, so bedeutet dies, daß die Kräfte der Metalle, die ja seine Seele beziehungsweise seinen Geist repräsentieren, in entsprechender aufbauender oder auflösender Weise auch im Organismus wirksam sein müssen. Daraus resultieren die Wirkungen der Metalle sowohl auf der seelisch-geistigen als auch auf der materiellen Ebene.

Die Entwicklung des Lebens auf dieser Erde erfolgt über kosmische Steuerungsvorgänge, an denen die Kräfte der uns nahestehenden Planeten verständlicherweise besonders beteiligt sind. Insbesondere während der neunmonatigen Entwicklungszeit des Menschen im Mutterleib kann jeder

Planet sein eigenes Muster in den Organen des werdenden Körpers aufbauen. Dominiert nun eine Kraft besonders stark im Menschen, so bezeichnen wir ihn als typischen Vertreter dieser Kraft und der ihr beziehungsweise dem Menschen zugeordneten Planeten. Die Kräfte der natürlichen Ordnung sind in besonders hohem Maße in den Elementen vorhanden, die mithelfen, die Struktur des Körpers aufzubauen. Elemente, und in unserem Fall die Metalle, sind Endprodukte einer kosmischen Entwicklung, die von energetischen Strukturen ausgehend zur verfestigten Materie führte. Deshalb haben die Metalle noch immer einen starken Zugang (Resonanz, Durchstrahlbarkeit) zu den kosmischen Energien, was im Organismus eine Beeinflussung von Geist, Seele und Körper in gleichem Maße bewirkt. So wird der Mensch als Träger der Metalle zum Anziehungspunkt für die dazugehörigen kosmischen Kräfte. Damit weisen die Metalle einen natürlichen Anteil an feinstofflichen Energien auf, die im Krankheitsfall als Heilmittel dienen, indem das metallische Kraftfeld einen energetischen und substantiellen Mangel zu beseitigen hilft. Man kann das Mittel (das Metall) auf der Haut als Amulett tragen oder mit dem Metall die Haut reiben. Eine andere Möglichkeit ist, das Metall über Nacht in ein Glas Wasser zu legen, das Wasser zu trinken, damit zu gurgeln oder damit getränkte Tücher auf die Haut zu legen. Man kann natürlich auch die homöopathisierten Metalle oder deren Verbindungen kaufen und einnehmen. Der Vorteil liegt hier zum einen in der übersichtlicheren Dosierbarkeit und zum anderen darin, die erforderliche homöopathische Potenz ermitteln zu können.

Interessant im Zusammenhang mit den Wirkungen der Metalle sind die Ansichten im deutschen Aberglauben. Hier wird ausgesagt, daß allen Erzen eine magische, abwehrende und schützende Kraft zukomme, indem die Geister sich vor den dämonischen Kräften im Metall scheuten. Man wußte also sehr gut Bescheid über die heilmagnetischen oder od-magnetischen, feinstofflichen Wirkungen der Metalle auf den Menschen. Der Hinweis auf magisch abwehrende Kräfte beweist uns das Wissen um die Wirksamkeit der Metalle in seelischen und geistigen Bereichen, den Wirkungsfeldern dämonischer Mächte. Insbesondere Fingerringen aus Gold und Silber wurde bis in die Neuzeit eine große Zauberkraft zugemessen, insbesondere dann, wenn Zauberworte darauf eingraviert waren. Sie wurden zum Schutz gegen Zauberei und Krankheiten getragen (Amulette).

Auch der Klang der Metalle soll gegen böse Geister wirksam sein: Erzklang soll Zauber entkräften können. Obgleich das Christentum versuchte, den alten Aberglauben auszurotten, wurde den von Priestern geweihten Glocken offiziell die Wirkung zugeschrieben, Gewitterdämonen vertreiben zu können und höllische Geister und Zauberer in die Flucht zu schlagen. Alte Glockenschriften weisen darauf hin: »Meine Stimme sei der Schrecken aller bösen

Geister.« – Aus persönlichen Erfahrungen bei meiner radiästhetischen Arbeit und entsprechenden Experimenten kann ich die alten Aussagen absolut bestätigen. Selbst mit einer kleinen metallenen Handglocke ist es möglich, belastende Energien aus diversen Objekten zu entfernen. Das gelingt wesentlich rascher, wenn diese Glocken eine gute Weihe aufweisen, das heißt, wenn sie rechtsdrehend gemacht und ihnen Energien zugefügt wurden, die speziell für diesen Verwendungszweck geeignet sind (»magische«, mentale Energien).

Die feinstofflichen Energien vieler Metalle lassen sich durch Bestreichen mit einem Magneten deutlich erhöhen. Allerdings muß in diesem Fall berücksichtigt werden, daß im Metall durch das Bestreichen eine Polarität (Bildung von Polen) erzeugt wird, deren Wirkung bei der Anwendung berücksichtigt werden muß. Um individuellere Wirkungen beim Arbeiten mit Metallen zu erzielen, insbesondere beim Einsatz als Heilmittel, können die Metalle durch Bestreichen mit der Hand beziehungsweise den Fingern energetisch aufgewertet werden. Auch geistige Informationen (Wünsche) lassen sich auf diese Weise auf Metalle übertragen, welche teilweise recht gute Odspeicher darstellen, wie die Wirkungen von Kugeln aus Aluminiumfolie zeigen, die vom Heiler Bruno Gröning (1906-1959) aufgeladen wurden. Offenbar sind Metalle mit rauer, durch Oxydation entstandener Oberfläche für magnetopathisch zu übertragene Energien aufnahmefähiger als die glänzenden Edelmetalle.

Metalle, die zu Heilzwecken verwendet werden sollen, bedürfen einer Überprüfung in bezug auf die Qualität ihrer feinstofflichen Ausstrahlung. Durch die Verarbeitungsprozesse kommen mitunter weniger gute Energien in das Metall. Die meisten Metallstücke sind linksdrehend bezüglich der Zirkularpolarisation ihrer Ausstrahlung und damit für den Organismus nicht vorteilhaft, wenn auch nicht direkt schädlich. Eine weitere Überprüfung kann in bezug auf die Arten von Energien vorgenommen werden, die das Metall abstrahlt. Diese Technik bleibt jedoch Fachleuten vorbehalten. Belastende, linksdrehende Energien sollten aus den Metallen entfernt werden. Wie hier auf einfache Art und Weise vorgegangen werden kann, wird im Kapitel über das Reinigen und Aufladen von Objekten ausführlich besprochen.

Feinstoffliche Wirkungen der Metalle nach Calligaris

»Demnach hätte jede spezielle Strahlung ihr besonderes Fenster, durch das sie von einem belebten oder unbelebten Element der Umwelt ausgehend in den Körper eindringt oder reflektiert wird und ebenso eines, durch das sie vom Körper ausgesandt wird.«

(Albert Leprince: »*Telepathie*«)

In den 1930er Jahren publizierte der italienische Nervenarzt Giuseppe Calligaris (1876-1944) eine Reihe von Büchern, die großes Aufsehen erregten. Er entdeckte auf der Oberfläche der menschlichen Haut optisch nicht wahrnehmbare Reizpunkte, deren Stimulation die in jedem Menschen schlummernden Gaben zum Erleben paranormaler Phänomene erweckt. Diese Reizpunkte sind nicht mit den klassischen Akupunkturpunkten identisch. Die Untersuchung dieser Anomalien im Empfindungssystem bildete die Grundlage für seine Experimente. Eine »Stimulation« oder »Aufladung« dieser speziellen Hautpunkte, die er als »Plaques« bezeichnete (kreisrunde Hautareale mit einem Durchmesser von 6-16 mm), bewirkte neben einem dermal-psychischen Reflex das Entstehen einer Hyperästhesie (gesteigerte Erregbarkeit beziehungsweise gesteigertes Empfindungsvermögen) der jeweils mit diesen Punkten verbundenen Körperorgane. Er beschreibt die Punkte als kleine geometrische Figuren unterschiedlichster Art und Größe, die vielfach ineinander verschlungen mit der Haut verwoben sind. Die zunächst durch Fingerdruck bewirkte »Aufladung« dieser Punkte führte bei den so Behandelten zu sonderbaren Gefühlen im geistig-emotionalen Bereich bis hin zu einer Überwindung der Bewußtseinskontrolle. Es zeigte sich eine feste Beziehung der Plaques zu Punkten im Gehirn und zu bestimmten Körperregionen. Nach Calligaris ist der menschliche Körper übersät und durchsetzt mit komplexen Systemen von Linien und Plaques, die als Kontaktpunkte zu den Strahlungen des umliegenden Universums dienen. Damit spiegle sich das gesamte Universum im Körper des Menschen, als dem Ebenbild Gottes. Calligaris glaubte, mit seinen Experimenten den Schlüssel zur Harmonisierung des Menschen mit dem Kosmos gefunden zu haben. Zur Funktion der Hautflecken äußerte Calligaris:

»Die Plaques sind wohl nichts anderes als die Durchlaßstellen, die Ein- und Ausgänge, durch die hindurch sich alle lebensbestimmenden Strahlen bewegen. Jeder spezifische Strahl hat damit sein spezifisches Fenster, durch das er den menschlichen Körper verläßt und nach außen dringt, und wiederum ein spezifisches Fenster, durch das er von außen in den Körper des

Menschen einströmt. Man kann daher von einem resonanten und einem konstanten Durchlaßsystem sprechen, mit dem die Haut überzogen ist. Die Stimulierung der Hautplaques bewirkt also nur ein völliges Freilegen dieses Fensters, das somit vom entsprechenden Strahl beziehungsweise Strahlenbündel ungehindert passiert werden kann. Die Hyperästhesie der Hautplaques entsteht, sobald die betreffende Hautstelle durch eine Strahlenkonzentration sensibilisiert wird. Ist die Hautplaque von Natur aus, also ohne fremde Einwirkung hypersensibel, so ist dies auf das Vorhandensein eines bestimmten Reflexes zurückzuführen, der aus der Erkrankung eines gewissen Körperorgans hervorgeht. In diesem Fall ist die Plaque hyperästhetisch, weil praktisch das Fenster geöffnet ist, durch das die entsprechenden Strahlungen hindurchströmen. Das Öffnen des Fensters kann sowohl durch eine von außen als auch durch eine von innen kommende Stimulierung erfolgen.«[1]

»Die Oberfläche der Haut arbeitet wie ein magischer Spiegel, worin jeder Reflex unserer inneren und äußeren Welt enthalten ist. Diese unendliche Zahl von Spiegelbildern dringt aber nicht in unser Bewußtsein, weil es sonst von der chaotischen Fülle dieser Informationen überflutet würde. Aus der Ebene des Unterbewußtseins heraus kann also immer nur jenes Spiegelbildfragment das Bewußtsein erreichen, das einzeln entsprechend aktiviert und stimuliert wird. Daraus ergibt sich, daß der Mensch beispielsweise auch hellsehen kann, weil sich jedes noch so kleine Geschehen im Universum an seinem Körper widerspiegelt.«[2]

Das Öffnen dieser Hautfenster bewirkte bei den Versuchspersonen nun eine Reihe von Phänomen, die der damaligen wissenschaftlichen Welt als okkult und zauberisch erschienen, da sich damit einhergehende Phänomene einstellten, die dem parapsychologischen Forschungsbereich zugeordnet werden müssen. In Tausenden von Experimenten wurden dabei Phänomene hervorgerufen wie:

- positive Dermographie-Experimente, bei denen ein der Versuchsperson nicht sichtbarer Gegenstand auf der Haut abgebildet wurde
- ein Unsichtbarwerden von Gegenständen für die Versuchsperson
- sehen in vollständiger Dunkelheit
- sehen von Bildern, die auf der Haut aufliegen
- der Zwang, die Wahrheit zu sagen
- die Fähigkeit, Wahrheit und Lüge zu unterscheiden

[1] Tarozzi, Giancarlo und Fiorentino, Maria Pia: *»Calligaris. Vorläufer einer neuen Aera«*, S. 63 f.

[2] ebenda, S. 165 f.

- Gedankenlesen
- Übermittlung von Gedanken
- Musikübertragung
- Sichtbarwerden von Personen durch die Wand hindurch
- Telepathie: Übertragung von Gedanken, Bildern, Worten
- Sichtbarwerden der Aura (aus den Hauptplaques ausströmende Spiralstrahlen)
- das Sehen von Gestirnen und das Feststellen ihres Zustandes
- hellsehen in Vergangenheit, Gegenwart und Zukunft
- hellsehen von Personen, Orten und Gegenständen.

Über diese Phänomene herrschten in der damaligen Zeit noch unklare Vorstellungen, so daß abergläubische Personen in Calligaris' Experimenten einen schwarzmagischen Zauber sahen. Von wissenschaftlicher Seite her wurden seine Lehren als Irrlehren gebrandmarkt und ihm der Lehrstuhl an der Universität entzogen. Calligaris hat diese Demütigung nicht überwunden und starb nach über dreißigjähriger Forschungsarbeit auf diesem Gebiet (allein 19 umfangreiche Buchpublikationen) an einem Herzleiden. Heute wird Calligaris nach Aussage einiger französischer, sowjetischer und US-Forscher als eines der größten Genies des 20. Jahrhunderts bezeichnet.

Gegen Ende des Zweiten Weltkrieges drangen amerikanische (und später) sowjetische Sonderkommandos der Geheimdienste in Italien ein und kauften systematisch alle Werke auf, die von Calligaris im Umlauf waren. Das geschah so gründlich, daß seine Werke heute vom Büchermarkt verschwunden sind. Es geschah dies in einer Zeit, in der okkulte Praktiken in der Kriegsführung von Bedeutung waren und in der Astrologen, Pendler, Rutengänger, Hellseher, spiritistische Medien und Tattwa-Forscher ihren festen Platz in den militärischen Planungen hatten.

Daß über die menschliche Haut nicht nur Kontakte zum Körperinneren aufgebaut werden können, was uns ja auch die Akupunktur lehrt, sondern daß über Hautpunkte oder Hautareale eine Kommunikation über andere Sinnesorgane aufgebaut werden kann, zeigen Beobachtungen aus Forschungsbereichen der Neurologie und Paranormologie aus Zeiten, die vor Calligaris lagen, bis hin in die Neuzeit. Hans-Volker Werthmann schildert in einem Artikel über »paradoxe Sehflecke«[3] von einem Wahrnehmungsvermögen über dazu normalerweise nicht geeignete Körperteile. Personen sehen, lesen und erkennen Farben mit den Fingerspitzen, mit den Händen, den Füßen, der

[3] *»Sehen mit den Fingerspitzen«* in *»Neue Wissenschaft«*, Jg. 12 (1964), Heft 1, S. 42-51

Stirne, dem Hinterkopf, der Magengrube, der Schulter, der Nasenspitze, den Lippen, der Zunge, dem Scheitel, dem Rücken usw. Es scheint keinen Körperteil zu geben, mit dem dieses Sehen nicht möglich wäre. Es muß betont werden, daß diese Beobachtungen in Forschungsinstituten in unterschiedlichen Ländern und unabhängig voneinander durchgeführt wurden und daß sie zu vergleichbaren Ergebnissen kamen. Dieses »Sehen« war teilweise nur bei Tageslicht möglich, was beweist, daß dieses Sehen mit dem normalen Sehen mit den Augen in jeder Beziehung analog ist. Dieses Sehen scheint an Lichtrezeptoren der Haut gebunden zu sein, ist trainierbar und auf andere Hautbereiche übertragbar. Manche Sensitive waren allerdings in der Lage, auch in absoluter Dunkelheit die ihnen vorgelegten Texte mit den Fingerspitzen oder anderen Hautarealen zu lesen oder auch Texte, die in durchsichtige Behälter eingeschlossen waren. Ein Zusammenhang mit paranormalen Phänomenen wie Hellsehen oder Telepathie muß hier diskutiert werden. Die Fähigkeit, Sinneswahrnehmungen (auch Geruch, Geschmack, Gehör) über nicht dafür geschaffene Körperstellen zu erfassen, ist vielen Somnambulen, Hysterikern, neurologisch auffälligen Personen sowie im Rufe der Heiligkeit stehenden Personen zu eigen. Die Chronistin der Parapsychologie, Fanny Moser, berichtet:

»Bei manchen ist die Magengrube zum Ohr geworden, bei anderen der Fuß oder Finger. Der eine steckt diesen durchs Schlüsselloch, um ins Nebenzimmer zu sehen, oder sieht mit der Nase durch ein Taschenperspektiv, was auf der Straße vorgeht. Der andere liest mit dem bestrumpften Fuß oder streckt ihn zum Fenster hinaus, um die Passanten zu beobachten. Jener hält das Buch über den Scheitel oder an die Stirne, um Bilder zu betrachten, oder führt die feinsten Stickereien aus. Dieser erkennt die Farben mit der Nasenspitze, jener mit den Lippen oder der Zunge.«

Diese Beobachtungen scheinen mit den Erkenntnissen von Calligaris durchaus in einem Zusammenhang zu stehen. Die Gemeinsamkeit besteht darin, daß über Hautareale Wahrnehmungen erfolgen können, die zum einen die normalen Sinnesorgane zu ersetzen vermögen und zum anderen auch paranormalen Erkenntnissen eine Tür öffnen. Was bei Calligaris durch gezielte Stimulation der Hautareale erfolgte, wurde bei anderen Mensch spontan ausgelöst nach Unfällen, durch schwere Erkrankungen, durch neurologische Schäden usw. Die Hautfenster zur Wahrnehmung von Informationen, die jenseits unseres normalen Sinnesvermögens liegen, sind also vorhanden; Calligaris zeigt uns, wie sie durch gezielte Beeinflussung geöffnet werden können.

Ich möchte in diesem Abschnitt über die Calligaris-Technik auf zwei Punkte besonders hinweisen: zum einen auf die Verwendung von Metallzylindern zur Stimulation der Plaques, in denen ich ein Vehikel zur Transformation kosmischer Kräfte sehe, und zum anderen auf gewisse magnetopathische Beeinflussungen der Hautareale über eben diese Messingzylinder[4]. Dazu beschreibe ich zunächst in Kürze die praktische Vorgehensweise zum »Aufladen« der Hautareale mit Betonung der Aspekte, die mir für unsere Zusammenhänge von Bedeutung erscheinen.

Die betreffenden Hautareale weisen einen geringeren elektrischen Widerstand auf, als die umgebende Haut. Ob hieraus Zusammenhänge mit Punkten der Elektroakupunktur zu ziehen sind, vermag ich nicht zu beurteilen. Calligaris begann seine Untersuchungen mit einer schwachen Reizung der Hautareale, auf der die Punkte zu suchen waren. Die Reizung konnte über einen schwachen elektrischen Strom erfolgen. Vorzugsweise verwendete Calligaris einen leichten Kältereiz, den er durch Bestreichen mit einem metallenen Reflexhammer oder einer Metallrolle hervorrief. Dabei empfanden die Versuchspersonen gewisse Gefühlsanomalien (Kältepunkte), die der genauen Lokalisation der Plaques dienten. Für die »Aufladung« dieser Punkte mittels eines Stäbchens mit größerer Auflagefläche (Metallzylinder, Metalltupfer) könne nach Calligaris jedes beliebige Material verwendet werden, nur kein Holz; am besten eigne sich Metall, im Idealfall für jeden Punkt eine eigene Metallmischung[5]. Eisen, also ferromagnetisches Metall, wird von Calligaris nicht erwähnt. Calligaris verwendete hauptsächlich kurze Metallzylinder aus Messing mit einer Stärke zwischen 8 und 13 Millimeter. Diese Messingzylinder müssen (so schreibt er) »magnetisiert« (!) sein und werden nur leicht auf der Haut aufgesetzt; die Haut darf dabei nicht eingedrückt werden. Diese Zylinder werden zwischen Daumen sowie Zeigefinger und Mittelfinger gehalten, auf die Plaque aufgesetzt und durch äußerst feine und exakte winzige Rotationsbewegungen in Aktion gesetzt. Sobald sich nach 5-30 Minuten die ersten Phänomene zeigen, wird die Rotation beendet, der Zylinder am unteren Ende (das der Haut aufliegende Ende) zwischen Daumen und Mittelfinger gehalten, während der Zeigefinger das obere Ende des kurzen Zylinders berührt. Damit die Experimente wirken, darf die Versuchsperson sich nicht in unmit-

[4] Ein Zeitzeuge von Calligaris' Experimenten, der Arzt Dr. Albert Leprince (1872-1971), spricht allerdings in seinem Werk über Calligaris' Versuche ausschließlich von Kupfer als Material für die Metallzylinder beziehungsweise Metalltupfer.

[5] In diesem Zusammenhang weist Leprince ausdrücklich darauf hin, daß Calligaris bei der Anwendung seiner Technik zur Auffindung von Erzlagerstätten in der Natur empfahl, die betreffenden Hautareale mit Metallröllchen zu sensibilisieren, die aus dem Metall zu bestehen hatten, welches gesucht werden solle. Sollten Grabstätten aufgesucht werden (also Lagerstätten von Knochen), so solle ein Röllchen aus Knochenmaterial zur Sensibilisierung verwendet werden. Das ist eine Technik, die auch der Radiästhet verwendet, um spezielle Stoffe leichter aufzufinden, das Arbeiten mit sogenannten Testobjekten.

telbarer Nähe von Metallen befinden und natürlich auch kein Metall am Körper tragen. Auch müsse die Ausstrahlung des Experimentators auf die Versuchsperson möglichst verhindert werden. Calligaris erreichte dies, indem er sich stets seitlich der Versuchsperson setzte, niemals vor sie. Aus bestimmten Gründen möchte ich noch eine Beobachtung Calligaris' erwähnen, nämlich, daß Wind die Wirkung der Experimente hemmt oder gar unmöglich macht. Auch auf diesen Punkt werde ich noch zu sprechen kommen. In bezug auf die Mittlerrolle der Metalle zwischen kosmischen Energien und dem Menschen ergeben sich allein aus den Arbeiten Calligaris' folgende Fakten:

1. **Die Bedeutung der Metalle als Transformator zwischen kosmischen Kräften und dem Menschen:** Calligaris verwendete zur Aktivierung der Hautareale bevorzugt Metallstäbe beziehungsweise Metallzylinder. Obgleich ihm sicher auch andere Materialien wie Schellackstäbe, Siegelwachs, Wachsstäbe usw. zur Verfügung standen, erwähnt er diese meines Wissens nicht. Holz hält er für nicht geeignet. Metallzylinder beziehungsweise Metallstäbe weisen bereits von Natur aus eine starke Polaritätenverteilung an ihren Enden auf (Plus- und Minuspol), die bei Bedarf auf einfache Weise verstärkt werden kann und die allein einen nach Aktivierung (Förderung bestimmter Fähigkeiten) und Sedierung (Hemmung bestimmter Fähigkeiten) orientierten Einsatz gewährleistet. Der Pluspol aktiviert, der Minuspol hemmt. In der Schrift von Tarozzi weist Calligaris an einer Stelle (S. 46) ausdrücklich darauf hin, daß magnetisierte (!), also polarisierte Metallzylinder zu verwenden seien. Auch die Haut wird vor der Versuchsdurchführung durch Bestreichen mit einem Magneten aufgeladen.
2. **Der Vorgang der Aufladung beziehungsweise Reizung eines Punktes:** Es ist nicht absolut klar, was die Autoren Calligaris und Leprince unter den Begriffen Aufladung, Reizung, Applizierung, Ladung usw. verstehen. Leprince unterscheidet in der deutschen Ausgabe seines Werkes im allgemeinen nicht zwischen den Begriffen »Sensibilisierung« und »Ladung«. Auch wird »Applizieren« bei ihm mit »Laden« gleichgesetzt sowie »Reizung« mit »Ladung« und »Druck« mit »Ladung«, was durch zahlreiche Literaturstellen bestätigt ist. An anderer Stelle spricht er dagegen wieder eindeutig von einer vorangehenden Reizung und einer anschließenden Ladung der Punkte, was als richtig angenommen werden kann, da es mit den Angaben von Calligaris in Übereinstimmung zu sein scheint. Gereizt werden zunächst offenbar größere Hautareale, um eine höhere Sensibilisierung zu erreichen und die speziellen Punkte leichter auffinden zu können. Im Anschluß daran erfolgt eine Aufladung der Punkte mit magnetisierten

(also polgerecht eingesetzten) Metallstäben. Erst dieses Aufladen der Punkte bedingt dann die entsprechenden psychischen Phänomene.

3. **Der polaritätengerechte Einsatz der Metallstäbe und der Rotationseffekt:** Werden die Metallzylinder nicht mit der pluspolarisierten Seite auf die Haut gesetzt, ist keine Aktivierung des Punktes zu erwarten. Da die Polaritätenverteilung bei nicht-ferromagnetischen Metallen nur von Rutengehern oder Pendlern festzustellen ist – eventuell auch von besonders fühligen Personen mit der Hand –, ergeben sich bei nicht sachgemäßem Einsatz der Metallzylinder stets nur zufällige oder falsche Ergebnisse. Allein die Handhaltung der Zylinder, wie sie Calligaris empfiehlt, spricht eindeutig für einen nach Polaritäten erfolgenden bewußten Einsatz. Zu Beginn der Aktivierung wird der Metallzylinder zwischen Daumen einerseits und Zeigefinger und Mittelfinger andererseits gehalten und zwar an dem Ende, das auf der Haut aufgesetzt wird, wenn es um die Aktivierung eines Punktes geht, und das ist der Pluspol. Der Zylinder wird aufgesetzt und nicht aufgedrückt; die Haut soll nicht sichtbar eingedrückt werden, weshalb von einer »Reizung« der Haut überhaupt nicht die Rede sein kann. Der locker auf den Punkt gesetzte Zylinder wird zwischen den angegebenen Fingern in minimale Rotationsbewegungen versetzt. Das ist ein Vorgang, der den Biomagnetismus des Menschen stärkt, also in diesem Fall die zusätzliche Aktivierung des Punktes über magnetopathische Einwirkungen von seiten des Experimentators, wobei das Metall als Träger der od-magnetischen Strahlung wirkt. Holz als Material würde nicht als Träger fungieren, zumindest nicht in der erwünschten aktivierenden Weise. Nachdem der erste Aktivierungszustand beendet ist, also mit Einsetzen der Phänomene, wird der Zylinder ruhig zwischen Daumen und Mittelfinger am unteren Ende gehalten und der Zeigefinger auf das obere Ende des Metallröhrchens gelegt. Es wird bei Calligaris nicht klar, ob die »Aktivierungen« der Hautpunkte wirklich über die Pluspole der Metalle erfolgen oder eventuell auch über die Minuspole. Der Einsatz des Minuspols mit seiner sedierenden Eigenschaft dürfte spirituelle Sensationen eher fördern als der Pluspol.
4. **Die Beeinflussung der Effekte durch Witterungsvorgänge:** Der Hinweis, daß die hellseherischen und vielen anderen paranormalen Effekte durch bestimmte Wetterlagen beeinflußt werden, findet seine Parallele in der magischen Literatur. Mehrfach wird auf diesen Fakt ausdrücklich hingewiesen. Besonders Nebel, Nieselregen, aber auch Schnee und Wind scheinen zu stören. Es gibt mehrere Ansatzpunkte, dieses Phänomen zu erklären. Grundsätzlich liegt das Problem

darin, daß unterschiedliche Turbulenzen in der Erdatmosphäre die energetische Kommunikation mit gewissen Kräften stören. Nebel und Nieselregen besitzen ein besonderes Reflexionsverhalten. Energien, die vom Organismus bewußt wahrgenommen werden sollen, müssen zumindest teilweise im elektromagnetischen Bereich liegen, um als Kommunikationsschiene für geistige Kräfte zu dienen. Und elektromagnetische Strahlung wird nun einmal durch reflektierende, die Strahlen beugende oder brechende Agenzien beeinflußt. Wind erzeugt eigene Energien im elektromagnetischen Bereich, die nicht nur die Versuchsperson, sondern selbst den im Zimmer agierenden Rutengänger beeinflussen und zu unkontrollierten Rutenausschlägen führen können. Wind weist führende Wellenlängen auf, die sich zum Beispiel dort wiederfinden, wo Bäume entwurzelt wurden. Für heilsvermittelnde feinstoffliche Energien aus dem Kosmos sind nicht nur bestimmte Wetterkonstellationen, sondern auch bislang ungeklärte kosmische (planetare?) Konstellationen verantwortlich. Sie garantieren bestimmte Trägerwellen, ohne die bestimmte wundersame Heilungsvorgänge nicht stattfinden können.

Ebenso wie die angeführten Metalle zeigen auch Nichtmetalle Strahlungseffekte, die biologische und physikalische Wirkungen vollbringen können. Die Gesetze der Durchstrahlbarkeit gelten für alle festen Körper. Generell kann aber wohl ausgesagt werden, daß der Magnetismus der Metalle, also dessen feinstoffliche Wirkungskraft, stets größer ist als der Effekt von Nichtmetallen. Dennoch gelten für die Durchstrahlbarkeit der Nichtmetalle andere Gesetze, als für die Metalle. Ein Metallstab, sei es Kupfer oder Bronze, Messing oder nicht-magnetischer Stahl, ist durch Bestreichen mit einem Magneten polarisierbar, was seinen Eigenmagnetismus verstärkt, da dieser »gerichtet« wird. Daß dieses »Magnetisieren« auch durch Bestreichen mit der Hand gelingt, soll hier nur nebenbei bemerkt werden, denn der Effekt ist nicht so hoch, wie der durch Anwendung eines Magneten. Die Ausbildung verstärkter Polaritäten ist im Metall möglich, weil die Besonderheit der metallischen Bindung eine Veränderung der Ladungsträger (Elektronen) im Metall zuläßt. Dieser Effekt kommt in Nichtmetallen nicht zur Anwendung, weil hier keine modifizierbaren Strukturen vorliegen.

WIRKUNGEN VON METALLEN IM WOHNBEREICH

Metalle im Wohnbereich können sich aus unterschiedlichen Gründen belastend auf unseren Gesundheitszustand auswirken. Im wesentlichen sind es drei Wirkungsbereiche, auf denen sich die Metallstrahlung als biologisch wirksam erweist:

Der Antenneneffekt von Metallen: Insbesondere stabförmige Metallteile jeglicher Art bauen aufgrund ihrer Ankopplung an diverse Raumstrahlungen eigene Kraftfelder im Mikrowellenbereich auf. Die das Metall anregende Strahlung kann eine kosmische Strahlung sein, eine Strahlung der Rundfunk- und Fernsehsender, der Telekommunikation generell oder andere Arten von Strahlungen, wie sie zu technischen Zwecken (drahtlose Schalt- und Steuerungssysteme) verwendet werden. Die Länge eines Metallstabes entscheidet zum Beispiel darüber, welche »Sendefrequenz« aufgenommen und abgestrahlt wird. Die Abstrahlung der Sendeenergie erfolgt dabei in bestimmten Raumrichtungen. Das entspricht einem Verstärkungseffekt, da über die Antenne die Strahlungsintensität gebündelt wird. Je nach Lage eines Metallteils (zum Beispiel im Schlafzimmer) kann der Organismus also direkt von der Strahlung betroffen sein oder auch nicht. Die Strahlung kann induktiver (magnetischer) oder kapazitiver (elektrischer) Natur sein in Anhängigkeit vom Antennenmaterial. Aus diesem Grund ist es sinnvoll, alle stab- oder gar spiralförmigen (Empfang zirkularpolarisierter Strahlung) Metallteile sämtlich aus dem Schlafzimmer zu entfernen. Das gilt auch für Möbel mit Stahlrohrgestellen oder solchen aus Aluminium. Auch die Trittleiter oder das Bügelbrett haben im Schlafraum und angrenzender Wand nichts zu suchen. Am Bügelbrett sollte vor allen Dingen die antennenförmige Kabelhalterung entfernt werden. Generell ist es sinnvoller, stabförmige Metallteile im Haus liegend als stehend aufzubewahren.

Insbesondere im Bettrahmen, Bettgestell oder in der Matratzenkonstruktion sind Metalle unbedingt zu meiden, einmal wegen der dadurch erfolgenden Verzerrungen des erdmagnetischen Feldes, dann wegen der Ankopplung an Elektrofelder, aber auch, weil die Metallteile als Radioantennen wirken. Demnach sollten also möglichst auch keine metallenen Verschraubungen am Bett sein. Vor allen Dingen sollte nicht auf Spiralfedermatratzen geschlafen werden, denn das sind Antennen ganz speziell für die biologisch stark wirksame zirkularpolarisierte Strahlung diverser natürlicher (Wasseradern) und technischer (Fernmeldetürme, Funk, Satelliten) Sender.

Veränderung der Bodenstrahlung: Schwere und massive Metallteile, also schwere Kerzenleuchter, Metallskulpturen, Eisenträger usw., wirken umlenkend auf diverse Strahlungsarten aus dem Erdboden (Wasseradern, Verwerfungen, Gitternetze). Aufgrund dieses Effektes können hochwirksame

Strahlungszonen auch dort entstehen, wo zuvor keinerlei Strahlung festzustellen war. Teilweise bilden sich dabei sternförmige Strahlungssysteme aus, die auf weite Entfernungen hin hohe Intensitäten ausstrahlen, die auch Mauerwerk durchdringen können. Mit Metallgegenständen können Pseudowasseradern aufgebaut werden, deren Belastungen meist unangenehmer sind, als die einer echten Wasserader.

Metalle verändern das Erdmagnetfeld: Ein wichtiger Grund, aus dem Bereich des Schlafplatzes alles Metall zu entfernen, ist die Wirkung des Metalls auf das Erdmagnetfeld. Alle ferromagnetischen Metalle weisen einen gewissen Eigenmagnetismus auf, der sich insbesondere am Schlafplatz negativ auf die Gesundheit des Schläfers auswirken kann. Gerade im Bett kommen Metallrahmen, Scharniere, Metallstäbe, Metallwinkel usw. in sehr engen Kontakt mit dem Schläfer. In zahlreichen Schlafplatzuntersuchungen mittels eines Geomagnetometers (mißt die Veränderungen des erdmagnetischen Feldes) konnte ich die magnetfeldverändernden Effekte über Computeraufzeichnungen eindrucksvoll dokumentieren. Jeder Baubiologe wird deshalb zu einem metallfreien Bett raten. Problematisch am Schlafplatz ist nicht so sehr der Effekt einer Reduzierung oder Verstärkung des erdmagnetischen Feldes, sondern die hohen Feldstärkeunterschiede, die sich auf engstem Raum bewegen. Das sind Effekte, die in der Natur nicht vorkommen. Mit Hilfe einer Holzleiste als Leitschiene und eines Kompasses kann sich jeder leicht von den Effekten der Metalle im Bett auf das Erdmagnetfeld überzeugen.

Besonders starke Veränderungen des erdmagnetischen Feldes weisen Transformatoren auf. Bei Wohnungsuntersuchungen schaue ich mir immer sehr genau das Bett an. In einem Fall hatte sich die Frau des Hauses ein Lattenrost mit Elektromotor einbauen lassen. Sie las immer gern im Bett. Per Knopfdruck konnte sie nun das Lattenrost in angenehmer Weise über zwei Gelenke verstellen. Nur schlafen konnte sie seitdem nicht mehr. Das ganze System enthielt natürlich viel Metall. Der Transformator für den Steuerungsmotor war stets am Stromnetz angeschlossen und strahlte demnach zusätzlich noch seine Hochfrequenzstrahlung aus. Ich empfahl, das Lattenrost komplett gegen ein metallfreies auszutauschen. Als Sofortmaßnahme sollte zur Nacht der Netzstecker gezogen werden. Allein das Ziehen des Netzsteckers brachte schon eine große Hilfe; die Frau konnte sofort wieder schlafen.

Der Eigenmagnetismus der Metalle: Abgesehen von den bereits geschilderten Effekten weisen Metalle eine Eigenstrahlung (Eigenmagnetismus nicht ferromagnetischer Art) auf, die in unterschiedlicher Weise auf den Organismus wirken kann. Die Effekte resultieren aus der Zirkularpolarisation der Metallstrahlung, der Strahlung der Metallpole (Minus/Plus – Yin/Yang) sowie aus speziellen Wellenlängen oder Energien, mit denen die Metalle behaftet sind. Recht eindrucksvoll konnte ich diese Effekte bei vergleichenden

Untersuchungen alter und neuer Nägel nachweisen. Die alten, geschmiedeten Nägel fand ich beim Abriß einer Dachabdeckung. Solche Nägel werden heute kaum noch hergesellt oder verarbeitet. Ich habe diese Nägel radiästhetisch untersucht und mit der Ausstrahlung moderner Eisennägel verglichen. Die wesentlichen unterscheidenden Effekte sind folgende (siehe auch Kasten auf der nächsten Seite):

- Die materialbedingte Eigenstrahlung der alten Nägel ist rechtsdrehend und von der Intensität her gemäßigt, die der neuen Nägel ist linksdrehend und stark.
- Die alten Nägel zeigen eine einheitliche Polaritätenverteilung. Unabhängig davon, ob das Kopfende oder die Spitze der Nägel zum Menschen hin zeigt, ist ihre Strahlung immer lebenspositiv.
- Die alten Nägel sind nicht ferromagnetisch (Nachweis mit Kompaß); die neuen Nägel haben unterschiedliche Magnetpole in relativ hoher Intensität. Allerdings ging dieser ferromagnetische Effekt nach dem Einschlagen der Nägel in ein Brett stark zurück, erlosch aber nie ganz und blieb weiterhin uneinheitlich.
- Die alten Nägel weisen unterschiedliche Heilwellenlängen auf, die in den neuen Nägeln entweder ganz fehlen oder in linksdrehender, also belastender Form vorliegen und die dann auch noch höhere Intensitäten aufweisen.

Die feinstofflichen Kraftfelder von Steinen

Ein Stein läßt sich nicht durch Bestreichen mit einem Magneten polarisieren. Dennoch weist sein Wesen ein eigenes Energiefeld auf, das mit Rute oder Pendel feststellbar ist. Das gleiche gilt für andere feste organische Materialien, zum Beispiel für Holz. In festen gewachsenen Materialien liegen Strukturen vor, die kaum veränderbar sind. Diese Materialien weisen eine natürliche Polaritätenverteilung auf und sind aufnahmefähig für feinstoffliche Kraftfelder aus unterschiedlichster Quelle. So ist es möglich, auch Steine durch Lagerung auf einem »guten« Platz zu positivieren. Die dergestalt aufgenommene Energie bleibt in den Steinen aber nicht dauerhaft vorhanden. Eine andere Situation ist die, wenn der Stein auf einem guten Platz gebildet wurde, in einer rechtsdrehend strahlenden Verwerfungsspalte beispielsweise. In diesem Fall behält er seine positiven Energien, die unabhängig von seinen Polen auftreten, dauerhaft. In gewisser Weise ist auch eine Änderung der Pole des Steines möglich, wenn er mit einem Hammer angeschlagen wird; an dieser Stelle bildet sich dann ein positiver Pol aus, allerdings in geringer Intensität. Stärker in ihrer Ausstrahlung sind die Pole, die sich auf natürliche Weise

Materialbedingte Eigenschaften alter (geschmiedeter) und neuerer Eisennägel

Eigenschaft	geschmiedeter Nagel	neuer Nagel
Zirkularpolarisation	rechtsdrehend	linksdrehend
Polarität (plus/minus)	ausgeglichen	nicht einheitlich
Polarität (Yin/Yang)	Spitze yin, Kopf yang	nicht einheitlich, schwach ausgeprägt
Ferromagnetismus	nicht magnetisch	starker, uneinheitlicher Magnetismus
Strahlungsreichweite »Eisen«	(+) 1,0 m	(-) 1,9 m
Energie vital/devital	vital, Leben: 0,7 m	devital, tot: 0,6 m
Lebenskraft/Degeneration	Lebenskraft: 0,7 m	degenerierend: 0,8 m
universelle Heilkraft	(+) 0,5 m	-----
dauerhafte Heilung	(+) 0,3 m	-----
Multiwellenstrahlung	(+) 0,3 m	(-) 1,6 m
»Gottes Segen«	(+) 0,5 m	(-) 1,1 m

(+) = rechtsdrehend; (-) = linksdrehend

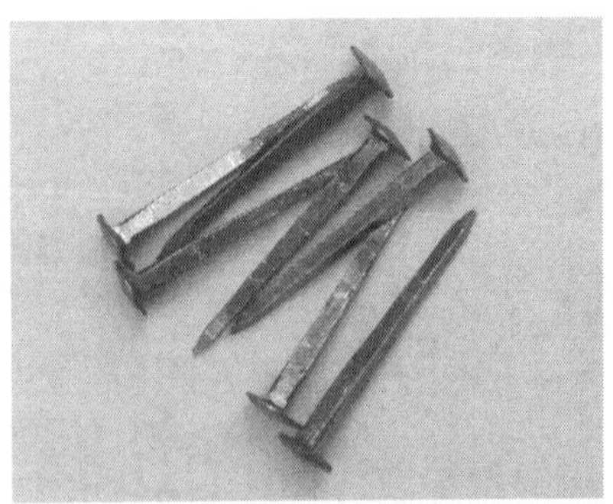

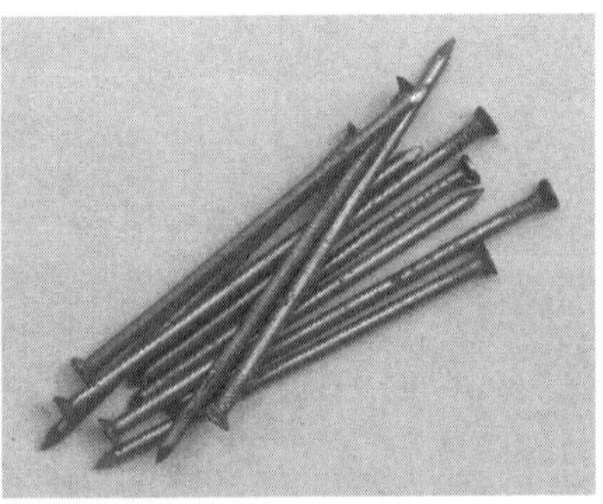

Links: Geschmiedete Nägel mit rechtsdrehenden Strahlungseigenschaften, einheitlicher Polaritätenverteilung und heilsamen Wellenlängen.
Rechts: Moderne Nägel mit starker linksdrehender Ausstrahlung, nicht einheitlichen Polaritäten und belastenden Wellenlängen hoher Strahlungsreichweite.

gebildet haben oder aufgrund gewaltsamer Einwirkung auf den Stein (Bruch) neu bilden. Ich möchte die Besonderheiten bei der Polbildung von Steinen an einigen Beispielen erläutern.

Die natürlichen Polaritäten der Steine und ihre Anwendungsbereiche

Nehmen wir einen Stein und untersuchen seine Flächen und Kanten, so werden wir eine mehr oder weniger ungeordnete Verteilung der positiven und negativen Polaritäten vorfinden. Jede Fläche und jede Spitze weist entweder eine negative oder eine positive Polarität auf. Je mehr Flächen und Spitzen der Stein aufweist, um so mehr Pole sind vorhanden. Manche davon sind sehr stark ausgeprägt, andere wieder weniger stark. Nehmen wir dagegen einen stabförmigen Steinsplitter, so finden wir an den beiden Enden starke Polaritäten vor, an den übrigen Flächen weniger starke. Schneiden wir einen Stein exakt in Würfelform zu, so entstehen sechs Strahlungspole gemäß den sechs Flächen: drei positive Pole und drei negative Pole, alle von vergleichbarer Strahlungsintensität. Die Steine weisen also eine natürliche Polung auf, die durch äußere Einwirkungen (zum Beispiel durch Bestreichen mit einem Magneten) nicht zu verändern ist. Zerbrechen wir dagegen einen Stein, so bilden sich sofort wieder neue Pole.

Die natürliche Polung der Steine mag in praktischer Hinsicht genutzt worden sein, um natürliche Strahlungsverhältnisse in einem für den Menschen positiven Sinne zu beeinflussen. Hierbei gehen zwei Effekte ineinander über: die Harmonisierung belastender Bodenstrahlung aus zum Beispiel Wasseradern oder Verwerfungen sowie die Schaffung eines positiv polarisierten Raumes für den Aufenthalt von Menschen. Die aus gezieltem Einsatz polarisierter

Steinquader mit gekennzeichneten Polungen. Von links nach rechts: Granit-Pflasterstein, Quarz-Pflasterstein, Ziegelstein. Jeder Stein weist drei Plus- und drei Minuspole auf.

Steine resultierenden Effekte zeigen mitunter sogar Auswirkungen in geistigen Bereichen, indem selbst negative geistige Kräfte abgeschirmt oder positive Energien herangezogen werden.

Als besonders wirksam in bezug auf großflächige Veränderungen von Bodenstrahlungen, die als belastend empfunden werden, sind bestimmte geometrische Anordnungen von Steinen, die nach römischer Bautechnik als »opus spicatum« bezeichnet werden oder auch als Fischgrätenmuster bekannt sind. Diese Strukturierungen finden sich in Einfassungsmauern, in Häuserfronten, an bestimmten Stellen in Kirchenwänden und in Fußbodenbelägen. Untersucht man die einzelnen Steine dieser Strukturen, so stellt man eine reguläre Abfolge der wechselnden Polaritäten fest, die allgemein für die abschirmende und positivierende Wirkung dieser Strukturen verantwortlich gemacht werden. Ob es sich hierbei um rein geometrisch induzierte Effekte handelt oder um Wirkungen der Polungen, ist bislang noch nicht einwandfrei geklärt. Persönlich konnte ich anhand von Experimenten feststellen, daß sich auch bei ungeprüftem Einsatz von Steinen in Anordnung eines Opus spicatum mit der Zeit eine alternierende Polungsabfolge einstellt. Andere Forscher fanden heraus, daß bei renovierten alten Mauern die neu eingefügten Steine eine andere Polaritätenverteilung aufweisen, als die des alten Mauerwerks. Als gesichert kann jedoch gelten, daß polungsgleich angeordnete Steine nicht die gewünschte Feldveränderungswirkung aufweisen, wie Steinsetzungen mit alternierenden Polungen. Offenbar ist es aber nicht erforderlich, nun jeden Stein einzeln auf seine Polung hin zu untersuchen und entsprechend orientiert einzusetzen. Die zufällige Anordnung gepolter Steine scheint einen ausreichenden Effekt bezüglich der alternierenden Polungen zu liefern. Wichtig ist nur, daß Steine eingesetzt werden, die von ihrer geometrischen Form her ausgeprägte Polarisierungsachsen aufweisen, was bei oval beziehungsweise länglich geformten Steinen oder Steinsplittern stets der Fall ist.

Drei Beispiele für angewandtes Opus spicatum: Umfassungsmauer des Benediktinerinnenklosters zu »Unserer Lieben Frau« in Fulda (links). Außenfront der ehemaligen Pfalzkapelle in Karnburg (Kärnten) aus dem 8. Jh. (Mitte). Außenfront eines Wohnhauses in Österreich, neu erstellt nach alten Techniken (rechts).

Eine moderne praktische Anwendung der Opus-spicatum-Technik zeigt die Front eines Hauses in Österreich. An einem flächenmäßig sehr großen alten Gebäude mit quadratischem Grundriß wurde an drei Außenfronten eine neue Mauer vor das alte Mauerwerk gesetzt mit beachtlicher Wirkung auf die Strahlungsqualität im Haus sowie in dessen Umgebung (siehe Abbildung). Die vorgesetzte Mauer besteht aus abwechselnden Schichten von alten Ziegelsteinen (horizontale Linie) und ovalen Kieselsteinen, die in schräger Ausrichtung gesetzt wurden, mehr oder weniger genau nach dem alten römischen Muster des Opus spicatum. Ganz sicher hat hier niemand jeden einzelnen Kieselstein auf seine Polung hin untersucht, um ihn dann entsprechend orientiert hier einzusetzen. Auch kann davon ausgegangen werden, daß hier niemand jeden einzelnen Stein mit dem Hammer angeschlagen hat, um eine einheitliche Polarisierung des Steines hervorzurufen. Dennoch resultiert aus der alternierend schrägen Anordnung der Kieselsteine ein Strahlungseffekt, der in Wechselwirkung mit der Bodenstrahlung tritt und hier harmonisierende Einflüsse hervorruft.

Die abgebildete Häuserfront weist auf eine weitere Technik des Arbeitens mit Steinen hin, die in der Römerzeit gern verwendet wurde, nämlich die, in ein Mauerwerk separate, aus anderem Material bestehende Gesteinsschichten einzufügen. Wurden für das Mauerwerk Natursteine eingesetzt, so wurden diese Natursteinschichten in bestimmten Höhenlagen durch feine Schichtungen eines Tonmaterials unterbrochen (Durchschußsteine). Dieses Tonmaterial bestand aus ausgesuchten Tonen mit speziellen Beimengungen und wies

Links: Ruinenmauer des Hadrianstempels bei Rom mit hexagonalem Opus spicatum und zwei Lagen von »Durchschußsteinen« (Foto: Christa Erb).
Rechts: Fruchtbarkeitssymbol an einer Ruine in Augusta Raurica (ehem. römisches Legionärslager Vindonissa, Schweiz). Das ist kein Piktogramm, um ein Freudenhaus zu kennzeichnen, sondern eine Information über fruchtbarkeitsfördernde Energien an diesem Ort.

stark rechtsdrehende und heilkräftige Wellenlängen auf. Wenn zwei solcher Schichtungen im Mauerwerk aufgefunden werden, findet sich eine untere Schicht in Höhe der Gonaden mit Wellenlängen, die auf die Fruchtbarkeit wirken und eine obere Schicht in Höhe des Kopfes, die eine Gedankenkraft stärkende und bewußtseinserweiternde Energie beinhaltet.

Interessante energetische Strukturen beobachtete ich in alten Klosteranlagen, insbesondere bei den Kartausen des Kartäuserordens. Die Kartausen sind kleine Häuschen für jeden Mönch, in denen er seiner speziellen Aufgabe nachgeht. Oder sagen wir es so, in denen die speziellen Energien anzutreffen sind, die ihm das Erfüllen seiner Aufgabe erleichtern. Es ist ein Unterschied, ob es zur Aufgabe eines Mönches gehört, »Segen« herzustellen, wie sie die alten Schluckbildchen darstellten, oder entsprechende Klosterarbeiten, oder ob es darum geht, Bücher abzuschreiben, Predigten zu erstellen, Diskussionsbeiträge zu liefern usw. Zu jeder Aufgabe ist eine bestimmte Energie besonders hilfreich. Insbesondere handelt es sich hier um kapazitive Energien aus dem Bereich der vier Elemente. Diese unterschiedlichen Energien können nicht allein von Natur aus in diesen aneinandergereihten Häuschen anzutreffen sein. Ob es sich hierbei um Effekte handelt, die mit dem Mauerwerk zusammenhängen, oder um Energien, die aus Steinsetzungen im Fundament oder generell im Bodenbereich resultieren, konnte bislang nicht eindeutig geklärt werden. Gesichert scheint allerdings, daß diese unterschiedlichen Energien immer noch dort anzutreffen sind, wo die alten Fundamente noch in der Erde sind.

Ein weiterer Grund für das Setzen von Mauern ist der, die von außen kommenden negativen Energien abzuwenden und die lebenspositiven Energien im Innern des Mauerwerks aufzubauen beziehungsweise zu bewahren. Mit den bisher angeführten Techniken, die einen bewußten Einsatz polarisierter Steine erfordern, sind wesentliche Voraussetzungen dazu bereits geschaffen. Wir finden solches »einfriedende« Mauerwerk bei Burganlagen, Stadtmauern, Kirchen, Klostergebäuden, Friedhöfen und bedeutenden Herrschersitzen. Insbesondere bei alten Klosteranlagen habe ich diesen Effekt immer wieder beobachten und untersuchen können.

Im Zusammenhang mit kirchlichen Bauwerken und Klosteranlagen ist in der Form von Weihen ein neuer Aspekt zur Positivierung des Innenraumes hinzugekommen. Dabei gehen die Weihen von Altären, Kirchenmauern, Friedhofsmauern usw. in der Regel von bestimmten Weihezentren aus, das heißt von speziell geweihten Bereichen, die ihre Energien dann dem gesamten Mauerwerk mitteilen. So werden in Altarplatten Weihekreuze eingraviert, die dann als Träger der Weihematerialien fungieren (hier werden die Weihen eingebrannt), oder es werden an Kirchenwänden Weihekreuze angebracht, die dann mit Chrisam gesalbt werden. Im Außenbereich, zum Beispiel bei

Friedhofsmauern, werden neben der Weihe durch Gebet und Weihwasser in speziellen Nischen Heiligenfiguren aufgestellt, die in besonderer Weise geweiht werden und für diese Mauern als Weiheträger dienen. In der Regel werden mehrere dieser positivierenden Elemente gemischt, so daß im nachhinein oft nur schwer oder gar nicht mehr nachvollzogen werden kann, woher die Weihe eigentlich kommt. Die Effekte sind spürbar und belegbar, aber die Ursachen bleiben im Verborgenen.

Geweihte Figuren, insbesondere Heiligenfiguren, wirken bezüglich ihrer Strahlungswirkung nicht nur auf den Menschen, sondern auch auf die Umgebung, in der sie aufgestellt werden. Die Heiligenfiguren in Kirchen bestehen bezüglich ihres Materials vorzugsweise aus Holz oder aus Stein. Holzfiguren lassen sich durch Weihen besonders gut aufladen, aber auch Steinfiguren beziehungsweise Steine schlechthin. Normalerweise halten Steine eine Weihe nicht besonders gut; werden sie aber mit Chrisam gesalbt oder die Weihen

Links oben: Weihekreuz zur Positivierung und Feldveränderung (Grongörgen, Niederbayern).
Rechts: Friedhofsmauer mit Nische für Heiligenfigur zum Schutz und Positivierung.
Links unten: Rasen-Eisensteine in Kirchenmauer (Uttlau, Niederbayern) zur Veränderung der Strahlungswirkung. Die eisenhaltigen Sandsteine weisen einen natürlichen Ferromagnetismus auf.

Links: Die Marienfigur aus Sandstein ist der Ursprung der Wallfahrt zum Bogenberg (Niederbayern). Der aus Polaritäten resultierende Strahlungseffekt dieser Seinfigur ist begrenzt. Durch viele Berührungen von Pilgern hervorgerufen, weist die Figur aber hohe Energien auf, die im geistig-emotionalen Bereich wirken.
Rechts: Steinfragment aus der Römerzeit aus Kärntner Marmor am »Prunnerkreuz« bei St. Donat (Kärnten). Die Strahlungsintensität des Steines ist sehr hoch im Bereich induktiver und kapazitiver Energien. Möglicherweise handelt es sich hier um ein Fruchtbarkeitssymbol.

mittels Weihrauch eingebrannt, wie es bei Altären einst geschah, so kann auch Steinmaterial dauerhaft geweiht werden. Vorteilhafter bezüglich der Grund-Strahlungsqualität von Steinen und Steinfiguren ist es allerdings, die Figuren von vornherein aus einem Material herzustellen, das bereits gute Energien aufweist, die kirchlichen Weihen weder in Qualität noch in Quantität nachstehen. Das beste Material, das ich unter diesen Gesichtspunkten kennengelernt habe, ist Marmor, der aus besonderen Steinbrüchen gewonnen wird und den die Römer im süddeutschen beziehungsweise südeuropäischen Raum eingesetzt haben. Die Strahlungsqualität dieses Marmors hat bis heute nichts von ihrer Wirkung verloren. Aber auch Steinmaterial aus rechtsdrehenden Verwerfungsspalten weist ähnliche Qualitäten auf. Auf einen Steinersatz aus Kunstharzmaterialien sollte verzichtet werden. Soweit ich solche Materialien kennengelernt habe, weisen sie äußerst belastende Energien auf, dazu noch in hoher Strahlungsintensität. Es ist zwar möglich, die Strahlungseigenschaften auch dieses Materials etwas zu verbessern, doch kann niemals die Strahlungsqualität erreicht werden, wie sie naturgemäß gute Steine aufweisen.

Ein weiterer interessanter Effekt der Steinwirkung auf den Menschen basiert auf Wechselwirkungen eines Bauwerks mit kosmischen Energien. In unserem radiästhetischen Arbeitskreis haben wir zahlreiche Versuche angestellt und Untersuchungen durchgeführt, um diesen Zusammenhängen ein wenig auf die Spur zu kommen. Worum handelt es sich? In weiten Teilen insbesondere süddeutscher Flurlandschaften finden wir als Zeugen der Volksfrömmigkeit Gedenksäulen, die Wanderer oder Pilger an wundersame Ereignisse erinnern sollen, die hier stattgefunden haben. Diese Gedenksäulen weisen eine so starke segensreiche Ausstrahlung auf, daß sie praktischerweise als Segen für die umliegenden Felder wirken, ohne in diesem Sinne aufgestellt worden zu sein. Woher kommt diese starke Segenswirkung? Liegt es am Baumaterial? Liegt es am Platz, an dem das Bauwerk aufgestellt wurde? Liegt es an der dargestellten Symbolik? Liegt es an einem speziellen Segen, mit dem dieses Bauwerk versehen wurde? Ich möchte dieses Phänomen an einem Beispiel erläutern:

Die »Weiße Marter« bei Köttweinsdorf in der Fränkischen Schweiz ist ein Beispiel für den kunstgerechten Aufbau eines heiligen Ortes. Die weit ausstrahlenden Kräfte dieser Säule resultieren aus den Wechselwirkungen des Bauwerks (Energiefeld der Steine, Symbolik, Weihen) mit kosmischen Kräften.

Bei Köttweinsdorf in der Fränkischen Schweiz steht die sogenannte »Weiße Marter«, eine Dreifaltigkeitssäule, die im 18. Jahrhundert aufgrund eines Gelübdes infolge einer wundersamen Heilung errichtet wurde. Eine Inschrift auf der Säule selbst sowie eine Gedenktafel schildern den Grund der Errichtung: Ein Metzger befand sich mit seinem blinden Sohn auf einer Fußwallfahrt nach Gößweinstein. Dem alten Wallfahrerweg folgend (jetzt nicht mehr begangener

Feldweg), kamen nach Überqueren einer Geländekuppe die Kirchtürme von Gößweinstein in Sicht. Der blinde Junge wurde wieder sehend. Der Vater war derart beeindruckt, daß er an dieser Stelle eine Gedenksäule zu Ehren der heiligen Dreifaltigkeit (Patrozinium von Gößweinstein) errichten ließ.

Die Untersuchung des Gebietes um die Säule herum ergab eine ungewöhnliche Vielfalt an heilkräftigen Energien, die natürlicherweise auf so engem Areal im Boden nicht vorkommen können. Die Gedenksäule steht nicht genau an dem Platz, von dem aus die Kirchtürme zum erstenmal gesehen werden können, sondern etwas seitlich versetzt an einem eigens dafür aufgekauften und eingerichteten Areal, denn niemand wird ein solches Hindernis mitten auf einen Wallfahrerweg stellen. Die Säule steht also weder am Ort des wundersamen Ereignisses noch an einem natürlichen Platz, der alle diese Energien aufweist. Auch ist mit Weihen allein nicht zu erklären, wie diese Energien in die Bodenstrukturen kommen, zumal es sich teilweise um Energien handelt, die dem Luftraum zugeordnet werden müssen und nicht der Erde. Anhand von vergleichenden Untersuchungen und experimentellem Aufbau von Energiestrukturen mittels Steinen kamen wir zu der Schlußfolgerung, daß das Bauwerk selbst aufgrund seiner Geometrie, seiner Weihen, seines Steinmaterials usw. in eine Resonanzbeziehung mit kosmischen Kräften kommt, aus der heraus sich eine weitreichende Kombination von Kraftwirkungen aufbaut, die irdische und kosmische Energien vereinigt. So entstehen Kraftorte an Plätzen, die natürlicherseits nicht über diese Energievielfalt verfügen. Dieser Effekt kann nur dadurch zustande kommen, indem die Steine selbst einen starken feinstofflichen Strahlungseffekt aufbauen, der infolge von Resonanzbeziehungen noch weiter verstärkt werden kann und aus dem dann heilsame Effekte für Mensch und Natur resultieren.

Daß Steine überhaupt als Träger eines feinstofflichen Kraftfeldes fungieren, liegt an ihrem molekularen Aufbau, der sich von dem der Metalle unterscheidet. Der Aufbau von Polaritäten beruht bei Metallen und Steinen auf dem gleichen Prinzip, nämlich auf den unterschiedlich polarisierten Ladungsträgern, die die chemische Bindung des Materials ausmachen. Die Besonderheit bei Metallen liegt darin, daß einem positiven Ladungsträger kein konkreter negativer Ladungsträger zugeordnet ist. Daraus ergibt sich nach außen hin eine für Fremdenergien besonders aufnahmefähige innermolekulare Struktur, die neu hinzukommende Ladungsträger oder Ladungsverschiebungen gern akzeptiert und in ihr Gefüge integriert. Wird das Metall geschmolzen, sind die Ladungsträger sozusagen desorientiert; kühlt das Metall ab und erstarrt, so fügt sich die neue Ordnung nach den Kräften des äußeren Magnetfeldes (auch bei nicht-ferromagnetischen Metallen) und anderen externen Kräften, die nun die neue Struktur im Material mit aufbauen.

Steine und Mineralien sind chemisch anders aufgebaut, als Metalle. Hier handelt es sich um Oxide (Quarz) oder Salze (meist Carbonate). Jedem positiven Ladungsträger (Kation) ist hier ein negativer Ladungsträger (Anion) zugeordnet, was ein starres molekulares Gefüge ergibt. Dieses Gefüge kann nicht gelöst oder verändert werden, so daß über diesen Weg keine Möglichkeit einer energetischen Beeinflussung des Steines besteht. Deshalb nehmen Steine Fremdenergien so schwer oder gar nicht auf. Die einzigen Möglichkeiten, hier Energien zu übertragen, bestehen im Auftragen eines Fremdmaterials (Chrisam) oder über mental-feinstoffliche Energien, die dann aber auch nur im geistig-emotionalen Bereich wirksam werden. Wie die Speicherung dieser Art von Energien erfolgt, ist bislang nicht geklärt. Es wird vermutet, daß hierbei Änderungen im Energiegefüge des subatomaren Bereiches erfolgen, wo geistige Energien und materielle Strukturen ineinander übergehen.

Ein interessanter praktischer Effekt, der mit der Eigen-Polarität von Steinen zu tun hat, ist aus der Anwendung eines Steinkompasses ersichtlich. Was ist ein Steinkompaß? Oder zunächst die Frage: Wie wirkt überhaupt ein Kompaß? Die Kompaßnadel besteht aus ferromagnetischem Material mit ausgeprägter Eigenpolung. Bei freier Aufhängung beziehungsweise leicht beweglicher Lagerung richtet sich die Kompaßnadel nach den Feldlinien des Erdmagnetfeldes aus. Die Ausrichtung der Nadel erfolgt gemäß der Gesetze über anziehende und abstoßende Kräfte der Magnetpole: gleichnamige Pole stoßen sich ab, entgegengesetzte Pole ziehen sich an. Beim Ferromagnetismus ist dieser Effekt sehr ausgeprägt, weil zwischen dem Erdmagnetfeld und dem Magnetfeld des Metalls Kräfte gleicher Art miteinander wechselwirken. Nadeln aus anderem Metall (oder anderem Material), die ebenso stark gepolt sein können wie die Kompaßnadel, zeigen diesen optisch sichtbaren Orientierungseffekt nicht, weil es zwischen den unterschiedlichen Kräften hier zu keiner resonierenden Wechselwirkung kommt. Der Rutengänger oder Pendler ist mit Hilfe seines Instrumentes dennoch in der Lage, die zwischen Erdmagnetfeld und dem Magnetismus des (nicht-ferromagnetischen) Metalls wirkenden Feldeffekte nachzuweisen.

Weniger verständlich scheint dagegen zu sein, daß auch Steine oder Holz entsprechende Polungen aufweisen und aus diesem Grunde ebenso als Kompaßanzeiger fungieren können wie die bekannte Magnetnadel. Ein Produkt der auf den biomagnetischen Feldeffekten beruhenden Erfahrung ist der sogenannte Steinkompaß, vielleicht eine ur- und frühgeschichtliche transportable Orientierungsmethode der Megalithkultur, entdeckt oder wiederentdeckt vom Feinkrafttechniker Erich Neumann, der in seinem Buch über Formen-Energien die immer wieder behauptete und langgesuchte Orientierungsmethode der Megalithiker wohl erstmals beschreibt. Ich habe diesen Steinkompaß nachgebaut und konnte mich von dessen Verwendbarkeit zur

Bestimmung der Himmelsrichtungen überzeugen: Der Kompaßstein ist ein einfacher glatter eiförmiger Geröllstein (Bachkiesel). Die Form ist wichtig, da sich nur an einem eiförmigen Gebilde eine homogene Verteilung der Magnetpole aufbauen kann. Die Bildung der magnetischen Pole des Kompaßsteines ist aus der Abbildung ersichtlich. Die Untersuchung erfolgte mittels Pendel. Die Spitze des Steines weist einen Pluspol auf, das gerundete, entgegengesetzte Ende einen Minuspol. Weitere Pole bauen sich an den übrigen Seiten des Steines auf. Nähert man sich mit einem Pendelkörper von der Seite her dem ruhig liegenden Stein, so erhält man die Pendelreaktionen, die den anzutreffenden Polen entsprechen, also rechts- (Plus) oder linkskreisende (Minus) Pendelbewegungen. Wird allerdings *über* dem Stein gependelt, das Pendel über der Mitte des Steines haltend, so erhält man unterschiedliche Pendelbewegungen, wenn man sich, den Stein mit der Spitze nach vorn in der Hand haltend, um seine eigene Achse dreht. Die Polungen des Steines treten dabei in Wechselwirkung mit den Polen des Erdmagnetfeldes. Daraus ergeben sich anziehende oder abstoßende Feldeffekte, die unterschiedliche Pendelbewegungen hervorrufen. Aus der Art der Pendelbewegungen kann nun die Orientierung des Steines zum Erdmagnetfeld abgelesen werden: Zeigt die Spitze des Steines in Richtung des erdmagnetischen Nordpols, so resultiert eine starke, lineare Pendelschwingung entlang der Längsachse des Steines. Zeigt die Spitze des Steines zum magnetischen Südpol der Erde, so herrscht Pendelstillstand, weil hier gleichnamige Pole aufeinanderstoßen. Zeigt die Steinspitze nach Osten oder Westen, gibt es querschwingende Pendelreaktionen, zeigt sie in die Zwischenhimmelsrichtungen, entstehen rechtskreisende oder linkskreisende Pendelbewegungen. Das Einnorden des Kompaßsteines mit Hilfe der Pendelreaktionen ist für den Pendelkundigen überraschend einfach, er braucht sich mit aktivem Pendel nur so lange um seine Achse zu drehen, bis die

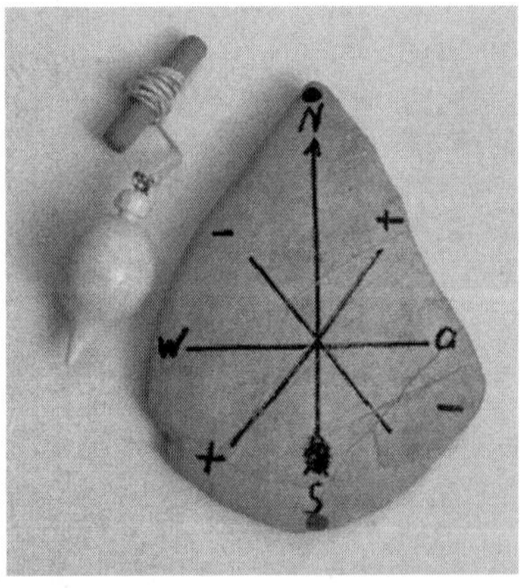

Nachbau eines mobilen Steinkompasses (Himmelsstein) der Megalithkultur. Mithilfe eines Pendels können die Himmelsrichtungen festgelegt werden: die Hauptsonnenstände des Jahres, die Sonnenwenden und Tagundnachtgleichen. Der Steinkompaß mag zur Errichtung frühgeschichtlicher Kalenderanlagen gedient haben und war sicher ein wichtiges Hilfsmittel für die Seefahrt vor der Einführung des Magnetkompasses im 12. Jahrhundert in Europa.

Strichschwingung des Pendelkörpers die Nordrichtung anzeigt. Auf der dem Stein aufgemalten Kompaßrose sind dann auch die anderen Himmelsrichtungen leicht abzulesen.

Die aufgemalte Kompaßrose entspricht dem heiligen Zeichen des Weltenrades mit seinen acht Speichen. Dieses Zeichen versinnbildlicht die acht Hauptsonnenstände des Jahres zu den Sonnwenden und Tagundnachtgleichen und übt damit die Funktion eines einfachen Jahreskalenders aus. Mit der beschriebenen Pendeltechnik kann mit Hilfe des Kompaßsteines ein Bauwerk zum magnetischen Norden oder nach Osten hin ausgerichtet werden. Damit löst sich manches Geheimnis der Orientierung prähistorischer Bauwerke.

Frühgeschichtliche Anwendung der Steinstrahlung nach Gerhard Pirchl

Der Rutengänger und Pendelforscher Gerhard Pirchl stieß bei seinen Forschungsarbeiten an Megalithen und Steinkreisen auf Energielinien, die sternförmig von einem Stein im Zentrum eines Steinkreises oder auch von einem alleinstehenden Megalithstein ausgingen. Bei Grabungsarbeiten auf diesen Energielinien stieß er auf Steine, die sich in ihrer Materialbeschaffenheit und in ihren speziellen Energien von den Steinen in der Umgebung unterschieden. Es handelte sich um Steine mit ausgeprägter Polarität, rechtsdrehenden Strahlungseigenschaften und einem weiten Spektrum gesundheitlich positiv wirkender Energien. Aufgrund der ersten Fundstellen in der Schweiz (Rätikon) spricht Pirchl hier von Rätia-Steinen. Linear aneinandergelegte Steine dieser Art bilden Steinadern, die ein ähnliches Kraftfeld aufbauen sollen, wie es das Kraftfeld von Wasseradern darstellt.

Der Forscher geht davon aus, daß diese Steinadern von Menschen angelegt wurden. Es gäbe Kreuzungen der Adern, Mehrfachkreuzungen und sternförmige Systeme (Adernsterne), die sehr häufig auch unter alten Kirchen und Kapellen vorkommen. In Vorarlberg und der Ostschweiz untersuchte Pirchl 70 Kirchen in bezug auf diese Steinadern beziehungsweise Adernsterne. Schräg angebaute Kirchenteile (zum Beispiel Türme und Apsiden) bringt er mit dem Verlauf der Adernsterne in Verbindung und gibt an, diese seien den Energielinienverläufen entsprechend (schräg) angebaut worden. Diese »Steinadergrundrisse« sollen schon vor den Kirchenbauten bestanden haben.

Bezüglich der Funktion dieser regional sehr weitreichenden sternförmigen Energielinien geht Pirchl davon aus, daß sie als steinzeitliche Orientierungshilfe gedient haben, um über größere Distanzen auch bei unsichtigem Wetter sicher zu einem Ziel zu gelangen. Die Kraftfelder der Adernsterne gaben ein präzises System von Energielinien vor, an dem sich der Reisende mit Hilfe eines Pendels orientieren konnte. Trug deshalb der Ötzi die an einer Sehne hängende Steinscheibe mit einem Loch bei sich, weil sie ihm als Pendel zur Orientierung diente? Weil das Pendel auf die unterschiedlichen Strahlungskräfte der durch Kreuzung von Steinadern angelegten Adernsterne unterschiedlich reagiert, konnte der Pendelkundige sicher herausfinden, in welchem Quadranten der Strahlungskreuzung er sich befand und wo das Zentrum lag, von dem die Strahlung ausging – ein steinzeitliches Navigationssystem analog unserem GPS, das sich an den Standorten der Satelliten orientiert. In der Landschaft auffindbare Steinplatten mit der Einzeichnung der Adernsterne der Region und bedeutsamen Landschaftsmerkmalen (Berge, Flüsse) gaben zusätzlich klare Hinweise auf die Lage des Adernsterne.

Eine andere Art der Kennzeichnung des Verlaufs von Strahlungszonen der Steinadern findet sich in alten Kirchen in Form der sogenannten Weihekreuze. Aufgrund ihrer speziellen räumlichen Anordnung und der besonderen Art ihrer Kennzeichnung dürfen sie nicht mit den sogenannten Apostelkreuzen verwechselt werden. Apostelkreuze sind 12 in regulärer Weise an den Kirchenwänden aufgemalte »Weihekreuze«. Die echten Weihekreuze, von denen ich hier spreche, finden sich in meist geringer Anzahl an den unterschiedlichsten Positionen der Kirchenwände und kennzeichnen den Verlauf von Strahlungszonen. Diese Weihekreuze finden sich in scheinbar zufälliger und asymmetrischer Anordnung, in Ecken, unter Fenstern, über Türen, aber auch an Stellen, an denen man aus rein optischen Gründen eher darauf verzichten würde. Sie können also nicht zur Ausschmückung der Kirche gedient haben. Die Art der Ausmalung dieser Kreuze sagt aus, ob an dieser Stelle eine Strahlungszone in die Kirche eintritt (voll ausgemaltes Kreuz), oder ob eine Strahlungszone hier die Kirche verläßt (in Konturen dargestelltes Kreuz). Hätten diese Zeichen etwas mit den zwölf Aposteln zu tun, so wären sie ziemlich sicher auch entsprechend ihrer Anzahl vorhanden. Oder gibt es Kirchen, in denen die Gläubigen nicht an zwölf, sondern nur an zwei Apostel geglaubt hätten oder an fünf, oder gar nur an einen? Es ist doch wohl eher anzunehmen, daß die Adernzeichen als Hinweise auf geheimnisvolle Strukturen in der Zeit der Hexenverfolgungen mit Aposteln und anderen Heiligen übermalt und später von Restauratoren wieder freigelegt wurden. Das wäre eine mögliche Erklärung für ihre Namensgebung als Apostelzeichen.

Ich habe selbst eine Reihe solcher alter Weihekreuze untersucht und kann bestätigen, daß sie zum einen genau auf spezifischen Strahlungszonen plaziert sind und zum anderen die Art der Ausmalung dieser Kreuze erkennen läßt, ob hier eine Strahlungszone in die Kirche eintritt oder diese verläßt. Es gibt auch Weihekreuze, bei denen sich in der Mitte des Kreuzes ein Punkt befindet. Das ist ein Zeichen dafür, daß sich an dieser Stelle eine Adernkreuzung befindet. Dann gibt es Weihekreuze, in denen die Zeichen aus symmetrischen Kreuzen bestehen, deren Balken am Rand, einer Axt ähnlich, breiter werden.

Diese Adernzeichen weisen, im Gegensatz zu den oben beschriebenen, zwischen der Stelle des Aderneintritts und des Adernaustritts keinerlei Unterscheidung auf. Darüber hinaus gibt es Adernzeichen, die sich in der Art der Kreuzdarstellungen auf bestimmte Funktionsmerkmale einer Kirche beziehen, zum Beispiel Templerkreuze (Johanniter, Malteser) mit ihrer bekannten tatzenförmigen Struktur und ihren speziellen Weihen. Die Art des Kreuzes macht also in mehrfacher Hinsicht eine Aussage über die Energien der betreffenden Strahlungszone oder des Kirchenteils beziehungsweise der Kirche allgemein. In Pulst (bei Liebenfels, Kärnten) untersuchte ich die Pfarrkirche, die sowohl ein Marienheiligtum ist (Patrozinium Maria Himmelfahrt) als auch eine vom Malteserorden genutzte Kirche. Hier ist ein eigenständiger Raum vom Hauptschiff der Kirche für die Nutzung durch die Malteser abgesondert worden. In diesem Raum mit eigenem Altar befinden sich andere Weihekreuze (Templerkreuze) als in der Hauptkirche; auch unterscheiden sich die Energien in diesem Raum deutlich von den Energien des Marienkirchteils.

Warum war es so wichtig, die Adernverläufe zu kennzeichnen? Es ist leicht nachzuweisen, daß sich in fast jeder alten Kirche eine Haupt-Strahlungszone zwischen dem Kircheneingang und dem Altar befindet. Kommen quer oder diagonal verlaufende Strahlungszonen hinzu und sind diese durch Kreuze unterschiedlicher Ausmalung gekennzeichnet, so haben wir ein Abbild des Strahlungssystems in dieser Kirche vor uns, das es uns ermöglicht, gezielt die Kraft- und Ruhezonen in dieser Kirche aufzusuchen. Durch Überlagerung von

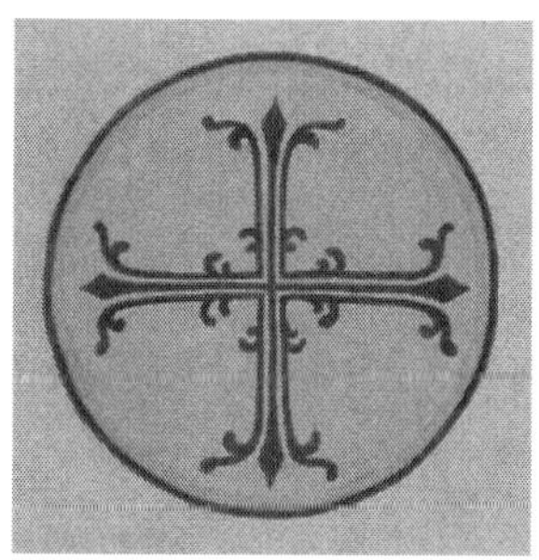

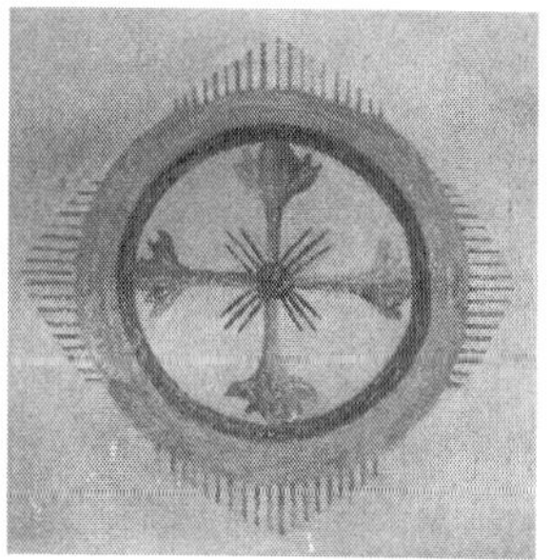

Unterschiedlich gestaltete Weihekreuze kennzeichnen Strahlungszonen unterschiedlicher Energiefelder, die in die Kirche einstrahlen, sie hier verlassen oder in der Kirche ein Kreuzungssystem bilden. Die Positionierung der Weihekreuze an den Kirchenwänden ist sehr unterschiedlich. Es existieren mitunter auch Weihekreuze an den Außenwänden von Kirchen.
Links und mittig: Pfarrkirche St. Wolfgang bei Wenig im Rottal. Rechts: Pfarrkirche in Uttlau (Landkreis Passau, Gemeinde Haarbach)

Strahlungszonen bilden sich nämlich Bereiche aus, in denen sich die Kraftfelder vervielfachen, und Zonen, in denen sie sich gegenseitig aufheben. Ob die durch die Adernzeichen ermittelten Zonen von Adernkreuzungspunkten auch Heilungen bewirken können? Das wäre eine Erklärung dafür, daß in bestimmten Kirchen (Wallfahrtskirchen) häufiger Hilfen und Heilungen erfolgen als in anderen.

Heilwirkungen von Steinen – Karlbad

Sehr in Mode gekommen sind im Wellnessbereich Verfahren, die mit erhitzten Steinen arbeiten. Diese Steine werden erwärmt und auf verspannte Muskelbereiche gelegt, oder es werden mit ihnen Massagen durchgeführt (hot-stone-massage). Die Steine werden dabei als eine lang anhaltende Wärmequelle angesehen. Wie weit die energetische Qualität der Steine für dieses Verfahren eine Rolle für das Wohlbefinden spielt, ist bislang offenbar wenig hinterfragt worden. Die Steine werden meines Wissens nicht speziell für diese Behandlungsform ausgesucht, und es wird nicht hinterfragt, welche Art von Steinen für den jeweiligen Hilfesuchenden besonders wirksam ist. Hier besteht also die Gefahr, daß Steine minderwertiger energetischer Qualität eingesetzt werden. Allein schon das Erhitzen der Steine in Elektroöfen zeigt, wie wenig sich die Masseure dessen bewußt sind, welche Faktoren bei dieser Art von Heilbehandlung eine Rolle spielen. Bei dem Aufheizen im Elektroofen werden neben den Elektroschwingungen selbst die gesamten hochfrequenten Strahlungsanteile auf den Stein übertragen, die mit dem Strom in unerwünschter Weise mitgeliefert werden. Diese negativen Energien werden an den Hilfesuchenden weitergegeben. Mit der hilfreichen Wärme werden also zugleich belastende Energien übertragen, was die Heilwirkung der heißen Steine und ihre Wirkung auf das Wohlbefinden vermindern muß.

Es gibt aber auch Beispiele von mit einer positiveren Wirkungsweise eingesetzten Steinen. An der Nockalmstraße oberhalb von Bad Kleinkirchheim bei der Ortschaft St. Peter befindet sich das sogenannte »Karlbad«, eines der letzten alten Bauernbäder seiner Art in Kärnten, auf knapp 1.700 Metern Höhe. Es handelt sich wohl um das älteste noch in Betrieb befindliche Bauernheilbad Österreichs (Badebetrieb seit dem frühen 18. Jahrhundert), dessen Name auf Kaiser Karl den Großen zurückgeführt wird, der hier gewesen sein soll und die heilende Wirkung des Quellwassers verspürte. Die Ableitung des Namens von »Bad im kleinen Kar« (Karl) scheint aber wohl eher gerechtfertigt. Im Karlbad werden bestimmte Steine aus dem nahen Bach in einem Holzfeuer bis zum Glühen erhitzt und in die mit Quellwasser gefüllten alten Zuber aus mächtigen Lärchenstämmen gefüllt. Die Steine zerbersten teilweise bei der Abschreckung im Wasser und geben so ihre Mineralien frei. Der Kurgast legt sich in diesen Holztrog und wird zugedeckt, so daß nur noch der

Kopf herausschaut. Dort schwitzt er nun bis zu einer Stunde und trinkt gleichzeitig von dem kalten Quellwasser. Die schwefel-, eisen-, radium- und radonhaltige Heilquelle entspringt im Keller des Hauses. Bad und Trinkkur werden besonders bei Gicht- und Rheumaleiden angewandt. Bei dem Wasser der Heilquelle handelt es sich um ein hochwertiges Heilwasser mit induktiven energetischen Eigenschaften und rechtsdrehender Zirkularpolarisation. Da es sich auch bei den alten Lärchenstämmen um gutes, rechtsdrehendes Holz handelt, wird die Heilwirkung des Wassers dadurch sicher noch verstärkt. Eine weitere Besonderheit ist das Steinmaterial, das hier zum Aufheizen des Wassers verwendet wird sowie die Art, die Steine zu erhitzen. Doch dazu später mehr. Ich zitiere aus *»Kultur- und Landschaftsbilder aus Steiermark und Kärnten«* von Michael Knittl (Jahrbuch DÖAV XX [1889], S. 210):

»Morgens muß der Landwirth Zirbenholz spalten [heute wird Lärchenholz verwendet]*, dann einen großen gemauerten Ofen, der frei außerhalb des Hauses steht, heizen* [nach dieser Art werden heute immer noch die Steine aufgeheizt]. *In diesem Ofen liegen Rollsteine vom Bache nebenan, mit Sorgfalt ausgewählt* [die Art der Steine wird also beachtet]*, denn nicht jeder thut's. Nur Grauwacke ist das richtige Gestein. Während diese Steine erhitzt werden, wird Wasser in die Wannen der Baderäume geleitet. Diese sind gemauert, allein nicht mit Mörtel beworfen. Und erst die Badewannen! Jede Wanne ist ein etwa 2 m langer Trog, aus einem Baumstamm ausgehauen* [daran hat sich bis heute nichts geändert] *und mit Brettern zugedeckt. Das Wasser, welches hineingeleitet wird, ist ausgezeichnetes Quellwasser von 7° R. Nicht in diesem liegt übrigens die Heilkraft, sondern in den Steinen, womit es erwärmt wird. Nun ist alles vorbereitet und der Badbesitzer benachrichtigt seine Gäste durch einen gellenden Ruf davon. Und jetzt eilen sie alle zum Ofen, laden die glühend heißen Steine in kleine, hölzerne Mulden und tragen sie in die Badetröge. Ist das Wasser warm genug, wovon man sich durch Eintauchen der Hand leicht überzeugen kann, so nimmt der Kurgast die Steine wieder heraus und trägt sie hinaus. ... Sieben Bäder muß der Kurgast wenigstens nehmen, wenn er eine Wirkung verspüren will, fünfzehn stellen den Kranken vollständig her, einundzwanzig heilen alle Gichtleiden und siebenundzwanzig machen auch Krüppel so frisch, daß sie an Kirchtagen tanzen können.«*

Wenn es um besondere Details geht, verwende ich gern Zitate aus alten Zeiten, da ihre Schreiber oft ein gutes Gespür für das Wesen der Sache hatten, über die sie berichteten. In diesem Fall wird besonders auf die Heilwirkung der Steine hingewiesen und das ebenfalls ungewöhnlich gute Wasser fast als nebensächlich betrachtet. Was ist das Besondere an diesen Steinen? Es handelt sich um sogenannte Grauwacke, ein konglomeratisch verbackenes oder körniges Trümmergestein, das zur Gruppe der Sedimentgesteine gehört, wie

Links: Das Karlbad an der Nockalmstraße. Der Almbach liefert die Steine zum Erhitzen des Bades.
Rechts: Sorgsame Schichtung aus Lärchenholz und den Grauwacken garantiert ein gleichmäßiges Durchglühen der Steine. Die Steine nehmen hier die Kräfte der vier Elemente auf und geben sie an das Wasser ab.

Links: Die Wannen sind jeweils aus einem Zirbenholzblock geschlagen. Die lebenspositiven Energien des Zirbenholzes gehen in das Badewasser über. Die Baderäume haben ein überaus rustikales Flair.
Rechts: Die geglühten und zerborstenen Steine, nachdem sie aus dem Badewasser geholt wurden. Die Steine weisen die Kräfte der vier Elemente auf.

auch der Sandstein. Die Besonderheit dieser Gesteinsart ist, daß sich hier sehr viele unterschiedliche Mineralienarten zusammengefunden haben: Quarz, Kristallschiefer, Tonschiefer, Feldspatkörner, Glimmerblättchen, Karbonate, Kohlestäubchen, Rutil, Zirkon, Turmalin, Apatit, Granat, Hornblende, Augit, Eisenoxide. Das Gestein ist vielfach fossilienhaltig. Die mineralischen Besonderheiten verleihen diesem Gesteinsmaterial eine Vielfalt unterschiedlichster Heilwellenlängen und Heilenergien. Durch das Zerspringen der Steine werden viele Mineralbestandteile in eine lösliche Form überführt, so daß sie von der Haut besser aufgenommen werden können. Die Gesteine enthalten mitunter Spuren von Substanzen mit natürlicher Radioaktivität. In diesem Fall handelt es sich um Radium, eines der wenigen natürlichen radioaktiven Materialien mit rechtsdrehender Ausstrahlung.

Die erhitzten Steine übertragen noch eine weitere Kraftkomponente, die im seelisch-geistigen Bereich Wirkung zeigt, nämlich die Kraft der Elemente. Steine, die aus guten, rechtsdrehenden Verwerfungsspalten an die Erdoberfläche kommen, enthalten die Energien für das Element Erde. Durch die Feuerbehandlung, also das Erhitzen auf rechtsdrehendem Feuer aus gutem Naturholz, wird den Steinen die Energie für das Element Feuer aufgezwungen. Die Übertragung der heißen Steine in Wasser setzt die Energien des Elementes Wasser frei. Hier werden also Energien übertragen, die mit keiner künstlichen Heißwasser-Bademethode erreicht werden, obgleich es in dieser Hinsicht bereits viele Verfahren gibt, die auf technischem Wege die Wasserqualität verbessern wollen. Ich habe noch keine Wasseraufbereitungsmethode kennengelernt, die auch nur annähernd die Energien zu übertragen vermag, wie sie sich in diesem Naturbad befinden. Bei einem Besuch im Karlbad zu Studienzwecken hatte ich die Gelegenheit, die Steine und das Heilwasser, das als Badewasser verwendet wird, näher zu untersuchen.

Das spezielle Konglomeratgestein aus dem nahen Bach, das hier zum Erhitzen des Wassers genutzt wird (es werden nur ausgesuchte Steine verwendet), weist praktisch keine Polungen auf, da es sich um keine Urgesteinsart handelt, sondern eher um eine Art von zusammengebackenem Sediment, ähnlich unserem Beton. Die unbehandelten Bachsteine weisen eine mikrokristallin linksdrehende Ausstrahlung auf mit etwa 70 Zentimeter Strahlungsreichweite. Lebenspositive Energien fehlen in den Steinen, die Kräfte der Elemente sind nicht vorhanden. Das sind eigentlich nicht die Eigenschaften, die man von Heilsteinen erwartet.

Nach dem Erhitzen in einer Art Backofen mittels Lärchenholzfeuer nehmen die Steine die Kräfte der vier Elemente auf: Feuer, Wasser, Erde und Luft. Die Energien sind nun induktiv-magnetisch und kapazitiv-elektrisch in den Steinen nachzuweisen. Nach dem Erhitzen bleiben die Strahlungseigenschaften des Gesteinsmaterials linksdrehend, und auch die Kräfte der vier Elemente liegen in den Steinen in linksdrehender Form vor, ebenfalls mit einer Strahlungsreichweite von etwa 70 Zentimeter. Ob die elementaren Energien allein durch das Feuer in die Steine gelangen oder ob der Platz, an dem der Ofen steht, dabei eine Rolle spielt, bleibt ungeklärt. Der Ofen steht nämlich auf einem sogenannten Sternpunkt, an dem Kräfte dreier Elemente (Feuer, Luft, Erde) aus drei Raumrichtungen (Nordwest, Nordost, Süd) aus dem Kosmos einstrahlen. Das Element Wasser fehlt am Standort des Ofens.

Die Element-Energien befinden sich *nicht* in dem Wasser der hauseigenen Heilquelle, die für die Bäder genutzt wird. Das erhitzte Badewasser selbst habe ich leider nicht untersuchen können, so daß hier der Beweis für den Übergang der Element-Energien aus den Steinen in das Wasser fehlt. Doch habe ich den Übergang der Element-Energien in Wasser durch Experimente beweisen können: Dazu wurde der geglühte und abgekühlte Stein, der diese Energien aufwies, über Nacht in das Bachwasser einerseits sowie in das Wasser der Heilquelle andererseits gelegt. Am anderen Tag waren die Energien der Elemente in den Wasserproben nachweisbar: beim Bachwasser in linksdrehender Form, beim Wasser aus der Heilquelle in rechtsdrehender Form. Die Heilquelle weist damit die Eigenschaft auf, belastende Strahlungen ins Gegenteil zu konvertieren, was mit der speziellen Energie der »Haftung« zusammenhängt, die ich in der tabellarischen Auflistung der Wasserenergien als Energie für »dauerhafte Heilung« bezeichne.

Untersuchung des Heilwassers vom Karlbad:
Das Wasser ist rechtsdrehend, induktiv, Yang. Die Strahlungsreichweite auf der Wasserwellenlänge beträgt 6 Meter. Alle bedeutsamen Heilungsenergien sind vorhanden, auch die Wellenlänge für dauerhafte Heilungen. Kapazitive Eigenschaften (das Gemüt betreffend) fehlen dem Wasser. Es handelt sich um ein Wasser für körperliche Gesundungsprozesse mit sehr hoher Wirkungsintensität. Der Vergleich der Energien verweist auf eine Quelle, die einer geologischen Verwerfung entspringt beziehungsweise durch diese Verwerfung aufgeladen wird. Das Quellwasser enthält natürliche Radioaktivität mit rechtsdrehender Zirkularpolarisation.

Als Ergebnis der Untersuchungen (siehe Kasten nächste Seite) kann gesagt werden, daß über die erhitzten Steine lebenspositive Energien in das Badewasser der Heilquelle gelangen, die zuvor in diesem Wasser nicht nachweisbar waren. Da im zubereiteten Badewasser die Kräfte der vier Elemente in induktiv-magnetischer sowie in kapazitiv-elektrischer Form vorliegen, kann von diesem Wasser eine energetische Harmonisierung von Körper, Seele und Geist erwartet werden. Bislang ist es mir nicht möglich gewesen, die Kräfte aller vier Elemente in einem Quellwasser oder in einem Bad nachzuweisen, das betrifft auch »künstlich« zubereitete Heil- und Badewässer. In dieser Hinsicht scheint mir das Badewasser des Karlbades einmalig zu sein. Effekte, die durch die freiwerdenden Mineralien beim Zerplatzen der Steine in das Wasser gelangen, entziehen sich meiner Untersuchungsmöglichkeiten; hier wären Mineralstoffanalysen des fertigen Badewassers aussagekräftiger. Feinstoffliche Wirkungen, die aus dem Material der Zirbenholztröge (Harzspuren) resultieren könnten, habe ich nicht untersucht.

Die Kurmethode mit Hilfe der erhitzen Steine mag den Leser an Saunabesuche erinnern, wo hocherhitzte Steine mit kaltem Wasser und Essenzen übergossen werden, um die Luftfeuchtigkeit zu erhöhen und heilwirksame

Besondere Energien / Strahlungsreichweite

Verwerfung	6,7 m
Riß / Spalte (heilig)	2,6 m
dauerhafte Heilung	6,3 m
Gottes Segen	6,7 m
Lebenskraft	7,4 m
Beredsamkeit / heiliger Geist	6,3 m
Augenquelle	8,2 m
Heilquelle	6,1 m
Tritium (langes Leben)	1,3 m

Nachweis der Element-Energien im Zusammenhang mit der Badzubereitung

Material	Nachweis der Element-Energien
Bachwasser	nicht vorhanden (Wasser ist linksdrehend)
Wasser der Heilquelle	nicht vorhanden (Wasser ist rechtsdrehend)
Stein vor dem Glühen	nicht vorhanden (Stein ist linksdrehend)
Stein nach dem Glühen	alle vier Element-Energien nachweisbar (linksdrehend)
Stein nach dem Glühen im Bachwasser gelagert	alle vier Element-Energien werden mit linksdrehender Zirkularpolarisation auf das Wasser übertragen
Stein nach dem Glühen im Quellwasser gelagert	alle vier Element-Energien werden mit rechtsdrehender Zirkularpolarisation auf das Wasser übertragen

Stoffe zu vernebeln. Als Saunastein wird allerdings eine andere Steinart verwendet, eine besonders feste Granitart, die beim Aufguß nicht zerspringt. Granite sind magmatische Tiefengesteine, die nicht mit den im Karlbad verwendeten Grauwacken vergleichbar sind und auch keine vergleichbaren Energien übertragen. Hinzu kommt, daß die Saunasteine stets elektrisch erhitzt werden, was ihren Strahlungscharakter sicher nicht verbessert.

Die feinstofflichen Kraftfelder des Holzes

Die natürliche Polarisierung des Holzes

Daß Holz eine feinstofflich-energetische Wirkung auf den Menschen ausübt, erscheint zunächst eine ungewöhnliche Behauptung zu sein. Doch erinnern wir uns daran, welche Kraftwirkungen von Bäumen ausgehen und sogar von Abbildungen solcher Bäume, so wird es nicht mehr so unmöglich erscheinen, auch im »toten« Holz Kräfte aufzufinden, die das lebende Holz über Jahrzehnte hinweg aufgebaut hat. Holz ist ja aus einzelnen Zellen aufgebaut, die in ihrer Funktion den menschlichen Gewebszellen in gewisser Weise gleich sind. Die lebende sowie die »tote« Holzzelle besitzt eine eigene Polarisation, ein eigenes energetisches Potential, das in der Zelle in Wachstumsrichtung des Holzes nachweisbar ist. Entsprechend den magnetischen Polen nimmt nun jede weitere Zelle im Zuge ihrer Entstehung die entsprechende Polarität an, um sich in das energetische Gefüge einzubinden und nach außen hin ein energetisch neutrales System aufzubauen. Stirbt die Holzzelle ab, so bleibt ihre Polaritätenverteilung erhalten. Wird der Baumstamm zersägt, so ist in jedem Brett eine gleichmäßige Abfolge von Mikrozellen zu beobachten, die nach außen hin zu einer Polaritätenverteilung innerhalb des Brettes führt. Das zersägte Holz ist so polarisiert, daß der einst zum Erdboden weisende Teil minus-polarisiert (Yin) und der einst zur Krone zeigende Teil des Holzes plus-polarisiert (Yang) ist. Bei Astholz verhält es sich entsprechend; der zur Astspitze weisende Teil ist Yang, der zum Stamm zeigende Teil Yin.

Aufgrund dieser Polaritätenverteilung des Holzes bauen aus Brettern und Leisten aufgebaute Möbelstücke, Regale, Betten, Fensterrahmen, Bilderrahmen, Vertäfelungen, Fußbodenbretter, Parkett usw. Kraftfelder auf, die in den Raum hinein wirken und je nach der Anordnung der Holzteile ausgleichend oder störend auf das Raumklima, das heißt auf die Energiefelder des Raumes wirken. Grundsätzlich gilt, daß bei nebeneinander oder hintereinander liegenden Brettern die Pole des Holzes entgegengesetzt angeordnet sein sollten (also stets Plus zu Minus), damit ein homogenes, ausgleichend wirkendes Raumklima aufgebaut werden kann. Liegen gleichnamige Pole aneinander, so verstärken sich ihre Polaritäteneffekte, was einerseits starke positive, aber andererseits auch starke negative Kraftfelder im Raum erzeugt. Beispiele für diese Effekte sind Bilderrahmen oder Fensterrahmen aus Holz, die in klassischer Weise aus Vollholz so angefertigt werden, daß ein viereckiger Rahmen entsteht. Daran sind also vier Bretter oder Leisten beteiligt, die so angeordnet sein sollten, daß der Pluspol dem Minuspol gegenüber zu liegen kommt. Der so zu erzielende harmonisierende Raumstrahlungseffekt kann dadurch verstärkt werden, daß dem Holzrahmen vom Meister ein sogenannter »letzter Schliff« mit Schleifpapier erteilt wird. Durch das gleichmäßige Schleifen in einer Richtung (man muß das richtig machen) werden die feinen Härchen des Holzes gleichmäßig ausgerichtet, was die Abstrahlung der Energie des Holzes verstärkt im Sinne einer Art von Spitzenentladung, wie wir es von elektrischen Prozessen kennen. Das muß natürlich der Meister selbst machen, denn der Lehrling oder auch der Geselle sind in diese Technik noch nicht eingeweiht worden. Werden die Härchen in dieser Stellung durch eine Lasur oder einen Lack oder ein Öl fixiert, so bleibt auch der aufgebaute Ausstrahlungseffekt permanent vorhanden. Wenn der Meister ein wirklicher Meister ist, dann kommt bei seiner abschließenden Arbeit sogar noch ein starker magnetopathischer Effekt hinzu, der die Aufladung des Holzes weiter verstärkt und sogar noch verbessert, wenn der Meister mit einer wohlwollenden Einstellung an seine Arbeit geht. Das sind dann kapazitive oder Wunscheffekte, die hier übertragen werden.

Die genannten Effekte einzuhalten wäre ganz besonders wichtig beim Bau von Vollholzbetten. Heute werden solche Betten in der Regel aus stabverleimtem Vollholzmaterial gefertigt, da sich dieses nicht mehr wirft oder verzieht. Die zu Brettern verleimten Holzstäbe weisen aber nicht die Polaritätenverteilung auf, welche für einen harmonisierenden Raumeffekt vorteilhaft wäre. Ebenso verhält es sich beim Parkettfußboden. Ein auf die Bodenstrahlung positiv wirkendes Parkett kann nur aus einzeln untersuchten Holzleisten aufgebaut werden, die ihrer Polarität entsprechend gelegt werden. Dazu ist nicht erforderlich, jede einzelne Leiste zu untersuchen. Es genügt, das Brett, aus dem die Leisten geschnitten werden, bezüglich des »Oben« (plus) und des »Unten« (minus) zu markieren und dann entsprechend weiterzubearbeiten und zu zersägen. Alle herausgeschnittenen Teile weisen dann die gleiche Polaritätenverteilung auf, wie sie das Brett im ganzen aufwies. Es genügt dann, jede Leiste an einer Stelle zu markieren (zum Beispiel am Pluspol), um beim Verlegen nicht mehr experimentieren zu müssen.

Eine weitere praktische Anwendung des polaritäten-gerechten Einsatzes von Hölzern ist die Herstellung eines »Neutralpendels« aus Holz. Damit ist ein Pendelkörper gemeint, dessen Enden weder eine positive noch eine negative Polarität aufweisen. Ein normales Pendel weist – nahezu unabhängig vom Material – einen polarisierten Pendelkörper auf. Ein solcher Pendelkörper reagiert vorwiegend auf positive und negative Polaritäten und entspricht damit mehr dem Prinzip eines physikalisch wirkenden Pendels. Das Neutralpendel reagiert nicht auf Polaritäten und findet deshalb eher Einsatz bei mentalen Fragestellungen, die mit dem Pendel beantwortet werden sollen.

Ein Neutralpendel aus Holz kann dergestalt hergestellt werden, indem ein Rundholzstück von etwa der Größe eines Flaschenkorkens der Länge nach in der Mitte durchgesägt wird. Eine Hälfte wird gewendet, das untere Ende kommt also nach oben, und wird dann mit der anderen Hälfte verleimt, wodurch die ursprüngliche Form wiederhergestellt ist. Durch das Wenden eines der Halbhölzer kommt das positive Ende der einen Hälfte neben das negative Ende der anderen zu liegen, so daß nach außen hin an beiden Polen Neutralität herrscht. Wer über eine Drehbank verfügt, kann sich auch ein derart gestaltetes Pendel aus einem Kantholz anfertigen und zu einem Pendelkörper gewünschter Form abdrehen. Wichtig ist, keine zwei unterschiedlichen Holzstücke zusammenzusetzen, sondern stets die zwei Hälften zu verwenden, die durch mittiges Zersägen eines Holzstückes gewonnen werden.

Anwendungsbeispiel für einen Holzkompaß

Holz weist eine streng lineare Polaritätenverteilung auf. Für die Seefahrten der Wikinger ist die Benutzung einer Peilscheibe aus Holz zu vermuten, auf der die Himmelsrichtungen eingekerbt sind. Ein Holzstab oder ein Holzbrett verhält sich magnetisch wie der Steinkompaß, ist allerdings auf nur zwei Polen aufgebaut, die sich in Wachstumsrichtung des Holzes befinden. In Wachstumsrichtung liegt der Pluspol des Holzes, zum Boden beziehungsweise zum Stamm hin liegt der Minuspol. Dieser Holzkompaß ermöglicht in analoger Weise wie der Steinkompaß die Feststellung der Nord-Süd-Sichtung mittels Pendel. Daß diese Vorrichtung tatsächlich in der Seefahrt genutzt wurde, scheinen Verse aus der Welsungen-Saga zu beweisen, denn sie sprechen von hilfreichen Seefahrts-Runen, die auf dem Schiff eingeritzt werden, dort, wo das Schiff gesteuert wird. Diese Runenzeichen weisen reale Kompaßeigenschaften auf und dürften der Seefahrt auch im praktischen Sinne zur Ermittlung der Himmelsrichtung gedient haben.

Seefahrts-Rune mit realen Kompaßeigenschaften; vermutete Orientierungshilfe der nordgermanischen Seefahrer zur Bestimmung der Himmelsrichtungen über Pendelreaktionen. Nachbau einer Konstruktion von Erich Neumann (abgebildet in »Auf den Spuren der Feinkrafttechnik«, S. 97).

Die Funktionsfähigkeit eines solchen Holzkompasses ist abhängig von der Stärke der Polaritäten des Holzes (sie sind stets schwächer als beim Stein). Unterschiedliche Holzarten mögen deshalb mehr oder weniger sichere Ergebnisse bieten. Aufgrund der schwachen Polaritäten des Holzes ist die Pendelreaktion stärker von der lokalen Bodenstrahlung abhängig, was auf hoher See auszuschließen sein dürfte, da große Wassermengen dämpfend auf die Bodenstrahlung wirken. Der geübte Pendler kann diese Faktoren allerdings weitgehend ausschalten.

Die feinstofflichen Kraftfelder von Mineralien und Kristallen

Wenn ich im folgenden von Mineralien spreche, dann sind damit Halbedelsteine und Edelsteine gemeint, wie sie in schön kristallisierter Form als Schaustücke, Schmuckstücke oder für die Verarbeitung in Pendelkörpern verwendet werden. Da viele Menschen zu Mineralien beziehungsweise Kristallen einen engen Bezug haben, weil sie als Schmuckstück am Körper getragen werden, als Heil- und Schutzstein fungieren, die Wohnraumatmosphäre verbessern sollen usw., ist es von Bedeutung, auf die energetischen Eigenschaften der Kristalle besonders hinzuweisen. Da Kristalle hohe Polstärken aufweisen und meist länglich geformt sind, emittieren sie eine scharf gebündelte, hochenergetische Strahlung, die von bedeutender Wirkung auf den menschlichen Organismus ist. In ganzheitlicher Sichtweise gelten die Mineralien beziehungsweise die Kristalle im engeren Sinne als Sinnesorgane der Erde, weil sie aufgrund ihres Resonanzvermögens mit kosmischen Kräften in Verbindung stehen. Damit vermitteln die Kristalle Energien kosmischen Ursprungs an die Erde beziehungsweise an die Menschheit, die sich auf dieser Erde entwickelt hat. Edelsteine ziehen die göttliche Kraft aus dem Kosmos und vermögen, sie an die Menschen weiterzuleiten. Die Transformation der Schöpfungsenergien und der planetaren Kräfte durch die Kristalle diente einst der Entwicklung der Erde. Die Kristalle, die die Erde nun freigegeben hat, dienen heute dazu, ihre göttlichen Kräfte direkt auf den Menschen zu übertragen. So ist es nicht verwunderlich, wenn die Kristalle als »Boten der Götter« bezeichnet werden. Alle Steine haben eine Analogie in der menschlichen Seele, sie wirken auf das Denken, Fühlen und Wollen des Menschen. Die klaren Steine werden dem Denken zugeordnet, die durchscheinenden dem Fühlen und die kompakten dem Wollen. Damit spiegelt sich die Dreiteilung des Menschen in Geist, Seele und Körper auch in den Steinen wider und erklärt die hohe Wirksamkeit der Mineralien auf die Gesamtheit der energetischen Struktur des Menschen.

Wenden wir uns zunächst der Frage zu, weshalb die Kristalle eine so hohe energetische Ladung beinhalten, die jene von normalen Steinen und Erzen, ja sogar von Metallen bei weitem übertrifft.

Besonderheiten der Kristallstrahlung

Sedimentgesteine sind aus zusammengebackenen Ablagerungen unterschiedlich feiner Kristallisationsgebilde aufgebaut. In diese Kategorie fallen unterschiedlichste Mineralientypen und Mineralienarten. Im Gegensatz dazu weisen die typischen kristallinen Gesteine (wie zum Beispiel Quarze) aufgrund ihres langsamen Wachstums eine hohe geometrische Ordnung in ihrem molekularen Aufbau auf; positive und negative Ladungsträger der Moleküle offenbaren eine einheitliche Ausrichtung. Durch diese Aneinanderreihung der »molekularen Magnete« in linearer Form addieren sich die einzelnen Polstärken zu einem nach außen hin relativ einheitlichen Strahlungssystem. Während die Strahlung anderer als kristalliner Materialien durch Auflegen von Stoffen wie Karton, Bücher, Holz, einer dickeren Plastikscheibe, Metallblech, Bleifolie, Mauerwerk usw. zeitweise, teilweise oder auch vollständig abschirmbar sind, gelingt es bei Kristallen fast nie, deren Strahlung dauerhaft abzuschirmen. Wir sprechen deshalb hier von einer »alles durchdringenden Strahlung«. Dieses Phänomen des alles Durchdringens zeigt bereits an dieser Stelle, wie gefährlich es sein kann, viele Kristalle in seinem Umfeld aufzubewahren, deren Strahlungen den Raum nahezu ungehindert durchdringen, sich kreuzen, miteinander wechselwirken und deshalb starke Wirkungen auf die Atmosphäre des Raumes sowie das Befinden des Menschen auszuüben vermögen. Insbesondere die Kreuzungspunkte solcher Kristallstrahlungen können sehr belastend wirken, wenn sie zum Beispiel am Schlafplatz dauerhaft einen bestimmten Körperbereich treffen. Kreuzungen von Strahlen bewirken eine zigtausendfache Verstärkung der Strahlungswirkung, ein Phänomen, das aus der Funktechnik bekannt ist. Die ersten Sender und Empfänger für die Rundfunkstrahlung beinhalteten jeweils große Kristalle für die zu übermittelnde Strahlung (Kristallempfänger).

Die reguläre Ordnung der »molekularen Magnete« im Kristall ist nur ein Aspekt zur Begründung der hohen Polstärke der Kristalle. Ein weiterer liegt in den Bindungseigenschaften der am kristallinen Aufbau der Molekülverbände beteiligten Atom- beziehungsweise Ionensorten. Die Moleküle der Kristalle sind aus Atomsorten aufgebaut, die aufgrund ihres atomaren Aufbaus ein hohes Bindungsvermögen untereinander aufweisen. Der Chemiker spricht hier von einer besonders hohen Elektronegativitätsdifferenz der am molekularen Aufbau beteiligten Atomsorten. Das bedeutet, daß die geladenen Atome (= Ionen), die sich zum Molekül zusammenschließen, eine sehr hohe Differenz ihrer elektrischen Potentiale zueinander aufweisen; zwischen Kation und Anion besteht eine sehr große elektrische Ladungsdifferenz, die die Stärke der molekularen (in diesem Fall ionischen) Bindung bedingt und letztendlich auch für die hohe Strahlungskraft der Kristalle verantwortlich ist.

Das polarisierte Kraftfeld der Kristalle

Wer die feinstofflichen energetischen Effekte der Kristalle in irgendeiner Form für Heilwirkungen nutzen möchte, sollte mit den Begriffen »rechtsdrehend« und »linksdrehend« in bezug auf die Strahlungseigenschaften der Kristalle etwas anfangen können. Sie beziehen sich auf die Zirkularpolarisation der von den Kristallen ausgesandten feinstofflichen Strahlung und sind nicht mit den Begriffen »Plus« und »Minus« beziehungsweise »Yang« und »Yin« identisch, die zur Beurteilung der Pole der Kristalle herangezogen werden. »Rechtsdrehend« und »linksdrehend« sind Begriffe, die zur Zirkularpolarisation gehören; »Plus« und »Minus« beziehungsweise »Yang« und »Yin« dienen zur Beschreibung einer Polarität. Polarität ist ein elektrostatisches Phänomen, Zirkularpolarisation ein elektrodynamisches. Eine saubere Trennung dieser Strahlungseigenschaften ist leider nicht immer möglich, da subatomare Prozesse einen gemeinsamen Ursprung sowohl für die Polstrahlung als auch für die Zirkularpolarisation der Strahlung bilden. Was ist die Bedeutung dessen für die Praxis?

Viele Kristalle weisen äußerlich keine kristalltypische Form auf, wie zum Beispiel eine Achatscheibe. In diesem Fall spricht man von einer mikrokristallinen Struktur. Ist die Kristallisationsform sichtbar und ausgeprägt, liegt eine makrokristalline Struktur vor. Mit dem Begriff »mikrokristallin« verbinden sich Strahlungseigenschaften, die von der Substanz des Materials ausgehen, welches den Kristall aufbaut; »makrokristallin« wird dann verwendet, wenn es darum geht, Eigenschaften zu beschreiben, die mit der äußeren Form des Kristalls in einem Zusammenhang stehen.

Das Material, aus dem die Achatscheibe gebildet wurde (es handelt sich um Quarz), kann bezüglich seiner Ausstrahlung mikrokristallin linksdrehend oder rechtsdrehend sein. Das kann am sichersten festgestellt werden, wenn man ein wenig abgeschabtes Pulver von diesem Material untersucht. Wird die Achatscheibe selbst untersucht, so stellt man unterschiedliche Polaritäten fest: die eine Seite ist plus-polarisiert (Yang), die andere minus-polarisiert (Yin). Grundsätzlich sollten beide Arten von Untersuchungen getrennt durchgeführt werden. Das gilt für alle Arten von Kristallen, unabhängig davon, wie sie strukturiert sind. Die Kristalle weisen *immer* eine Plusseite und eine Minusseite auf, aber ihre Zirkularpolarisation kann linksdrehend *oder* rechtsdrehend sein. Die Gesichtspunkte der Polarisation und Polarität lassen sich mitunter sehr schwer auseinanderhalten, da sie auf den Organismus vergleichbare Wirkungen ausüben. Das hat zur Folge, daß es auch für den Rutengänger und insbesondere für den Pendler sehr schwierig ist, diese Eigenschaften selektiv zu bestimmen. In der Regel bekommt der Rutengänger am Pluspol eines Kristalls immer eine Reaktion, die auf rechtsdrehend verweist, und am Minuspol immer eine, die auf linksdrehend verweist. Dem Pendler ist es praktisch unmöglich, diese Strahlungseigenschaften auseinanderzuhalten. Grundsätzlich sei zu der Pendeluntersuchung angemerkt, daß das Pendel nicht auf die Zirkularpolarisation einer Strahlung reagiert, sondern auf Polungen, also Polaritäten.

Versuchen wir die Begriffe auf einen schönen, gut gewachsenen Bergkristall anzuwenden, der uns schon von seiner äußeren Form her anspricht.

Der Kristall ist länglich gewachsen. Um festzustellen, wo die Pole des Kristalls liegen, brauchen wir kein Instrument, die Pole liegen an den beiden Enden des Kristalls. Der Kristall weist eine schön ausgeprägte Spitze auf, weil er in dieser Richtung in den freien Raum hinein gewachsen ist. An dieser Spitze liegt immer der Pluspol. Die Wurzel des Kristalls ist ebenso leicht erkennbar; hier ist er mit dem Muttergestein verwachsen und weist *keine* reguläre Struktur auf. Hier liegt immer der Minuspol des Kristalls. Das sind also die Polaritäteneffekte, die sich in diesem Fall leicht aus der Form und Wachstumsart des Kristalls ablesen lassen. Es existieren aber auch doppelendige Kristalle mit zwei gleichnamigen Polen, die aus einer gemeinsamen Wurzel gewachsen sind. Diese sind aber selten, weshalb sie uns nicht weiter beschäftigen sollen.

Kommen wir nun anhand unseres Beispielkristalls zu den Eigenschaften linksdrehend und rechtsdrehend. Daß diese leicht bestimmt werden können, indem etwas Pulver abgeschabt und dieses mittels radiästhetischer Methoden untersucht wird, hatte ich erwähnt. Das Pulver besitzt nämlich keine Polaritäten mehr, so daß hier die Untersuchung eindeutig wird. Mitunter kann Kristallen die Eigenschaft der Zirkularpolarisation äußerlich angesehen werden: Wenn der Kristall nicht geschliffen wurde, weist er an den Übergängen von den klaren Linien zur Spitze hin immer mehr oder weniger große Flächen auf, die wie abgeschliffen erscheinen und den Übergangsbereich zwischen der Geraden und der abgeschrägten Spitze strukturieren. Diese Figuren erscheinen meist als Dreiecke, Vierecke, Rhomben, Trapeze. Aus der Art, wie sich diese Flächen in Wachstumsrichtung des Kristalls entwickeln, kann der Fachmann bereits bei der optischen Betrachtung erkennen, ob dieser ein »Rechtskristall« oder ein »Linkskristall« ist. Die Struktur entwickelt sich nämlich in einer spiralförmigen Form in Wachstumsrichtung. Das Material des Rechtskristalls strahlt rechtsdrehend zirkularpolarisierte Strahlung aus, das des Linkskristalls linkszirkulare Strahlung. Das kann anhand vergleichender Untersuchungen an der Strahlung des abgeschabten Kristallpulvers verifiziert werden.

Die Polaritäten der Kristalle

Für die praktische Anwendung der Kristalle ist es wichtig, auch ihre physikalischen Eigenschaften zu kennen. Die Pole des Kristalls aufzufinden, ist relativ einfach. Wie bereits erwähnt, kann einigen Kristallen bereits angesehen werden, wo jeweils der Pluspol oder Minuspol liegt. Fühlige Personen halten die Handfläche an die Pole und verspüren beim Pluspol vielleicht eine Wärmestrahlung und/oder ein angenehmes Frischegefühl, beim Minuspol einen kühlen Wind und/oder ein laues, weniger angenehmes Gefühl. Der Pendler erhält rechtskreisende (Pluspol) und linkskreisende (Minuspol) Pendelbewegungen, wenn er seine Pendelreaktionen richtig zu bewerten weiß, denn die Pendelrotationen sind abhängig von den Polaritäten der Finger, zwischen denen der Pendelfaden gehalten wird. Wer mit einem Horizontalpendel arbeitet (Biotensor, Schwingstab), erhält kreisende Reaktionen wie beim Vertikalpendel.

Der Rutengänger verfügt über unterschiedliche Möglichkeiten, die Polarität zu ermitteln. Mittels Lecherantenne mit Magnetstäbchen fährt er über die Pole und erhält über dem Pluspol mit rechtsdrehend eingestelltem Magnetstäbchen eine Reaktion, beim Minuspol mit linksdrehend eingestelltem Magnetstäbchen, obgleich diese Austestung strenggenommen nicht zur Polaritätenbestimmung geeignet ist. Aber zwischen Pluspol und rechtsdrehender Strahlung sowie zwischen Minuspol und linksdrehender Strahlung existieren noch nicht geklärte Zusammenhänge, die wohl auf subatomaren Prozessen beruhen und diese eigentlich paradoxe Rutenreaktion herbeiführen, denn Yang ist nicht unbedingt mit rechtsdrehender und Yin nicht unbedingt mit linksdrehender Zirkularpolarisation identisch. Eine wirklich korrekte Bestimmung der Pole (also der Polaritäten Yang und Yin) mit der Lecherantenne kann nur im Zusammenwirken von einem Magnetstäbchen mit zusätzlich aufgesetztem Polaritätenschieber erfolgen. Der Polaritätenschieber enthält eine Mikrodiode, die energetische Flußrichtungen nach Yang und Yin zu selektieren vermag. Doch hier ist nicht der Raum, diese Technik näher zu erläutern.

Erfühlen der Steinstrahlung: In Geschäften, die Kristalle verkaufen, sehe ich immer wieder, daß Personen mittels ihrer Hände zu erfühlen versuchen, ob sie diesen oder jenen Kristall nehmen sollen. Von rechtsdrehender oder linksdrehender Strahlung haben viele Käufer noch nichts gehört. So kaufen sie gern den Kristall, der sich am »stärksten« anfühlt, in der Hand kribbelt oder doch zumindest ein angenehmes Gefühl erzeugt. Diese Art der Untersuchung sollte nur am liegenden Kristall vorgenommen werden, weil sonst die starke Strahlung der Pole erfühlt wird und nicht die Qualität des Kristalls selber. Nach meinem persönlichen Gefühl sind die Kristalle, die stark in der Hand kribbeln, immer die schlechtesten gewesen bezüglich der Zirkularpolarisation ihrer Ausstrahlung. Ich denke, generell sagen zu können, daß die linksdrehende Ausstrahlung sich immer irgendwie aufdrängt und in den Vordergrund schiebt, während die rechtsdrehende sich zurückhält. Rechtsdrehend strahlende Kristalle fühle ich dergestalt, daß sie nicht nur in der Hand, sondern gleichzeitig im gesamten Körper ein warmes Strömungsgefühl bewirken und dabei eine Art Entspannung eintritt mit Beruhigung des Pulsschlages. Doch die Empfindungen der Menschen sind unterschiedlich. Jeder muß für sich selbst prüfen, welche Gefühle mit welcher Strahlungsqualität zusammenhängen, wenn er einen Kristall nach dem Gefühl beurteilen will.

Die informativen Strahlungsqualitäten der Kristalle

Von den in den Geschäften verkauften Kristallen mögen etwa 80-90 % linksdrehende Eigenschaften aufweisen. Sicher haben auch sie ihre Berechtigung in der Natur. Sollen die Kristalle aber zu Heilzwecken verwendet oder ins Wohnumfeld mit einbezogen werden, so ist sicherlich den rechtsdrehenden der Vorzug zu geben. Wie sich die rechtsdrehende oder linksdrehende Strahlung auf den Organismus auswirkt, ist noch nicht abschließend geklärt. Die Meinungen und Erfahrungen gehen hier deutlich auseinander. Richtig ist sicherlich, daß die speziellen Kristallwellenlängen, die mit Heilwirkungen in Zusammenhang gebracht werden, bei linksdrehenden und rechtsdrehenden Kristallen gleichermaßen vorkommen, so daß dies kein Bewertungskriterium sein kann. Die unterschiedlichen Wirkungen rechtsdrehender und linksdrehender Kristalle liegen wohl eher in einem tieferen Bereich, dessen ursächliche Kraftquelle auch mit radiästhetischen Methoden nicht erfaßt werden kann. Es liegt wohl an der besonderen Energie der Bausteine der Atomkerne, die den Kristall aufbauen und ihm seine äußerlichen Strahlungseigenschaften verleihen. Diese Energie hat den Charakter einer Information. Und eine Information ist eine Botschaft an das Ziel, an das die Strahlung geschickt wird, um dort etwas zu bewirken. Für den Organismus, der mit der Kristallstrahlung in Kontakt kommt, bedeutet dies, daß hier eine Steuerungsinformation übertragen wird, eine Ordnung, die sich auf den Bau neuen Zellmaterials auswirken soll. Die Wirkung der Kristallstrahlung auf den Organismus ist vergleichbar mit der subatomaren Information, die den Kristall wachsen läßt und ihm seine sichtbaren Eigenschaften und Strahlungseigenschaften verleiht. Ist die subatomare Information mit rechtsdrehender Folge, so entwickelt sich der Kristall zu einem mikrokristallin und makrokristallin rechtsdrehenden Gebilde, wobei letztere Eigenschaft dem Kristall unter Umständen sogar angesehen werden kann. In gleicher Weise dürfte sich die Information, die mit der Kristallstrahlung übertragen wird, auch in unserem Organismus auswirken, indem hier ein Ordnungsgefüge vorgegeben wird, an dem sich der weitere Zellaufbau orientiert, dem jeweiligen Zelltypus entsprechend.

Steine zur Informationsübermittlung

In der Heilkunde gibt es – entsprechend der Art der Steine – zwei unterschiedliche Methoden, wie Heilsteine eingesetzt werden. Es gibt sogenannte Trommelsteine und gut ausgebildete Kristalle, die mehr oder weniger naturbelassen oder angeschliffen sind. Von speziell geschliffenen Schmucksteinen sehe ich hier einmal ab. Trommelsteine werden aus weniger gut kristallisierten Steinen gewonnen, aus Resten bei der Verarbeitung, aus Materialien, die vom Typus her schon nicht gut kristallisieren. Diese Steine kommen in eine Trommel und schleifen dort aneinander, bis sie rundliche und gefällige Formen angenommen haben. Diese Steine sind meist preiswert, vielfach linksdrehend, können aber dennoch ein sehr schönes Aussehen haben. Trommelsteine werden gerne als Heilsteine in der Form eingesetzt, daß sie bestimmten Körperstellen aufgelegt werden. Sie sollen über ihre speziellen Wellenlängen bestimmte Körperfunktionen beeinflussen. Da dieses Auflegen der Steine meist sehr rasch wirkende Effekte erzielt, muß angenommen werden, daß hier die speziellen Wellenlängen der Steine das wirksame Agens darstellen. Ob es sich dabei um rechtsdrehende oder linksdrehende Strahlung handelt, scheint vordergründig nicht von Bedeutung zu sein.

Auch werden solche Trommelsteine gern verwendet, um Trinkwasser zu energetisieren und damit geschmacklich zu verbessern. Das Wasser wird in einer Karaffe mit dem Stein über Nacht stehengelassen. Tatsächlich kann in diesem Wasser anschließend ein höherer Energiegehalt festgestellt werden. Die Strahlungsreichweite des Wassers hat zugenommen. Geschmacklich ist das Wasser ebenfalls verbessert, es schmeckt frischer. Für diese Effekte scheint es keine Rolle zu spielen, ob hier ein rechtsdrehender oder ein linksdrehender Stein verwendet wird. Da solches Wasser aber meist hergestellt wird, um analog der Vorgaben der Äbtissin Hildegard von Bingen damit Heileffekte zu erzielen, sollte wohl überlegt werden, welche Art von Stein zum Einsatz kommen sollen. Da es sich hier um Langzeiteffekte handelt, die an der Informationsbasis der Zellentwicklung ansetzen, ist es für die gesundheitliche Entwicklung des Menschen sicher hilfreich, nur ausgesuchte Steine mit rechtsdrehender Ausstrahlung zu verwenden.

Steinsplitter werden gern verwendet, wenn es darum geht, andere Materialien energetisch aufzuwerten. Insbesondere Informationsübertragungssysteme wie Orgonstrahler oder Vorrichtungen zur Positivierung des Trinkwassers in Wasserleitungen werden gern mit Gemischen von Kristallsplittern gefüllt, um ein weites Spektrum von Wellenlängen auf das Wasser oder auf Medikamente usw. zu übertragen. Die verwendeten »Abfälle« der Steinbearbeitung sind vorwiegend mikrokristallin linksdrehend, was sich deutlich auf die Qualität der mit diesen Systemen aktivierten Flüssigkeiten auswirkt. Es existieren allerdings auch Möglichkeiten, Kristalle in ihrem Informationscharakter positiv zu beeinflussen oder sie in Systeme zu integrieren, die selbst positive (rechtsdrehende) Energien übertragen, so daß die Leistungsfähigkeit solcher Kristallsysteme zur Energieübertragung im Einzelfall sicherheitshalber überprüft werden sollte. Die Eigenschaft dieser Systeme, Wasser oder andere Materialien mit einem breiten Wellenlängenspektrum anzureichern, ist sicher gegeben, und auch die energetisierenden Effekte sind durchaus zufriedenstellend. Dennoch können zwischen der Qualität einer Strahlung und ihrer Quantität (Intensität) große Unterschiede bestehen.

Steine für die manuelle Therapie

Schön ausgebildete, lange Kristallspitzen werden gerne für manuelle therapeutische Zwecke verwendet. Mit diesen Kristallen können auf elegante Weise Akupunkturpunkte »bestrahlt« oder Akupunkturmeridiane auf der Haut nachgezogen werden. Bei diesem Prozeß ist es praktisch unvermeidlich, daß die persönlichen Energiefelder des Therapeuten mit übertragen werden. In der Regel werden mentale Energien bei diesem Verfahren ganz bewußt eingesetzt, denn der Kristall wirkt als Verstärker und Lenker des persönlichen Kraftfeldes. Auch der energetisch nicht sehr starke Therapeut oder Magnetiseur kann mit Hilfe von Kristallen seine Fähigkeiten ganz bedeutend aktivieren. Die zu diesen Zwecken im Handel erhältlichen Kristalle sind meist rund geschliffen, um eine bessere Handhabung zu gewährleisten. Die Verwendung dieser rundgeschliffenen Kristalle beziehungsweise Kristallstifte schränkt jedoch die Möglichkeiten des Therapeuten ein, weil wichtige Eigenschaften der Kristalle in diesem Fall nicht genutzt werden können. – Worum geht es hier? Gehen wir davon aus, daß für die genannte Art der Therapie gut ausgebildete Quarzkristalle verwendet werden. Tatsächlich werden diese Kristallstifte meist aus Rauchquarzen hergestellt, da diese als hervorragende Heilsteine gelten. Die besonderen Eigenschaften der Kristallarten sind weitgehend abhängig von den »Fremdstoffen«, die sich in den Kristallen befinden, denn die Fremdstoffe bewirken Änderungen in deren Gitterstruktur, was sich in zusätzlichen Wellenlängen äußert, die der Kristall dann ausstrahlt. Der naturgewachsene Quarzkristall weist sechs Flächen auf, die in einer Spitze enden. Daß an der Spitze Yang-Energien ausgestrahlt werden und an der Wurzel Yin-Energien, wurde bereits erwähnt, ebenso wie die Zirkularpolarisation der Kristallstrahlung, also linksdrehend oder rechtsdrehend. Daß Kristalle eine induktive (magnetische) und eine kapazitive (elektrische) Ausstrahlung aufweisen, wurde ebenfalls dargestellt. Erwähnt wurde bislang nicht, daß zu den genannten Strahlungsqualitäten noch eine weitere hinzukommt, nämlich die ponderomotorische Ausstrahlung. Ponderomotorische Wellenlängen sind Stoßwellenlängen, die mit den akustischen Wellenlängen verwandt sind. Akustische beziehungsweise ponderomotorische Wellen unterscheiden sich von elektromagnetischen Wellen durch die Art ihrer Fortbewegung, was sich auch in der biologischen Wirksamkeit der Strahlung auswirkt. Die Eigenschaft der »Stoßwelle« macht die ponderomotorische Strahlungskomponente besonders organwirksam. Erschwerend für das Verständnis dieser Phänomene ist, daß die ponderomotorische Energie als induktiv-ponderomotorisch auftreten

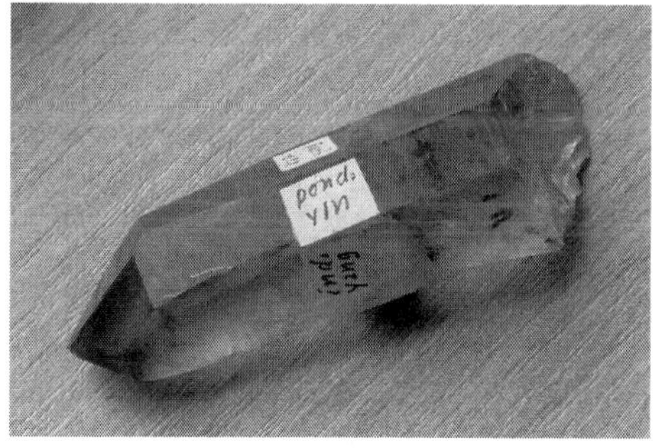

Rauchquarz mit rechtsdrehender Strahlungsqualität. Die Spitze des Kristalls ist Yang, die Wurzel Yin. Die sechs umgebenden Kristallflächen weisen induktive, kapazitive und ponderomotorische Energien auf.

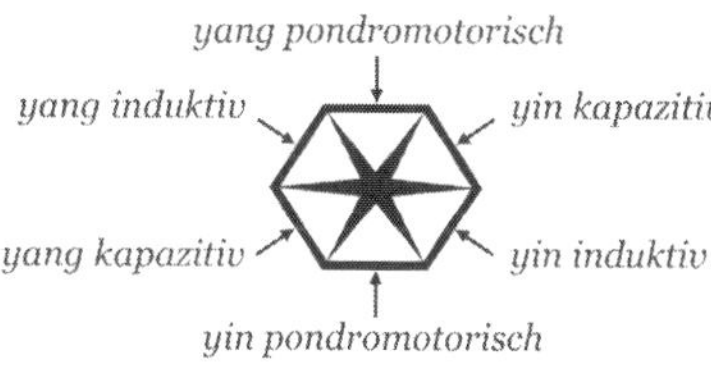

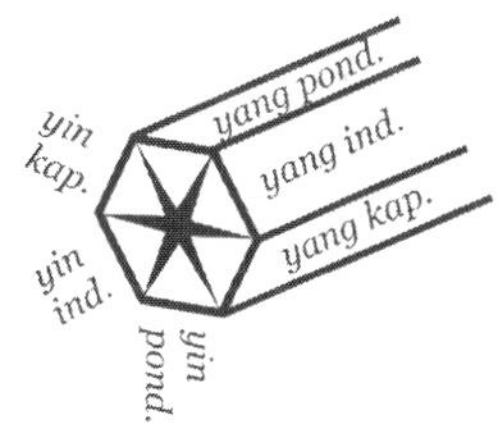

Schematische Sichtweisen auf die Spitzen eines Bergkristalls. Die sechs Seitenflächen strahlen unterschiedliche Energien aus. Die jeweils gegenüberliegenden Flächen sind induktiv, kapazitiv beziehungsweise ponderomotorisch. Davon ist jeweils eine Fläche Yin, die gegenüberliegende Yang.

kann sowie als kapazitiv-ponderomotorisch, was uns hier aber nicht weiter berühren soll. Doch damit genug der physikalischen Grundlagen.

Die sechs Außenflächen des Kristalls weisen unterschiedliche energetische Eigenschaften auf (die sich aber auch in den Kristallenden wiederfinden). Drei der sechs Kristallflächen zeigen Yang-Eigenschaften und drei Yin-Eigenschaften. Yang- sowie Yin-Flächen werden unterteilt in induktive, kapazitive und ponderomotorische Strahlungskomponenten. Damit weist der Kristall an der zwischen den Fingern des Therapeuten gelegenen Achse folgende sechs Energiearten auf: Yang induktiv, Yang kapazitiv, Yang ponderomotorisch, Yin induktiv, Yin kapazitiv und Yin ponderomotorisch. Was die Yin- und Yang-Eigenschaften dieser Flächen betrifft, so treten sie während der Therapie, also während des Haltens zwischen den Fingern des Therapeuten (die ja ebenfalls alternierende Polungen aufweisen), in Wechselwirkung. Sollen nun bei der Behandlung selektiert bestimmte Energieformen übertragen werden, so kann der Therapeut diesen Prozeß unterstützen, indem er den Kristall zwischen den entsprechenden Fingern hält. Die Art, wie er den Kristall anfaßt, unterscheidet also mit über seinen Therapieerfolg. Das Fassen bestimmter Kristallflächen mit zwei Fingern gelingt natürlich nur bei Kristallen, die nicht rund geschliffen wurden.

Therapeutisch nutzbare Kristallpendel

Mit Kristallpendeln können Energien übertragen werden, auf leblose Objekte ebenso wie auf lebende Wesen. Wer mit Kristallen im Bereich der Heilkunde arbeitet, wird besonders genau auf die Qualität der Steine achten, die er verwendet, weil mit ihnen eben nicht nur physisch wirksame Energien übertragen werden, sondern auch Informationsenergien, die auf der Schwingungsebene im Körper für eine gewisse Zeit gespeichert werden und Regelungsvorgänge von einer feineren Ebene ausgehend unterstützen.

Die Art des Kristalls ist typisch für bestimmte therapeutisch nutzbare Wellenlängenbereiche. Ein Quarz weist ein anderes Wellenlängenspektrum auf, als zum Beispiel ein Kalzit. Das hat mit der Art der chemischen Bindung zu tun, mit den Abständen der Atome zueinander im Molekül sowie mit der Art des Kristallgitters, in dem der Kristall kristallisiert. Für den Schmuckbereich werden gern besonders klare, durchscheinende Kristalle verwendet. Die meisten Kristalle weisen mehr oder weniger starke Farben auf, Trübungen, Einschlüsse von Fremdkörpern usw. Diese Kristalle sind für den Therapeuten besonders wertvoll, da sie das Wellenlängenspektrum des Kristalls ganz wesentlich bereichern. Farben, Trübungen und Einschlüsse kommen dadurch zustande, daß Fremdionen in das Kristallgitter eingebaut werden, dieses verzerren und aufgrund der nun veränderten Atomabstände andere Wellenlängenbereiche emittiert werden.

Aus qualitativer Sichtweise sollte ein mikrokristallin rechtsdrehendes Material verwendet werden. Wenn der Kristall bereits von Natur aus besondere Heilwellenlängen ausstrahlt, ist er besonders wertvoll. Auch ist darauf zu achten, daß der kapazitive Anteil der Kristallstrahlung genügend hoch ist, im Idealfall ebenso stark wie der induktive Strahlungsanteil. Das bewirkt Heilungen, die an der Wurzel des Übels ansetzen, im geistigen Bereich. Im Idealfall besitzt der Therapeut zwei Pendel von der gleichen Art: eines weist mit dem Yang-Ende und eines mit dem Yin-Ende nach unten. Mit dem Yang-Pendel werden Energien vom Behandler über den Pendelkörper auf den Hilfesuchenden übertragen. Das Resultat ist ein Aufladen bestimmter Energiemeridiane oder Organbereiche mit Energie. Mit dem Yin-Pendel können energetische Spannungen abgezogen beziehungsweise ausgeglichen werden. Das Yin-Pendel ist danach stets zu entoden. Es kommt nicht darauf an, daß das Pendel schön aussieht, eine schöne Spitze hat usw., maßgeblich sind allein die energetischen Eigenschaften.

Um zusätzliche Heilenergien mit dem Pendel gleich mit zu übertragen, können an diesem weitere Kristalle befestigt beziehungsweise aufgesetzt werden. Auch kann die Möglichkeit genutzt werden, mit diesem Pendel gezielt mental-energetische Informationen zu übertragen. Dazu können beispielsweise Wünsche oder Worte, Affirmationen oder segenbringende Texte auf ein Papierchen geschrieben und dem Kristall aufgelegt oder aufgeklebt werden. Die Energie des Kristalls sorgt in der Regel dafür, daß auch diese Informationen im Organismus oder in einem beliebigen Objekt gespeichert werden. Der mental arbeitende Therapeut kann seine mentalen Energien in das Pendel mit einfließen lassen. Der mentale Vorgang kann verstärkt werden, indem der Pendelfaden während des Pendelvorganges zwischen den beiden Fingern, die den Faden halten, ein wenig gerieben wird. Es existieren Möglichkeiten, den Pendelkristall mit weiteren Energien dauerhaft zu informieren. Verfahren dazu gebe ich an anderer Stelle an. Doch sei von vornherein angemerkt, daß Kristalle sich nicht so leicht beeinflussen lassen.

Kristallpendel (Tibetisches Wunschpendel) aus mikrokristallin rechtsdrehendem Material, bestehend aus einem Turmalin (schwarzer Schörl) und einem aufgesetzten klaren Bergkristall. Beide Kristalle sind mit einer Fassung aus Feinsilber vereint. Die unteren Kristallenden sind Yang. Am Yin-Ende überragt die Fassung den Kristall; hier können weitere Steine oder Informationszettel dem Kristall hinzugefügt werden. Das hier abgebildete Pendelmodell wurde in dieser Form auf Anweisung von Reinhard Schneider hergestellt.

Der Turmalin in der Form des »schwarzen Schörl« ist für die Herstellung von Pendelkörpern für medizinische Zwecke besonders geeignet, da er die Energie der kosmischen Universalkraft beinhaltet, deren Übertragung für dauerhafte Heilungen zwingend erforderlich ist. Die Kristallstrahlung des Schörl, ebenso wie die des hier (Abbildung) aufgesetzten klaren Bergkristalls, durchdringt alle Materialien und ist mit herkömmlichen Methoden nicht abschirmbar. Die im Tibetischen Wunschpendel verwendeten Kristalle sind nach der Zahl Sechs aufgebaut, denn sie haben sechs Kristallflächen. Von der Symbolik her ist das eine Verdopplung der Dreifaltigkeit. Den Symbolcharakter der Zahl Sechs finden wir auch auf anderer Ebene, nämlich im Symbol des Hexagramm. Das Hexagramm scheint das einzige Symbol zu sein, mit dem die alles durchdringende Strahlung der Kristalle abgeschirmt werden kann. Das verweist auf tiefe energetische Beziehungen zwischen der Symbolik der äußeren Form und den materiell gewordenen Strahlungsenergien.

Es hat seine besondere Bewandtnis, wenn zur Herstellung eines Wunschpendels ausgerechnet ein Turmalin verwendet wird, insbesondere dann, wenn damit Heilungsenergien übertragen werden sollen. Der Turmalin gehört nämlich zu den Kristalltypen, die an den Kristallflächen zahlreiche, in Längsrichtung verlaufende parallele Rillen aufweisen. Diese sind sozusagen Leitungsbahnen für elektromagnetische Energien, die rasch durch den Kristall weitergeleitet werden. Alle Kristalle mit dieser Struktur weisen eine natürliche Erdung auf, weil die Energie in ihnen stets fließt und nicht stagniert. Aus diesem Grund brauchen diese Kristalle auch nur selten gereinigt zu werden, was insbesondere bei Pendelkörpern hilfreich ist, die häufig benutzt werden. Diese Kristalle schützen sich sozusagen selbst, indem sie ihr Energiefeld immer wieder erneuern. Wenn man einen Turmalin reibt, entsteht in ihm eine hohe elektrische Ladung mit einer Verstärkung seiner natürlichen Polaritäten und damit einer Verstärkung seines Heileffektes.

Präparieren von Kristallen zu besonderen Verwendungszwecken[6]

Wer sich ein Pendel für eine spezielle Anwendungstechnik herstellen möchte, sollte sich zunächst fragen, für welche Operationen das Pendel dienen soll. Welche Bereiche oder Fragestellungen sollen bearbeitet werden? Soll es magischen Zwecken dienen, als Heilpendel Verwendung finden oder zur Suche von Objekten? Soll es zum mentalen Pendeln verwendet werden, also um persönliche Fragen zu beantworten? Alle diese Gesichtspunkte nehmen Einfluß auf das Material des Pendelkörpers, die Art seiner Herstellung und die Informationen (geistigen Kräfte), mit denen das Pendel dann versehen werden soll entsprechend der Fragestellung. Danach erfolgt die Wahl der Materialien, insbesondere der Kristalle. Welche Kristalle (Einender, Doppelender, Zwillinge, Kristallkombinationen) sollen/müssen zu welchem Verwendungszweck kombiniert werden? Zu beachten sind hierfür: Reinheit, Einschlüsse, Fensterbildung. Mit Rauchquarzen beziehungsweise Kombinationen von diesen mit anderen Kristallen sind tiefgreifende Heilerfolge zu erzielen.

Nach der Auswahl der Materialien erfolgt die Feststellung der energetischen Eigenschaften der Kristallpole beziehungsweise der einzelnen Kri-

[6] Erstellt anhand einer Ausarbeitung aus dem Arbeitskreis um Reinhard Schneider; Pendel II, 1997

stallflächen. Das ist besonders dann von Bedeutung, wenn es sich um ein Pendel handelt, das zu Heilzwecken verwendet werden soll, zum Zuführen von Energien oder zum Absaugen von Energien. Nach der Feststellung der Pole, also wo die Yang-Spitze und wo das Yin-Ende ist, werden die Kristallflächen in bezug auf induktive Energien getestet und die gegenüberliegenden Yin- und Yang-Flächen markiert. Dann erfolgt mit kapazitiver Ruteneinstellung die Austestung der verbleibenden Kristallflächen auf Yin und Yang. Auch hier müssen die Kristallflächen beschriftet werden, am besten mit rechtsdrehend strahlender Tusche. Zuletzt erfolgt die Austestung der beiden übrig gebliebenen Kristallflächen auf ponderomotorische Kräfte.

Nun müssen die Fähigkeiten des Kristalls beziehungsweise der Kristallkombination überprüft werden, seine Eignung für den ihm zugedachten Verwendungszweck. Zunächst muß das Pendel von anhaftenden Fremdenergien gereinigt (entodet) werden. Eine einfache Methode ist, das Pendel in einem Topf mit Salz leicht zu drehen. Das dazugehörige Mentalprogramm kann dann lauten: »Die unerwünschten Eigenschaften des Kristalls sollen in das Salz übergehen.« Diese Methode funktioniert sehr gut. Nun wird überprüft, ob das Pendel in der Lage ist, die in es hineinzugebenden Energien auch dauerhaft zu speichern.[7] Danach erfolgt das Aktivieren (Beoden) des Kristalls mittels nachstehend angegebener Technik. Die Endkontrolle bildet das Ermitteln der Strahlungsreichweite der in den Kristall hineingegebenen Energien.

Die Aktivierung eines Kristalls erfolgt durch Anfassen, zwischen den Handflächen halten, Einspeicheln (des Pendelfadens) oder Anhauchen. Während dieser Prozesse läuft ein mentales Aktivierungsprogramm ab zum Abstimmen des Pendels auf den jeweiligen Verwendungszweck. Es ist sinnvoll, ein geeignetes Mentalprogramm zuvor schriftlich zu formulieren, das dann im Geiste »abgefahren« werden kann. Es kann hilfreich sein, den aufgeschriebenen Text zu verkleinern und auf das Pendel aufzukleben. Bei Tibetischen Wunschpendeln ist die Strahlungsreichweite beziehungsweise die Strahlungsintensität der zu übertragenden Energien einstellbar.

Einige generelle Fragestellungen sollten bei der Konfiguration des Pendels beachtet werden: Wie sollte ich meine Gaben einbringen (nach welchem Verfahren)? Darf ich das tun? Habe ich die Fähigkeiten dazu? Soll ich es jetzt tun? Es ist wichtig, sich diese ethischen Fragestellungen zu vergegenwärtigen, damit keine unerwünschten Energien in das Pendel gelangen und damit die Energien im Pendel nur jenen entsprechen, mit denen der Pendelnde umzu-

[7] Die Technik kann nur in speziellen Seminaren zur »Grifflängentechnik« nach Reinhard Schneider gelernt werden.

gehen auch in der Lage ist. Gedacht werden kann dabei immer an Goethes Zauberlehrling, der mit den Energien, die er rief, nicht mehr fertig wurde.

Präparieren des Pendels für spezielle Verwendungszwecke

1. Imprägnierungsverfahren: Seidenpapier (Lamapapier, Japanpapier) mit einem Tröpfchen einer Lösung aus bewußtseinserweiternden Drogen tränken (Homöopathika sind ausreichend) und an geeigneter Stelle (Kristallfläche) dem Kristall auflegen bzw. ankleben. Der Übertragungsprozeß wird mit mentaler Imprägnierung gekoppelt. Als Drogen können verwendet werden: Mescal (Peyotl-Kaktus = Lophophora williamsii), Ayahuasca-Liane (= Banisteriospis caapi, Telepathie). Die Pflanzenteile können auch mittels eines Farbfotos der Pflanze ausgetestet werden; sie werden ausgeschnitten und klebt auf den Kristall geklebt.
2. Ansetzen von verkleinerten (auf wirksame Größe testen) oder gezeichneten kabbalistischen (oder anderen) Symbolen, Runen usw., gezeichnet mit rechtsdrehendem Graphitstift oder rechtsdrehender Tusche, mental imprägniert für den besonderen Verwendungszweck.
3. Auf das Pendel kann oben ein Schutzsymbol aufgesetzt werden, um ungute Energien, die durch das Arbeiten mit dem Pendel aufgenommen werden, nicht in den Körper gelangen zu lassen. Ist das Pendel aus rechtsdrehendem Material und sind entsprechende Energien vorhanden, so schützt es sich in der Regel selbst.

Durchführungsprogramm für das aktive Pendeln

1. Objekt festlegen, auf das die Energie mittels Pendel übertragen werden soll. Eingrenzen des Bereiches beziehungsweise der Stelle, auf die die Kraftübertragung stattfinden soll.
2. Überprüfen, ob das aufzuladende Objekt frei von der zu übertragenden Energie beziehungsweise Wellenlänge ist.
3. Die Fadenlänge des Pendels ist auf die zu übertragende Wellenlänge abzustimmen (Lecherantenne, Abstimmtechnik, Ausmessen). Die Auswahl des Pendelkörpers hat je nach Verwendungszweck zu erfolgen. Bei der Fadenlänge ist die für die »Haftung« kennzeichnende Wellenlänge mit einzubeziehen.
4. Das Pendel mittels rechter Hand (die *gebende* Hand) über dem Objekt rechtsdrehend heftig kreisen lassen. Dabei ist leichter Druck auf den Pendelfaden auszuüben (zwischen den Fingern »reiben«), gekoppelt mit mentaler Kraftübertragung.

5. Die Übertragung der Energien ist mental zu unterstützen. Die Intensität der Abstrahlung des aufzuladenden Objektes kann mental festgelegt werden. (Kontrolle durch Messung der Strahlungsreichweite.)

Entoden (reinigen) eines Arbeitspendels durch persönlichen Magnetismus

Grundsätzlich ist für die Konfiguration des Arbeitspendels noch folgendes zu beachten: Das fertige Pendel muß vor dem Gebrauch von Fremdenergien gereinigt (entodet) werden. Ein Therapeut, der über magnetopathische Fähigkeiten verfügt, sollte das Pendel mit seinen persönlichen Energien aufladen (beoden). Zwei Verfahren zur Beodung und Entodung, die sich besonders zur Behandlung von Pendelkörpern eignen, möchte ich an dieser Stelle schon angeben.

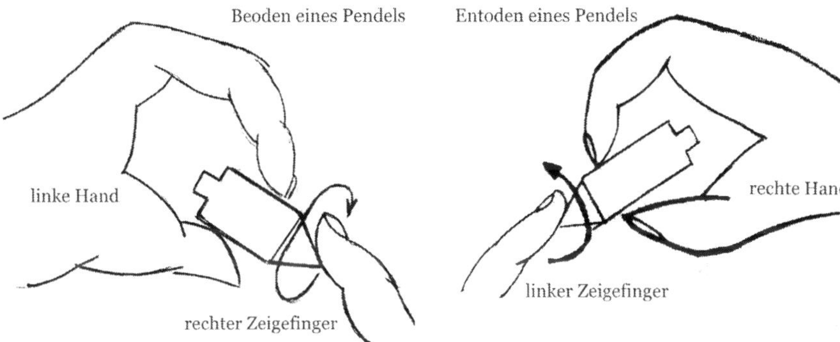

Beoden (Aufladen) und Entoden (Reinigen) eines Pendels unter Nutzung der persönlichen Bioenergie und mentaler Kräfte. Der Zeigefinger umkreist die Pendelspitze: linker Zeigefinger linkskreisend zur Entodung, rechter Zeigefinger rechtskreisend zur Beodung. Der Pendelfaden kann separat beodet werden, indem er mit Speichel benetzt wird.

Entoden (reinigen) eines Pendels mit Salz

Wenn ein Pendel für den persönlichen Verwendungszweck konfiguriert wurde, ist es gewöhnlich nicht sinnvoll, alle Energien entfernen zu wollen, die sich in diesem Pendel befinden (Wellenlängen, die zur Charakteristik des Materials gehören, lassen sich ohnehin nicht entfernen). Für die energetische Reinigung eines Pendels (oder eines anderen Objektes) kann folgendermaßen vorgegangen werden:

1. Bestimmung der charakteristischen linksdrehenden Energien beziehungsweise Wellenlängen, die durch bestimmte Arbeitstechniken in das Pendel gekommen sind und entfernt werden sollen (Abstimmtechnik, Grifflängentechnik).
2. Bestimmung der Intensität der belastenden Strahlung durch Messung der Strahlungsreichweite.
3. Abreiben des Pendelkörpers mit Kochsalz (oder Schwenken in Kochsalz) unter mentaler Unterstützung (»Die belastenden Wellenlängen sollen in das Salz übergehen«). Es ist darauf zu achten, daß bezüglich der zu entfernenden Energien auch die Wellenlänge der »Haftung« mit entfernt wird.
4. Überprüfen mittels Lecherantenne und Magnetstäbchen, ob sich noch linksdrehende Wellenlängen im Objekt befinden.
5. Überprüfen, ob die entfernten linksdrehenden Wellenlängen jetzt in rechtsdrehender Form im Objekt sind. Dieser Prozeß kann mental gesteuert werden.
6. Kontrollieren, ob die zu entfernenden Wellenlängen sich nun in linksdrehender Form im Salz befinden (das ist der Fall, wenn das Entoden gelungen ist).
7. Entsorgen der schlechten Energien, die sich nun im Salz befinden. Dazu das Schälchen mit dem Salz in einer Höhe von etwa 1,80 Meter halten, Blick nach Nordwesten (hier befindet sich eine sogenannte »nehmende Schichtebene«. Die Ausleitung ist mental zu unterstützen (»Alle linksdrehenden Energien sollen raus«). Erneute Kontrolle durch Austesten des Salzes mittels Lecherantenne. Das Salz ist zu verwerfen und nicht wieder zu verwenden.

Reinigen und Aufladen von Kristallen

Die amerikanischen Indianer haben jahrhundertelang Heilkräuter zur Reinigung ihrer Kristalle verwendet, insbesondere Wacholder und Salbei. Die Kräuter werden angezündet und die Kristalle in den Rauch gehalten. Heute können Räucherstäbchen für diese Reinigungsmethode verwendet werden. Auch kann man die Kristalle zur Reinigung in ein Glas mit Wasser legen und dieses an die Sonne stellen, am besten vom frühen Morgen an bis zum späten Vormittag. Die negativen Energien gehen in das Wasser über, das dann weggeschüttet wird. Der Kristall wird abgespült und noch eine Zeitlang in die Sonne gelegt. Auch Meerwasser oder generell Salzwasser eignet sich besonders gut zur Reinigung von Kristallen. Zur Reinigung, Aufladung und Regeneration der Kristalle können die Steine auch für einige Tage auf große Kristalldrusen gelegt oder innerhalb einer Pyramide gelagert werden.

Anfertigung eines Wunschpendels aus Wachs

Das Tibetische Wunschpendel wurde bereits erwähnt. Ein Wunschpendel ist ein Pendel, dem bestimmte Energien zugefügt werden, um es für bestimmte Aufgabenstellungen (spezielle Wünsche) benutzen zu können. Für diese speziellen Handlungen kann ein Pendel auf unterschiedliche Arten mit bestimmten Energien versehen werden. Das geschieht durch Energieübertragungen von einem Objekt zum anderen oder (und) unter Zuhilfenahme mentaler Kräfte. Das Pendel ist dann für bestimmte Aufgabenstellungen »geweiht« und sollte auch nur für diese Aufgaben benutzt werden. Soll dieses Pendel für andere Operationen genutzt werden, so muß es komplett entodet und mit neuen Energien versehen werden. Dies ist ein mühsamer Vorgang und auch ein nicht immer so leicht zu realisierender Prozeß. Insbesondere für wechselnde Fragestellungen, die häufiger mit Hilfe des Pendels beantwortet werden sollen, empfiehlt es sich, für jeden eigenen Verwendungszweck ein speziell angefertigtes Pendel bereitzuhalten. Denken Sie zum Beispiel an die Suche von Erzen oder Mineralien mit dem Pendel. Bei der Vielzahl der Mineralien ist es durchaus sinnvoll, für jedes Mineral ein speziell dafür geeignetes Pendel zu benutzen. Ich möchte hier eine Methode erwähnen, mit der man sich solche Pendel rasch herstellen kann. Von diesen sollte dann auch immer ein ganzer Satz für unterschiedliche Fragestellungen bereitgehalten werden.

1. Zur Herstellung dieser Pendel wird echtes Bienenwachs so weit erwärmt, bis es knetbar ist, und daraus ein kleines Pendel mit einer Spitze geformt; es ist aber auch ausreichend, eine kleine Kugel zu drehen. Dieses Wachs wird direkt um einen Faden herum geknetet. Ein Knoten am Ende des Fadens verhindert das Abrutschen des Wachses.
2. Bereits während des Knetens können mentale Energien in Form von Wünschen in das Wachs eingebracht werden. Sie haften so wesentlich besser in dem Material, als wenn sie in das fertige Pendel nachträglich eingebracht werden.
3. Wer mit dem Pendel beispielsweise auf Erz-, Metall- oder Mineraliensuche gehen will, knetet ein wenig von dem zu suchenden Material – in stark verdünnter Pulverform – in das Wachs ein. Es kann gestreckt werden, indem es sorgfältig mit Kieselgur verrieben wird. Merke: Eine homöopathisch aufbereitete Substanz wirkt bei radiästhetischen Prozessen besser als grob-materielle Partikel.
4. In vergleichbarer Weise können auch homöopathisierte Flüssigkeiten in die Pendelmasse eingebracht werden. Dazu wird die Flüssigkeit auf Filterpapier getropft, welches dann getrocknet wird. Das Papierchen

kann dann zusammengerollt und in die Wachsmasse eingeknetet werden.

5. Wer Resonanz zu ganz bestimmten Energien sucht, kann auch Symbole, Siegel, Runen usw. auf ein Papierchen schreiben und diese mit einkneten. Auch Worte und Sätze sind geeignet, weil sie bestimmte Energien beinhalten.
6. Zur Suche von Personen ist es vorteilhaft, ein verkleinertes Bildchen der Person in das Wachs einzukneten. Es genügt aber auch, das Bildchen aufzukleben.

Wer aus bestimmten Gründen nicht mit Materialien arbeiten kann oder möchte, weil die entsprechenden Energien auf diese Weise nicht zugänglich sind (zum Beispiel bei Altertümern, von denen nur Fotos vorliegen), kann auf andere Weise die betreffenden Energien in das Wachspendel bringen, die ich im folgenden beschreibe. Das Wachs ist ein sehr gutes Speichermaterial für geistig-seelische Energien.

1. Heraussuchen von Objekten (Bilder oder ähnliches, Handschrift von Personen), in denen diese Energien vorkommen.
2. Am Objekt die Stelle heraussuchen, von der die Energie abgezogen und auf das Pendel übertragen werden soll.
3. Das Pendel auf die Wellenlänge der Wunschenergie abstimmen. Dazu wird das unmittelbar über dem Pendelkörper gefasste Pendel über die ausgesuchte Stelle am Objekt gehalten. Dann wird der Pendelfaden langsam verlängert, indem er ganz langsam durch die Finger hindurchgeschoben wird. Entspricht die Pendellänge (Fadenabgriff plus Länge des Pendelkörpers) der Objektstrahlung, beginnt das Pendel zu schwingen. Der Abgriffspunkt wird markiert.
4. Pendel auf die ermittelte Stelle aufsetzen und Energie absaugen. Mentalprogramm: »Die Energie, auf die ich das Pendel abgestimmt habe, gehe in das Pendel über.« Und: »Diese Energie bleibe im Pendelkörper haften.« Geübte können sogar mental festlegen, mit welcher Intensität (Strahlungsreichweite) die Energie in das Pendel übergehen soll.
5. Mit anderen Techniken (Lecherantenne) überprüfen, ob die gewünschte Energie auf den Pendelkörper übergegangen ist.
6. Überprüfen, ob die Energie von dem Pendel auf andere Objekte übertragbar ist. Dazu wird auf unbedrucktem Papier ein Bleistiftstrich (mit rechtsdrehend gemachtem Bleistift) gezogen und mit dem Pendelkörper einige Male über diesen Strich (das Papier dabei nicht berühren) gestrichen, um die Energie des Pendels auf diesen zu übertragen. Zu diesem Zweck kann das Pendel auch über dem Papier linear geschwun-

gen werden. Das Papier sollte nun von einer anderen Person auf die entsprechende Ladung hin untersucht werden.

7. Eine wertvolle Übung ist das wechselnde Beoden und Entoden mittels Pendel. Beoden durch lineare Pendelführung über den Bleistiftstrich (mehrmals in gleiche Richtung streichen) und Entoden durch Striche in Gegenrichtung.

Spirituell wirksame feinstoffliche Eigenschaften von Kristallen

Die jahrhundertelange Tradition, Kristalle in der Heilkunde einzusetzen oder in magisch-esoterischen Bereichen anzuwenden, beweist das Wissen der Bevölkerung über die tiefgreifenden Einwirkungen der Kristalle auf die geistig-seelischen Strukturen und körperlichen Befindlichkeiten des Menschen. So alt wie die Steinheilkunde im allgemeinen ist auch der Gebrauch der Kristalle als Glücksbringer (Talisman) oder Schutzstein (Amulett, Schreckstein). Diese Art der Verwendung beweist das Wissen um die Wechselwirkungen der in den Steinen wirkenden Kräfte mit dem energetischen Umfeld des Menschen. Glück und energetische Stabilität, um Unheil abwenden zu können, sind Kraftwirkungen, die in der Aura des Menschen wirksam werden und sich durch das »Bestrahlen« mit den Kräften der Kristalle beeinflussen lassen.

Ein Effekt der energetischen Beeinflussung des Menschen ist das Kristallsehen. Die Kristallstrahlung durchdringt dabei die Aurasperre und vermittelt Informationen aus anderen Seinsebenen. So können mit Hilfe des Kristalls Informationen unter Umgehung der Sinnesorgane erlangt werden. Heute huldigt die Wissenschaft weitgehend der Ansicht, daß durch das Anblicken glänzender oder spiegelnder Oberflächen (Wasser, Kaffeesatz, Messerrücken, Spiegel, Fingernagel, Kristall) ein veränderter Bewußtseinszustand eintritt, der unbewußte geistige Inhalte ins Wachbewußtsein zu rücken vermag. Das wird durch Experimente bestätigt und scheint wissenschaftlich abgesichert. Andererseits treten beim Übergang in das »Versunkenheitsbewußtsein« Informationen an die Oberfläche, die nicht aus dem Selbst des Sehers stammen können und damit in den Bereich der paranormalen Phänomene eingereiht werden. Wie der Weg zur Erlangung von paranormalen Erkenntnissen auch sein möge, der Kristall spielt dabei eine wichtige Rolle als vermittelndes Agens zwischen einer geistig-seelischen und einer physischen Welt. Viele Kristallseher fordern deshalb ausdrücklich, echte Kristalle oder Kristallkugeln zu verwenden, im idealen Fall klare Bergkristalle.

Der natürliche Kristall hat eine andere Wirkung auf die seelische und geistige Struktur des Menschen als eine blanke Oberfläche. Die radiästhetische

Untersuchung von Kristallen zeigt eindeutig, daß in ihnen Kräfte wirken, die nicht nur im psychischen Bereich des Menschen wirksam werden, sondern auch energetische Strukturen unserer Umwelt zu beeinflussen vermögen im Sinne von Wechselwirkungen zwischen Naturenergien und dem Menschen. Paracelsus bezeichnet Kristalle als Erscheinungsorte der Geister, was auf eine Wesensverwandtschaft der Kristallenergien mit den Energien einer »jenseitigen Welt« hinweist. Viele natürliche Kristalle weisen die Energien der Engel auf oder von »Dämonen«, also Geistwesen unterschiedlicher Polarität und Einwirkungskraft. Noch bis ins 18. Jahrhundert hinein wird die Kristallschau mit dem Teufel oder zumindest doch bösen Geistern in Verbindung gebracht. Selbst diese Zuordnung zeugt vom Wissen darüber, daß tatsächlich geistige Wesenheiten die Energien der Kristalle nutzen, um mit den Menschen in Verbindung zu treten. Obwohl sich die Kirche in früheren Zeiten äußerst vehement gegen den Einsatz von Kristallen zu mantischen Zwecken als »abergläubische Verwendung« aussprach, benedizierten die Priester doch selbst Steine, die von Kundigen als Heilsteine eingesetzt werden sollten. Das Kristallsehen diente zum Vorhersagen der Zukunft, dem Auffinden von Dieben, der Aufspürung verborgener Schätze, dem Rufen von Naturgeistern oder Geistern Verstorbener, von Engeln und Dämonen, zur Bezauberung im schwarzmagischen Sinne, zum Heilzauber usw. Mitunter stellten sich beim Kristallsehen sogar spukhafte Phänomene ein, wie Klopftöne bei den ersten Versuchen des John Dee.

In ihrer Eigenschaft als Mittler zwischen kosmischen Kräften und den Lebewesen der Erde (sowie der Erde selbst) bewirken die Kristalle nicht nur heilsame Effekte auf die körperliche Gesundheit des Menschen, sondern sie weisen sehr wirkungsvolle Effekte auch auf dessen Seele und Geist auf. Die spirituellen Effekte der Kristalle werden insbesondere durch die kapazitiv-elektrischen Strahlungseigenschaften bewirkt sowie durch Ur-Informationen, die im Lauf der Entwicklungsgeschichte der Erde in den Kristall gelangt sind. Sie sind dort dauerhaft gespeichert und werden im Zusammenhang mit den induktiv-magnetischen sowie ponderomotorischen Strahlungseigenschaften mit übertragen.

Das Wissen um die spirituellen Wirkungen der Kristalle wurde wohl erst gegen Ende des 20. Jahrhundert wiederentdeckt. In alten Kulturen bestand dieses Wissen mit Sicherheit und mag auch in der Neuzeit in bestimmten Bevölkerungsgruppen oder spirituellen Kreisen vorhanden gewesen sein. Wesentliche Informationen über besondere Energien in Kristallen verdanken wir beispielsweise den Arbeiten von Michael G. Smith sowie in deutschsprachiger Übersetzung den Werken von Katrina Raphaell.

Da die Energiefelder der Kristalle im Grenzbereich zwischen Materie und Geist liegen, bewirkt ihre Strahlung tiefgreifende Veränderungen der energetischen Strömungen im Organismus. Die Wechselwirkung ist gegenseitig: die Kristalle wirken als Sender für kosmische Strahlung sowie als Empfänger der Strahlung des Menschen. Häufig genug kommt es vor, daß die Steine nach längerem Tragen in ihren Eigenschaften ermüden, ermatten oder zerspringen, wenn ihr Träger gesundheitliche Störungen aufweist, psychische Probleme zu bewältigen hat oder sich in spontanen Gefahrensituationen befindet. Körperliche Störungen gehen immer einher mit geistigen oder emotionalen Befindlichkeitsstörungen. Die Anwendung von Kristallen zur ganzheitlichen Heilung des Menschen ist deshalb ein idealer Ansatz, den Menschen wieder einer Rückverbindung mit den Schöpfungskräften zuzuführen. Es ist wahrscheinlich, daß uns das Wissen über die spirituellen Eigenschaften der Kristalle in der beginnenden Periode des Wassermannzeitalters wiedergegeben wird, um die Wunden unserer Seele auch aus früheren Inkarnationen zu heilen und uns geistig auf die kommenden Umwälzungen unseres Zeitalters vorzubereiten. Das geschieht im Sinne einer »planetaren Einweihung«, indem die planetaren Energien der einzelnen Kristallarten den Geist des Menschen für neue Eigenschaften öffnen und sein geistiges Wachstum fördern. Möglich ist dies in dem Maße, wie wir es zulassen und verantwortungsvoll mit den Kristallen umzugehen vermögen.

Der verantwortungsvolle Umgang mit den Kristallen ist ein äußerst wichtiger Aspekt ihrer Handhabung durch den Menschen. Kristalle sind Transmitter (Überträger) von kosmischen Kräften und planetaren Energien jeglicher Qualität. Das können förderliche Energien für unsere Gesundheit sein, aber auch Energien, die sich negativ auf uns auswirken. Die Wirkung der Kristalle ist gewissermaßen neutral; was sie bewirken oder vermitteln ist im Prinzip weder gut noch böse, es ist einfach so, wie es ihrer Art entspricht. Dem Menschen obliegt die Aufgabe, die Kristalle so auszuwählen und einzusetzen, wie es seiner spirituellen oder körperlichen Entwicklung zuträglich ist. Insbesondere aus den heute besonders problematischen Wechselwirkungen der Kristalle mit den technischen Strahlungen unseres modernen Lebensumfeldes können ernsthafte Probleme für Leben und Gesundheit des Menschen entstehen. Aus diesem Grunde möchte ich dem Leser dringend empfehlen, sich mit den radiästhetischen Grundlagen der Untersuchungen an Kristallen vertraut zu machen, bevor er die Kristalle verwendet. Die Kristallstrahlung mit allen ihren heutigen energetischen Beimengungen hat eine tiefgreifende Wirkung auf die Aura des Menschen, die vielfach mit haftenden Eigenschaften einhergeht und im unglücklichen Fall irreparable Veränderungen im Bereich der geistigen, seelischen und körperlichen Gesundheit hervorrufen kann.

Kristalle sollten in möglichst naturbelassener Form verwendet werden. Sie werden oft hoch erhitzt, gefärbt, radioaktiv oder mit Röntgenstrahlen bestrahlt, um Farbeffekte hervorzurufen oder um bestimmte Kristallarten »aufzuwerten« (zum Beispiel um aus einem klaren Quarz einen Rauchquarz zu machen). Gefärbt und erhitzt wurden Kristalle bereits im Altertum. Vielfach wurden dabei ihre energetischen Eigenschaften sogar aufgewertet, weil naturgemäße Verfahren Anwendung fanden. Heute ist bei solchen Effekten sehr zur Vorsicht zu raten. Bearbeitete Kristalle wirken oft nicht mehr anziehend auf empfindsame Menschen. Ihre natürliche Form ist vollkommen und ist Ausdruck der kosmischen Harmonie, also des Kraftfeldes, in dem sie gewachsen sind. Werden andere Formen eingeschliffen, verändert sich bereits die Schwingung der Kristalle. Sie können nun nicht mehr die kosmische Ordnung wiedergeben, in der sie sich entwickelt haben. Das Schleifen von Kristallen ist eine sehr verantwortungsvolle Aufgabe, bei der als Wichtigstes darauf geachtet werden muß, daß die natürliche Struktur des Kristalls in keiner Weise verändert wird. Das Bearbeiten (Ätzen, um Muttergestein zu entfernen, und Schleifen eines Kristalls) sollte lediglich bewirken, Fremdmaterialien zu entfernen und vorhandene Strukturen von Beschädigungen so freizulegen, daß das Wesen des Kristalls unter Erhalt all seiner Eigenheiten besser zum Ausdruck kommt.

Kristalltypen und ihre charakteristischen Wirkungsspektren

Um die Vielfalt der energetischen Eigenschaften von Kristallen aufzuzeigen und damit auf ihr breites Wirkungsspektrum im physischen und psychischen Bereich hinzuweisen, möchte ich eine Klassifizierung übernehmen, wie sie Frau Katrina Raphaell in ihren Büchern (siehe Literaturhinweis) verwendet hat. Sie klassifiziert die Kristalle nach bestimmten Eigenschaften und Verwendungszwecken. Teilweise leiten sich die speziellen Eigenschaften eines Kristalls von seiner Form, seiner Struktur, seinen Einschlüssen usw. ab. Werden diese Kristalle mit radiästhetischen Methoden untersucht, so kann festgestellt werden, daß sich Kristalle gleicher Art, aber unterschiedlicher Facettierung in definierten Wellenlängenbereichen unterscheiden und damit auch spezielle Wirkungen auf den Organismus auszuüben vermögen. Die besonderen Energien, die mit der Facettierung zusammenhängen, sind auch nur an den speziellen Facetten nachweisbar, die eben die Eigenheit des jeweiligen Kristalls ausmachen. Diese Energien sind hauptsächlich kapazitiv-elektrischer Natur, sie wirken also insbesondere auf den Geist des Menschen ein.

Unter den Quarzen gibt es sogenannte *Fensterkristalle*. Diese bilden keine eigenständige Gruppe, sondern bezeichnen Kristalle, die bestimmte geometrisch scharf strukturierte Flächen am Übergang des Kristallschaftes zur Spitze hin aufweisen. Diese Flächen erscheinen wie kleine Fenster, durch die man in den Kristall hineinsehen kann. Die Fenster stellen sich so dar, als ob eine Kristallkante etwas abgeschliffen worden wäre, doch tatsächlich ist alles natürlichen Ursprungs. Nicht jede Rhombusfacette macht einen Kristall zu einem Fensterkristall. Das Fenster muß Verbindungen zu den Kanten aufweisen und so groß und klar erscheinen, daß man durch dieses in den Kristall hineinsehen kann. Die Raute des Fensters bildet gleichsam eine eigene Kristallfläche. Die Fenster der echten Fensterkristalle strahlen stets in irgendeiner Form bewußtseinserweiternde Energien aus, die radiästhetisch erfaßbar sind. Soweit ich diese Fenster auf Abbildungen untersuchen konnte, fand ich in ihnen auch stets die Energien der Engel. Das heißt in diesem Fall, daß über die Fenster ein Kontakt zu geistigen Wesenheiten aufgebaut werden kann. Die Art der Wesenheiten, die über die Fenster angesprochen werden können, hängt von der energetischen Qualität des Kristalls ab. Es sollten ausschließlich Kristalle verwendet werden, deren Grundstrahlung (mikrokristallin) rechtsdrehend ist. Frau Raphaell weist in ihren Büchern an *keiner* Stelle auf diese wichtige Eigenschaft der Kristalle hin. Soweit ich die Kristallbilder in ihren Büchern untersuchte, fand ich aber doch ausschließlich rechtsdrehende Kristalle und kann deshalb davon ausgehen, daß sie über Methoden verfügt, diese Kristalle von anderen unterscheiden zu können, und sei es auch nur über das Gefühl.

Für die Anwendung in spirituellen Bereichen sollten nur Kristalle mit natürlichen Fenstern verwendet werden. Werden sie künstlich eingeschliffen, kann die sich damit beabsichtigte gute Wirkung ins Gegenteil verkehren. Fensterkristalle entstehen vermutlich aufgrund bestimmter Einschlüsse von Fremdatomen im Quarzgitter. Durch die lokale Veränderung der Gitterstruktur (Fehlordnung) wird im atomaren Umfeld ein anderer Wachstumsprozeß gesteuert als im übrigen Kristall. Die durch den Einbau von Fremdatomen veränderten molekularen Bindungslängen sind dafür verantwortlich, daß diese Kristallbereiche andere Wellenlängen und teilweise sogar andere Energieformen aussenden als die übrigen Kristallteile. Deshalb kann aus der Art der Fenster bezüglich ihrer Kantenzahl und der Häufigkeit ihres Vorkommens, aber auch bezüglich ihres Symbolwertes in der Zahlenmystik auf bestimmte, im spirituellen Bereich wirksame Energien geschlossen werden. Die radiästhetische Untersuchung zeigt, daß unterschiedliche Fenster in der Tat unterschiedliche Energien ausstrahlen.

Fensterkristalle gehören zu den *medialen Kristallen*. Sie weisen ein ganz spezifisches Wirkungsspektrum bezüglich ihrer Energien auf, das insbesondere zum Hervorrufen medialer Effekte geeignet ist. Diesen Untertypus der Fensterkristalle erkennt man an der Anordnung unterschiedlicher Fenster. Seltene Kristalle weisen zum Beispiel eine siebeneckige Kristallfläche (ein siebeneckiges Fenster) auf, die einer dreieckigen Kristallfläche gegenüberliegt. In der Zahlenmystik verkörpert die Sieben mystische Intuitionen auf dem

Beispiele für Fensterkristalle (mediale Kristalle). Links: viereckiges Rautenfenster. Mitte: Zwei Fenster in einem Kristall; Dreieckfenster und Fünfeckfenster. Rechts: Fenster nach der Zahl Sieben. Die Fensterflächen erscheinen stets am Übergang zwischen dem Schaft des Kristalls und seiner Spitze. Fensterkristalle höherer Ordnung (hohe Zahl der Fensterecken) sind selten. Die Fenster strahlen besondere Wellenlängen ab und verleihen der Kristallstrahlung besondere Eigenschaften.

Wege der Erkenntnis höherer Wahrheiten. Die Drei symbolisiert die Fähigkeit, die übermittelten Gaben zum Ausdruck zu bringen, also die erkannten Weisheiten zu manifestieren. Diese Kristalle lehren uns, aus der Weisheit des eigenen Inneren zu schöpfen. Fensterkristalle ermöglichen tiefe Einblicke in das eigene Selbst und spiegeln das wider, was wir in uns haben. Damit werden sie zum idealen Meditationsbegleiter.

Eine weitere spezielle Gruppe der Fensterkristalle sind die sogenannten *Transmitterkristalle.* Bei ihnen zeigen die Fenster das Zahlenverhältnis 3:7 auf, allerdings in einer besonderen geometrischen Anordnung: In der Mitte befindet sich ein dreieckiges Fenster, zu beiden Seiten davon jeweils ein siebeneckiges Fenster. Das mittlere Dreieck (Manifestation, Ausdruck) bildet die Verbindungsfläche oder Brücke zwischen den Siebenecken, die für das göttliche Selbst beziehungsweise das höhere Selbst stehen. Diese Kristalle dienen der Verbindung des Bewußtseins mit der universellen Weisheit im Sinne einer Kommunikation. Wie alle Fensterkristalle lassen sich auch diese gut mit den eigenen Gedanken und Wünschen programmieren. Sie senden die Wünsche ins Universum, zu geistigen Lehrern vielleicht, zu anderen Lebensformen und empfangen Rückantworten. Kristallspitzen, die ausschließlich aus Fenstern bestehen, zum Beispiel in den Zahlenverhältnissen 3:7:3:7:3:7 angeordnet, also vollkommen symmetrisch, sind außerordentlich selten.

Alle klaren oder eingefärbten Quarzkristalle, die eine natürliche Spitze aufweisen, mag sie facettiert sein oder auch nicht, weisen die Eigenschaft der

Verstärkung auf. Katrina Raphaell spricht aus diesem Grund von *Generatorkristallen*. Sie verstärken alles, was in sie hineingegeben wird. Dabei kann es sich um spirituelle Energien handeln, geistige Kräfte, Strahlung von anderen Kristallen, aber auch Strahlung natürlichen (zum Beispiel Erdstrahlung) und unnatürlichen (zum Beispiel technisch verursachte Strahlung) Ursprungs. Die Kristalle nehmen die Strahlung auf und geben sie in verstärkter Form wieder ab, entweder in den Raum, in den Kosmos, an Personen, die sich auf die Schwingung der Kristalle eingestellt haben. Aus diesem Grund eignen sich diese Kristalle auch besonders gut für die Meditation oder dienen zur Verstärkung von Heilkraft. Trotz gemeinsamer Kennzeichen und Wirkungsprinzipien besitzt jeder Kristall eine ausgeprägte Persönlichkeit und weist individuelle Energien auf. Generatorkristalle sind natürlich auch Generatoren der kosmischen Schöpfungsenergien, mit denen sie stets in Verbindung stehen. Mit Generatorkristallen können Heilkräfte gezielt gelenkt werden.

Ein spezieller Typus der klaren Quarz-Generatorkristalle sind die *Speicherkristalle*, die ein besonders hohes Potential kosmischer Weisheiten beinhalten. Sie können uns ältestes Wissen vermitteln und uns die Geheimnisse des Universums enthüllen. Frau Raphaell meint, sie seien bewußt und absichtlich von jenen höheren Seelenwesen programmiert worden, die hier auf Erden durch Inkarnation die sogenannten Wurzelrassen schufen. Ihr Wissen und ihre Erfahrungen sollen über die Kristalle zur Entwicklung der Menschheit weitergegeben werden. Viele Atlanter sollen solche Kristalle programmiert haben, um sich in zukünftigen Leben das alte Wissen wieder bewußt machen zu können. Wenn die Zeit für bestimmte Informationen reif sei, so sollen solche Kristalle aus der Urmaterie unter Einwirkung geistiger Wesenheiten (Lehrer der Menschheit) neu gebildet und dann aufgefunden werden. Die Informationen der Speicherkristalle öffnen sich den Menschen, die als Mithelfer für die Heilung der Erde wirken. Ihre Energie ist keine Heilenergie oder physisch verwertbares Wissen; es handelt sich ausschließlich um die Übermittlung kosmischer Weisheiten.

In diesem Zusammenhang fand ich eine interessante Aussage von Paracelsus. Er gibt an, dass sich bestimmte Kristalle aus der Luft materialisieren können, wenn die Zeit für sie reif ist. Als ich selbst mit Kristallen und an Kristallbildern arbeitete, erhielt ich ganz überraschend von einem Freund mehrere Aufnahmen zugeschickt, in dem der Prozeß der Bildung eines Kristalls aus Lichtmaterie (»aus dem Nichts«) photographisch festgehalten wurde. Um Aufnahmen für einen Werbeprospekt zu machen, befanden sich auf einem Tischchen mehrere Skalarwellen-Schutzmodule sowie spezielle Energie-Pyramiden. Der Kristall erschien plötzlich schattenwerfend auf mehreren Fotos der Schutzmodule (mit bloßem Auge war er nicht zu sehen) und löste sich wieder auf. Der Form nach schien der Kristall eine quadratische Bipyramide darzustellen mit etwa einem Zentimeter Kantenlänge. Seine Lichtbrechungseigenschaft war ungewöhnlich intensiv. Eigenartigerweise erschienen auf den Bildern mit dem Kristall auch die Schutzmodule verändert. Hellsichtige Personen sahen in der hier photographierten Lichtmaterie eine ungewöhnlich hohe Konzentration geistiger Wesenheiten und Intelligenzen, deren Kräfte und Fähigkeiten das Wirkungsspektrum des eigentlichen Schutzmodules auf physischer und psychischer Ebene weit übersteigt.

Eine weitere übergeordnete Gruppierung von Kristallen sind die sogenannten *Meisterkristalle* oder *Lehrerkristalle*. Das sind Quarze, die Verkörperungen bestimmter Prinzipien darstellen. Als »Boten des Himmels« vermitteln sie den Menschen die göttlichen Ordnungsgesetze. Ihre Frequenzen aktivieren die höheren Fähigkeiten des Gehirns und lenken unsere Aufmerksamkeit auf die seelische Ebene. Zu den Meisterkristallen gehören die medialen Kristalle, Generatorkristalle, Transmitter- und Fensterkristalle, Laser- und Riesenquarzkristalle mit ihrer tiefen Symbolkraft und numerologischer Bedeutsamkeit. Insbesondere die Riesenquarze erfüllen uns mit dem Wissen früherer Zivilisationen. Ferner gehören dazu die Dow-Kristalle (Christusbewußtsein), die Tantrischen Zwillinge (Harmonie im höheren Selbst), die Isis-Kristalle (Selbstheilung), Lichtothek-Kathedralen (Datenbanken, Übertragung göttlicher Weisheiten), Deva Tempel-Kristalle (Leitung durch nicht inkarnierte Devas erfahren) und die Zeitbrücken-Kristalle (Lösung von Zeitstrukturen und Aufbau anderer Identitäten). Ich möchte nicht alle Kristallarten näher erläutern und verweise den Leser auf die entsprechende Literatur. Nur einige Kristalle sollen noch Erwähnung finden, die gewisse Prinzipien verkörpern.

Einen seltener auftretenden Kristalltypus stellen die sogenannten *Skelettquarze* oder *Elestialkristalle*, die keine einheitliche Form aufweisen. Sie scheint aus kleineren Kristallen unterschiedlichster Facettierung zusammengesetzt zu sein, eine Art kristallines Konglomerat. Ihre Farbe ist meist dunkel mit kleineren klaren Facetten. Sie helfen dabei, emotionale Störungen im menschlichen Bereich zu überwinden und Trost zu spenden in schweren Lebenslagen. Einerseits verkörpern solche Kristalle die physische Wesenheit, andererseits vermögen sie Kontakte aufzubauen zu den Ebenen der Engel. Das Wesen dieser Kristalle liegt darin, uns tief in unser Inneres zu führen und uns mit dem Urgrund unserer Existenz zu verbinden. Sie stehen in Einklang mit der Frequenz des Scheitel-Chakras. Sie erhellen die Dunkelheit des Geistes, enthüllen die Wahrheit und bewirken darüber tiefgreifende Reinigungsprozesse. Typisch für diese Kristalle sind nach meinen Untersuchungen die von ihnen ausgestrahlten Kräfte der Engel, deren Hilfe sie vermitteln können. Darüber hinaus enthalten sie die Energien der vier Elemente: Feuer, Luft,

Wasser und Erde. Die Kräfte der Elemente sind wichtig, wenn es darum geht, geistige Energien auf der physischen Ebene wirksam werden zu lassen, wie es für Heilungen erforderlich sein kann.

Besonders schmale, lange, lanzettförmige Kristalle werden von Katrina Raphaell *Laserkristalle* oder *Laserstäbe* genannt. Diese Bezeichnung gilt nicht nur für Quarze, sondern auch für andere Kristalle, die diese Form aufweisen. Das sind besonders stark wirkende Kristalle, die nach Raphaell ihren Anwendungsbereich in der lemurischen Epoche der Menschheit hatten. Laserkristalle tragen das Wissen der Urzivilisationen mit sich sowie die Energien der Sternenwelten. Sie bilden eine besonders starke Brücke zwischen dem Kosmos und der Erde. Die zahlreichen unterbrochenen Kanten, die unterschiedlichsten Facettierungen und die starke Strukturierung ihrer Oberfläche (Ätzfiguren) verleihen diesem speziellen Kristalltypus ein besonders stark aufgeweitetes Wellenlängenspektrum mit entsprechend umfassender und tiefgreifender Wirksamkeit (Aura-Chirurgie). Mit Laserkristallen aufgebaute Schutzwälle machen den Menschen oder Objekte »unsichtbar«, das heißt ihr Energiefeld wird nicht wahrgenommen. Katrina Raphaell weist darauf hin, daß Laserstäbe bei der Anwendung zwischen Daumen und Mittelfinger zu fassen sind, wie ich es generell für die Arbeit mit Kristallen, die definierte Flächen aufweisen, angegeben habe.

In Kristallausstellungen und in manchen Geschäften steht der Betrachter verwundert vor Quarzkristallen mit Größen von einem bis zwei Metern. Dabei handelt es sich um Riesenquarze oder sogenannte *Erdenhüterkristalle*. Durch ihr Wachstum über sehr lange Zeitepochen, haben sie ein tiefgreifendes Wissen über die irdische und menschliche Entwicklung gespeichert. Eine Legende über ihre Entstehung besagt, daß sie vorbereitend wirkten bei der Besiedelung der Erde. Hochentwickelte Wesenheiten aus unserem galaktischen Zentrum schufen aus dem irdischen Material (Siliziumdioxid) die Riesenquarze, damit deren Wirkungen auf das Energiefeld der Erde als Wegbereiter für ihre Inkarnation dienen. Die Erdenhüterkristalle sollen ihnen dazu gedient haben, mit den Frequenzen ihres Ursprungsplaneten in Verbindung zu bleiben und daraus ihre Kraft zu beziehen. Heute sollen diese Kristalle über die Entwicklung der Erde wachen und den Menschen die Erinnerung an den Entwicklungsplan der Erde wiedergeben.

Eine ungewöhnliche Kristallform für Quarze haben die *Tafelkristalle* oder *Tabulatorkristalle*. Ein Tafelkristall ist ein der äußeren Form nach flacher Quarzkristall mit ausgeprägten Größenunterschieden der jeweils drei gegenüberliegenden Kristallflächen. Eine Vielzahl solcher Kristalle unterschiedlicher Größenverhältnisse erscheinen zu einem größeren Kristallbrocken zusammengebacken, so daß nur isoliert erscheinende Flächen sauber hervorstehen. Diese Brocken weisen eine höhere Schwingungsfrequenz auf, als die normalen Quarze. Ihre Fähigkeit besteht in Übertragungsprozessen, in denen sie unterschiedliche geistige Kraftpole auf einer gemeinsamen Basis verbinden (zum Beispiel Ehepartner oder unterschiedliche Ansichten). Im Zusammenhang mit Kristallheilungen werden diese Quarze zwischen zwei Chakren gelegt, um diese zu verbinden. Um die Energieströme zwischen den Polaritäten im menschlichen Organismus (rechts/links) anzugleichen, nimmt man je einen Tabulatorkristall in die Handflächen. Auf diese Weise wird eine Verbindung zum höheren Selbst des Menschen hergestellt. Tafelkristalle heilen schonend, sie brechen nichts auf, sondern bilden eine Brücke zur Angleichung.

Projektorkristalle sind Kristalle der Quarzgruppe, die sich besonders gut mit Gedanken und Bildern programmieren lassen, die dann wieder abrufbar sind. Das können Heilenergien sein, gewünschte Ziele, definierbare oder nicht definierbare Informationen. Man könnte diese Kristalle auch als Wunschkristalle bezeichnen. Sie speichern die Wünsche und strahlen sie permanent ab, so lange, bis sie wieder gereinigt werden. Dieser Kristalltypus scheint die Eigenschaften eines tibetischen Wunschpendels zu besitzen.

Ein grundsätzliches Merkmal vieler Kristalle ist, daß sie in ihrem Innern Strukturen aufweisen wie Bruchlinien, Einschlüsse, Schlieren usw. Nur selten finden sich in Kristallen reguläre Strukturen, die einem Kleinformat des Kristalls ähneln, Rhomben oder Dreiecke bilden usw., eine Mikrostruktur sozusagen in der Makrostruktur. Das sind die sogenannten *Phantomkristalle*. Die inneren Strukturen der Kristalle kennzeichnen bestimmte Lebens- oder Wachstumsperioden in der Entwicklungsphase des Kristalls ähnlich wie es bei Wachstumsringen an Bäumen der Fall ist. Phantomkristalle helfen den Menschen bei Zeitreisen in ihr Innerstes und bilden den Schlüssel für unser vielschichtiges Leben über viele Inkarnationen hinweg. Es ist schwer, mit diesen Kristallen in Kontakt zu kommen, um ihre Weisheit zu verwerten.

Anwendungsbeispiele für den Einsatz von Kristallen

In der nachstehenden Auflistung möchte ich einige Anwendungsmöglichkeiten für den therapeutischen oder spirituellen Einsatz von Kristallen angeben, wie er auf Wechselwirkungsphänomenen zwischen den feinstofflichen Energien der Kristalle und denen des Menschen beruht. Zu diesen Themen gibt es ausreichend Fachliteratur, so daß ich mich hier auf pauschale Aussagen beschränken möchte. Zumindest wird daraus klar werden, wie tiefgreifend die Wirkungen der Kristallstrahlung auf den Menschen sein können.

Kristalle und deren Strahlung dienen:

- zur energetischen Aufladung des Organismus bei Schwächezuständen
- zur energetische Reinigung und Aufladung von Räumen

- zum Aufbau einer energetischen Schutzhülle
- zur Aktivierung der Willenskräfte
- zur Vertiefung der Meditation und Steuerung der Meditationsinhalte
- zur Erweckung des dritten Auges (gezielte Bewußtseinserweiterung)
- zur Vermittlung spiritueller Fühligkeit, Verbindung mit der Quelle allen Seins
- zur Verbindung des Lichtkörpers mit dem physischen Körper über den Verstand
- zur Klärung des Geistes, Realisierung neuer Verhaltensmuster
- zur Verankerung des Geistes im physischen Körper
- zur Anbindung an die Erd-Energien zur Ableitung unerwünschter Energiestauungen und bei hyperaktivem Geist
- zur Hilfe bei der Gedankenübertragung (Kristalle mit zwei Enden sind besonders zur Schärfung telepathischer Fähigkeiten geeignet)
- zur Bewußtwerdung psychischer Grundkonstellationen wie zum Beispiel unerwünschter Emotionen
- zur Selbsterkenntnis in bezug auf die Lebensumstände und ihre spirituelle Bedeutung (Eingliederung der spirituellen Grundlagen in die jetzige Situation)
- zur Öffnung und Klärung feinstofflicher Energiebahnen, Erleichterung bei der Aufnahme kosmischer Energien
- zum Auslöschen emotionaler Barrieren und dadurch Vereinigung mit dem eigenen Selbst
- zur Verbindung mit der eigenen spirituellen Identität und ihre Aufrechterhaltung
- zur Erweckung und Reinigung der Chakren sowie Förderung des Energieflusses zwischen den Chakren
- zur Aktivierung des Lichtkörpers als Vorbereitung zur Aufnahme kosmischer Energien
- zur Vermittlung zwischen geistiger und materieller Energie (Transformation)
- zum Herstellen einer Verbindung zwischen der Seele und dem Wachbewußtsein
- zum Aufbau einer harmonischen Wechselbeziehung mit den Schöpfungsenergien
- zum Auslösen von Zeitreisen in die Vergangenheit und Zukunft (Rückführung und Vorschau) mit der Intention einer Reinkarnations-Therapie
- zur Auslöschung negativer Energien im Sinne von äußeren Wesenheiten (Exorzismus, Besessenheit) sowie Dämonen des eigenen Inneren, die da heißen: Gier, Selbstsucht, Wut, Eifersucht, Angst, Sorge,

Schmerz, Jähzorn usw. Das Beeinflussen dieser Eigenschaften ist besonders schwierig, da der Befall durch von außerhalb unseres Selbst kommenden Dämonen oder das Wirken innerer Dämonen stets mit Schwächen im eigenen Charakter zu tun hat.

Die Bildung von kristalliner Lichtmaterie

An dieser Stelle möchte ich noch einmal auf die Beobachtung zurückkommen, die ich bei den Speicherkristallen bereits erwähnt hatte, nämlich die spontane Bildung von Kristallen aus Urmaterie zu bestimmten Zeitpunkten und zu bestimmten Zwecken. Frau Raphaell äußert sich in ihren Büchern mehrfach in der Richtung, daß Kristalle in bestimmten Entwicklungsperioden der Menschheit neu entstehen. Sie sollen zum Zwecke der Höherentwicklung der Menschheit von kosmischen Leitfiguren der Menschheit (geistigen Lehrern) eigens zu diesem Zweck programmiert und auf die Erde gebracht werden. Gleiches wird auch im Agni-Yoga (eine theosophische Gruppierung) vom heiligen Gral berichtet.

Wir wissen heute natürlich, daß Kristalle aus geschmolzenem oder flüssigem (Gesteins)material durch Kristallisation im Laufe langer Zeiten entstanden sind. Eigentümlich bleibt jedoch, daß selbst in uralten Kristallstollen plötzlich Kristalle auftauchen, die offenbar im Lauf des jahrzehnte- oder jahrhundertelangen Abbaus völlig »übersehen« worden sind. Unsere Altvorderen stellten sich vor, daß Kristalle aus einer »Umstrukturierung« von gefrorenem Wasser entstehen. Wir können an dieser Stelle festhalten, daß hier das Element Wasser erwähnt wird, das Transformationen aus dem geistigen Bereich in die physische Wirklichkeit überhaupt erst ermöglicht.

Ein zur Genese der Kristalle vergleichbarer Bildungsprozeß spielt sich ab, wenn ein Wassertropfen auf einem Objektträger zum Gefrieren gebracht wird und die sich bildenden Kristallstrukturen photographiert werden. Dabei ist die Struktur der Kristallbildung von den Energien abhängig, die die inneren Strukturen der Wassermoleküle in der größeren Wassermenge geformt haben. Ein »heiliges« Wasser (heilige Quellen) besitzt andere innere Bildungskräfte als ein energetisch »totes« Leitungswasser. Welche Art von Energien das Wasser auch aufnimmt, sie drücken sich auf jeden Fall in seiner inneren Struktur aus, welche durch das Kristallbild beim Gefrieren des Wassers materiell in Erscheinung tritt.

Die Geburt der Materie nach Paracelsus

In dieser Weise kann auch der Bildungsprozeß von Lichtmaterie verstanden werden, der im Fall der erwähnten Kristallbildung auf dem Schutzmodul angenommen wird. Nach Paracelsus (Magia naturalis) ist der Bildungsprozeß von Lichtmaterie, in unserem Sinne also die Bildung von Kristallen, folgendermaßen zu verstehen: Zu jeglicher Ausformung von Strukturellem im materiellen Bereich gehört eine Matrix, ein Energieraum, der vorhandene energetische Kräfte formt, strukturiert und unter günstigen Umständen gebären (generieren) und wachsen läßt. Diese Prozesse spielen sich im Bereich der uns bekannten vier (oder fünf) Elemente ab: Feuer, Luft, Wasser und Erde sowie als fünftes Element der sogenannte Äther, die freie Raumenergie, die durch energetische Prozesse formbar ist (mental-energetische Beeinflußbarkeit). Paracelsus (1493-1541) schreibt, daß die Kristalle aus »Luft« entständen. Wir sollten dieses Wort besser als Bezeichnung für das Element Luft ansehen.

Das Element ist also die Matrix aller materiellen Manifestationen. Die Matrix (Mutter) kann aber nichts aus sich allein hervorbringen. Sie bedarf eines »Erzeugers« (übergeordneter geistiger Prozess) sowie eines »Samens« (Energiefeld, das bereits zur Materie gehört). Im Rahmen des Bildungsprozesses vereinigen sich die »obere Sphäre« mit den Elementen Feuer und Luft und die »untere Sphäre« mit den Elementen Wasser und Erde. Der »Vater« des Bildungsprozesses von Kristallen beziehungsweise von Lichtmaterie generell seien die Sonne, zum Element Feuer gehörend, sowie der Raumäther als Informationsträger. Beim Blinzeln in die Sonne beschrieb schon Wilhelm Reich (1879-1957) glitzernde Lichtpünktchen in der Atmosphäre, die er als Kristallisationserscheinungen von freier Energie (bei ihm »Orgon-Energie«) ansah. Ob es sich dabei um Blendungseffekte des Auges handeln könnte, wird von ihm nicht diskutiert. Diese Form der »Lichtmaterie« (beziehungsweise dieser Effekt) kann von jeder Person bei etwas Übung im klaren Sonnenlicht bei energiegeladener Atmosphäre gesehen werden, nicht aber bei getrübtem Himmel.

Die eigentliche Matrix (Gebärmutter) gehört zum Element Wasser. In unserem Fall gibt die Matrix aufgrund ihrer äußeren energetischen Einflüsse (hier das Vorhandensein mehrerer Energiescheiben sowie einer Pyramide) das Kraftfeld vor, in dem sich die Generation der Lichtmaterie vollzieht. Die Umgebung formt also das Kraftfeld, in dem die Materialisation stattfindet. Kommen nun günstige Umstände zusammen – hoher Energiegehalt der Atmosphäre, starkes Kraftfeld der Matrix sowie ein ausreichend langer Zeitprozeß –, so kann die Lichtmaterie immer mehr verdichtet werden, bis hin zum sichtbaren oder sogar stofflich kristallinen Material (Element Erde).

Die Geburt der Materie im Agni-Yoga

Nach den neu-theosophischen Lehren des Agni-Yoga (Lebendige Ethik) kann der hier beschriebene Bildungsprozeß folgendermaßen dargestellt werden: In der feinstofflichen Welt existiert ein Stadium der Urmaterie, die mit physikalischen Apparaten nicht erforscht werden kann, die jedoch energetischen Bereichen zugeordnet wird. Sie wird Materia Lucida genannt, Lichtmaterie. Jenseits der Astralebene existiert darüber hinaus die Urmaterie an sich, Materia Matrix, die formende Kraft, ein Äquivalent zum Akasha. Es handelt sich um die feinste geistige Substanz, die den Raum anfüllt, das Mysterium Magnum der Alchemisten. Die Materia Lucida schafft die feinstofflichen Energien, die sich im geistigen Feld der Schöpfung (Materia Matrix) materialisieren. Kristalle von Materia Lucida gehören zu außerordentlichen Seltenheiten, insbesondere in substantieller Form, denn es bedarf dazu einer besonderen Übereinstimmung von geistigen und magnetischen Strömungen.

Materia Lucida umhüllt die höchsten Geistwesen, ist Menschen mit offenen Energiezentren sichtbar und kann in verschiedensten Farbschattierungen auftreten. Materia Lucida wird durch ordnende energetische Prozesse angezogen. Sie beschleunigt die Funktion des »dritten Auges« und bietet das Material für den astralen Aufbau auf höchster Ebene. Diese Materie steht den Menschen bereit, die offen sind, sie zu empfangen. Dieses Licht kann bis ins Unendliche verstärkt werden, kann jede Form annehmen und sorgt für Erleuchtung, die keiner Materie bedarf. Die Kräfte der Materia Lucida sind mit physikalischen Kräften verbunden, und jeder Mißbrauch wirkt zerstörend. Materia Lucida ist auch für Heilzwecke unersetzlich. Sie wirkt auf die Nerven und bildet eine Brücke zwischen der psychischen Energie der Menschheit und der kosmischen Energiequelle.[8]

Geistwesen, die mit dem Kristall aus Lichtmaterie verbunden sind

Die Abbildung des Kristalls auf dem erwähnten Schutzmodul wurde einer hellsichtigen Person ausgehändigt, die im Umgang mit göttlichen Geistwesen vertraut ist. Herr Dr. Hans-Georg Fichtelmann konnte den Kristall als ausschließlich kapazitiv rechtsdrehend mit der Ausstrahlung einer dominierenden göttlichen Energie wahrnehmen. Nach seinen Aussagen war das Lichtphänomen (der Kristall) mit einem göttlichen Geistwesen verbunden, das mit dem »Namen« D I L G E P zu beschreiben ist und auf diesen hört. Informationen zu dieser Wesenheit konnten nach Rücksprache (mit dem Geistwesen) über die Kabbala des Franz Bardon (siehe Literaturhinweis) erhalten werden. Die im folgenden Text kursiv dargestellten Begriffe sind direkt im Kristall der Lichtmaterie (nach Dr. Fichtelmann) fühlbar. D I L G E P hat selbst ausgewählt, welche Begriffe optimal zutreffend sind.

[8] Vgl. Leopold Brandstätter: »Psychische Energie«, Bd 1., 2. Aufl. S. 52 ff., Spirale-Verlag Linz/Donau, 1968

D entspricht allem, was mit der *Mentalmatrize* zusammenhängt. Es führt zur Erweiterung des *Ich-Bewußtseins* und zu Weisheit. In grobstofflicher Hinsicht beherrscht das D die *Fruchtbarkeit* und Zeugung.

I hat mit *Gewissen*, mit dem *Gedächtnis* zu tun. Es hat vollkommene Herrschaft über die *Zahl*.

L unterliegt alles, was das geistige Erfassen von Phänomenen betrifft. Es entspricht der *Lebenskraft*, der *vollkommenen Gesundheit* und *Harmonie*.

G unterliegt alles, was dem *göttlichen Segen* analog ist (*Barmherzigkeit, Frieden, Vergebung* usw.). Es entspricht in der grobstofflichen Welt allem, was Vermehrung, *Reichtum* und Wohlstand betrifft.

E unterliegt alles, was mit *Intuition* zu tun hat. Es birgt das Geheimnis der *Materialisierung* und *Dematerialisierung* auf der grobstofflichen Welt ohne Unterschied, ob es sich um *die Materialisierung von Wesen*, Gedankenformen und dergleichen handelt.

P hängt zusammen mit tiefster *Demut* und *Liebe*.

Dr. Fichtelmann schreibt dazu weiter: »*Die Materialisierung des geistigen Wesens erfolgte in Wechselwirkung mit der Lichtquelle* [während des photographischen Prozesses] *und dem Schutzmodul. Offensichtlich wurde durch diese Wechselwirkung der für die Materialisierung notwendige Energieraum, die entsprechende Matrix geschaffen. Diese Materialisierung hat dem Geist Freude bereitet. Eine Funktion hatte das nicht. Er ist nicht immer mit dem Schutzmodul verbunden, nur dann, wenn es aus seiner Sicht erforderlich ist. Im vorliegenden Falle wollte er uns anregen, über das Problem nachzudenken und das damit zusammenhängende Prinzip für unser Handeln nutzbar zu machen.*

Das Modul kann auch andere göttliche Schutzgeister anziehen. Sie wirken jedoch immer nur bei Erfordernis. Daraus kann man schließen, daß das Modul unter bestimmten Bedingungen einen Energieraum schafft, in dem unterschiedliche göttliche Wesenheiten wirken können. Regulierend dafür ist offensichtlich ein Geistwesen einer hohen göttlichen Hierarchie. Es ist selbst nicht mit dem Modul verbunden. Es erkennt aber das Modul als brauchbar und nützlich an und unterstützt die damit verbundene menschliche Absicht des Schutzes vor belastenden induktiven und kapazitiven Kräften beziehungsweise Wesenheiten. Insgesamt sollten wir also weiterhin Erkenntnisse und Erfahrungen darüber sammeln, wie Energieräume (Matrizen) geschaffen werden können, in denen göttliche Wesen wirken können. Wenn Franz Bardon davon spricht, daß wichtige Dinge 462 mal (!) wiederholt werden sollen, um effektiv und künftig automatisch zu wirken, dann hängt das sicherlich mit der Schaffung solcher Energieräume zusammen.

Man könnte also sagen, daß bestimmte Rituale, wenn sie oft genug wiederholt werden, energetische Matrizen hervorbringen (Gebete, Gebetsmühlen, Rosenkranz, regelmäßige Kontakte mit Engeln oder anderen göttlichen Wesenheiten). Und diese Matrizen wirken um so effektiver, je optimaler das Ritual in Inhalt, Form und Häufigkeit durchgeführt wird. An heiligen Kraftorten sind offensichtlich solche Energieräume vorhanden. Es kommt darauf an, sie für bestimmte Zwecke nutzbar zu machen. Darüber sollte man weiter nachdenken und Erfahrungen sammeln...«[9]

Vergleichende Beispiele aus unterschiedlichen Bereichen

Bildung kristalliner Strukturen: Eine Kristallisation geistiger oder feuriger (Fohat[10]) Energien in den materiellen Bereich kann auch in anderen Lebensbereichen beobachtet werden. Schon der österreichische Seher Jakob Lorber beschrieb Kristallstrukturen im menschlichen Gehirn, die Eindrücke dauerhaft speichern, das heißt, diese Kristalle bilden sich erst in dem Maße, wie Eindrücke zu wiederholten Malen oder andauernd das Gehirn erreichen und verbleiben dauerhaft.

Aus der psychosomatischen Medizin ist bekannt, daß anhaltend energetisch betontes Verhalten (zum Beispiel andauernder Jähzorn) zu kristallinen Veränderungen der Nervenleitbahnen führen kann, die als Nervenverdickungen optisch sichtbar und fühlbar werden. Auch bei der Genese von Steinleiden wird vermutet, daß hier gewisse andauernd emotional betonte Verhaltensweisen zur Kristallisation dieser Energien führen, wobei eben die eigentlich ausscheidungspflichtigen Substanzen im Organismus verbleiben und helfen, das entsprechende energetische Matrixfeld aufrechtzuerhalten. Im Agni-Yoga werden derartige Nervengift-Ablagerungen als »Imperil« bezeichnet.

Geisterphotographien: Ein weiteres Beispiel, das aufzeigt, wie geistige Energien in die Materie gehen, kommt aus dem Bereich der Photographie; es handelt sich um die sogenannte Geisterphotographie. Mitunter finden sich – meist im Zusammenhang mit Personenaufnahmen – Geistwesen auf der Abbildung, die vom Photografen nicht gesehen wurden. Das können Menschen sein, verstorbene Angehörige, Tiere oder Lichtwesen. Im Bereich von Naturaufnahmen werden Elfen und andere Naturgeister auf dem Foto gesehen. Hier handelt es sich ebenfalls um eine die Matrix der Fotoemulsion formie-

[9] Dr. H.-G. Fichtelmann, persönliche Mitteilung
[10] Fohat = kosmische Elektrizität, »heiliger Geist«

rende geistige Kraft, die sich in gewisser Weise zu materialisieren vermag, so daß das Ergebnis der Materialisation auf dem Foto sichtbar wird. Auch gibt es medial veranlagte Personen, die kraft ihrer Imagination in der Lage sind, eine Fotoplatte mit ideoplastischen Gebilden zu belichten. Die höchste Ausformung dieser Kräfte zeigt sich im Auftreten materialisierter Geistererscheinungen, die von jedermann gesehen, eventuell sogar berührt werden können und die Eindrücke oder Spuren hinterlassen gleich einer materiellen Person.

Wunderheilung: Ein weiteres Beispiel für die Kristallisation psychischer Energien findet sich in der wundertätigen Wirksamkeit von Heiligenfiguren. Über lange Zeit hinweg anhaltendes und intensives, emotional betontes Gebet schafft eine Matrix im Raum der Figur, so daß diese immer mehr Lichtmaterie ansetzt, die sich immer mehr verdichtet und auf der Figur lange Zeit haften bleibt. Das ist deutlich zu erkennen bei neu geschaffenen Kultstätten, die mit der Zeit immer wirksamer werden, so die Gläubigen sie annehmen. Der sensitive Mensch spürt nun diese Aufladung und kommt mit ihr in Resonanz. Die geordnete Matrix im Raum der Heiligenfigur beginnt nun, in seinem eigenen Organismus zu wirken. Kann der Betreffende diese neue Ordnung gut verinnerlichen, kann es bei ihm zu einer sogenannten Wunderheilung kommen als Zeichen einer stofflich gewordenen Manifestation der göttlichen Ordnung im menschlichen Organismus. An den Heiligenbildern selbst tun sich mitunter Erscheinungen kund, die dem parapsychologischen Bereich zugeordnet und durch die materiell gewordene psychische Energie bewirkt werden: Lichterscheinungen werden gesehen, Aureolen, die Figur schwitzt, Tränen fließen oder sogar Blut, auch Änderungen der Mimik sowie der Augen werden beobachtet, aufgeklebtes menschliches Haar wächst weiter.

Teil 2:
Spirituell-energetische Effekte

Ferromagnetismus und Biomagnetismus

Im Altertum und Mittelalter galt der Magnet als deutlichster Beweis für eine wunderbare Natursympathie, da er das Eisen anzieht und es selbst magnetisch macht. Nach Paracelsus symbolisiert der Magnet die geheimen Anziehungskräfte in der Natur, die füreinander bestimmte Naturkörper miteinander verbinden. Paracelsus sieht in der Magnetwirkung einen Ausdruck der Kraft, die aus der göttlichen Quelle strömt und der gegenüber man sich ehrfürchtig und demütig zu verhalten habe »im rechten Glauben«. Überhaupt nimmt der Begriff des Glaubens bei Paracelsus eine zentrale Stellung in der Heilkunde ein, ein Aspekt, den wir im Umgang mit den feinstofflichen Kräften der Naturstoffe sowie den energetischen Kräften des Menschen wiederfinden. Ohne Glauben (an das Gelingen) lassen sich die Naturkräfte weder lenken noch transformieren, ein Aspekt, der insbesondere bei Heilbehandlungen zum Tragen kommt.

Bei Franz Anton Mesmer finden wir ein Konzept, das weniger auf dem Glauben beruht als auf einer physikalisch-mechanistischen Auffassung eines animalischen Lebensmagnetismus. Danach sei der Kosmos erfüllt von einer Energie, einem Fluidum, das auf die Himmelskörper, die Erde und die Lebewesen einwirke und ihnen das »Lebensfeuer« mitteile. Aufgabe einer gelenkten Energieübertragung durch persönlichen Magnetismus sei es, dieses kosmische Feuer im Organismus zu erregen oder einer hilfebedürftigen Person mitzuteilen.[11]

Diese wenigen Worte geben alle wesentlichen Aussagen wieder, die für das theoretische Verständnis der Wirksamkeit von Mineralmagneten sowie für den Magnetismus der Lebewesen von Bedeutung sind. Die mechanistische Theorie Mesmers zeigt vordergründig ihre Berechtigung, wenn es um Behandlungsvorgänge im Zusammenhang mit Mineralmagneten geht (Bestreichen mit Magnetstäben, Auflegen eines Magnetpflasters). Der Magnet überträgt Energieformen, die über ihre Wellenlänge mit radiästhetischen Methoden faßbar und nachweisbar sind. Mit einem gezielt eingestellten Magne-

[11] Schott, Heinz: »Formen der Geistheilung in Geschichte und Gegenwart« in Andreas Resch: »Paranormologie und Religion«, S. 330 ff.

tismus kann auf beliebige Objekte jede beliebige Wellenlänge übertragen werden.

Die von Paracelsus schon vor Mesmer beschriebene Seite des Magnetismus geht über den mechanistischen Aspekt hinaus. Paracelsus sieht im Magneten *zusätzlich* einen Transformator kosmischer Kräfte. Als naturverbundener Arzt dürfte er beobachtet haben, daß auch der durch einen Mineralmagneten übertragene magnetische Heilstrom durch Glauben und Imagination in seiner Heilwirkung verstärkt und modifiziert werden kann. Letztendlich mußte auch Mesmer wieder auf diese Vorstellung zurückkommen, indem er beobachtete, daß sein persönlicher Lebensmagnetismus die gleiche Heilwirkung hervorzubringen vermochte wie sein ursprüngliches Arbeiten mit Mineralmagneten.

Die aus physikalischer Sichtweise wesentlichen Eigenschaften des Magneten sind bekannt: Er zieht Eisen an, er beeinflußt die Kompaßnadel und er orientiert sich am Erdmagnetfeld, so wie man ihm bei freier Aufhängung diese Orientierung gestattet. Darüber hinaus induziert der Magnet in anderen Eisenteilen einen (Ferro-)Magnetismus, so daß ein mittels eines Magneten bestrichener Eisenstab selbst zu einem Magneten wird. Ich spreche also hier vom Ferromagnetismus, dem Magnetismus der Metalle Eisen, Kobalt oder Nickel. Es gibt noch andere, seltene Elemente (zum Beispiel Neodym, Samarium), die im Sinne des Ferromagnetismus wirksam, für unsere Betrachtungen aber ohne Belang sind. Diese speziellen Elemente dienen bei der Herstellung von Magneten dazu, als Legierungsbestandteile den Magnetismus in einem Magneten dauerhaft zu erhalten.

Eine andere Seite des Magneten ist dessen Wirkung auf den biologischen Organismus. Auch hier handelt es sich um altbekannte Tatsachen, nämlich die Wirkungen des Magnetismus auf Erkrankungen, die insbesondere mit dem Nervensystem des Menschen zu tun haben. Der Magnetopath Gustav Geßmann (siehe Literaturverzeichnis) schreibt, daß die Wirkung des Magneten nur bei solchen Krankheiten von Nutzen sei, in welchen die Nerven besonders betroffen seien, also keine organischen Krankheiten. Hier geht es aber nicht um einen Mangel an Nervenkraft, sondern um Wirkungen, die sich aus einem erhöhten Nervenpotential ergeben können wie Krämpfe, Konvulsionen (Epileptiker), Hysterie, Erregungszustände, heftige Schmerzen usw., wobei der Magnet sozusagen als krampfstillendes Mittel wirke. Damit steht die sedierende physiologische Wirkung des Magnetismus in einem Gegensatz zu elektrischen Reizmethoden, die stets eine Erhöhung der Nervenaktivität bewirken.

Was die physiologische Wirkung des Ferromagnetismus anbelangt, existieren zahlreiche Untersuchungen auch aus neuerer Zeit, die mit dem natürlichen Magnetismus von Magneten arbeiten sowie mit Elektromagnetismus, also elektrisch erzeugten Magnetfeldern an einem Eisenkern. So wurde in verschiedenen Hochschulen festgestellt, daß durch Magnete oder Elektromagnetismus hervorgerufene Felder das Pflanzenwachstum gefördert wird und die Pflanzen ohne Pflanzenschutzmittel eine strotzende Gesundheit erhielten sowie eine generell beschleunigte Entwicklung und Fruchtreife. Bei Großversuchen auf Feldern erzielten die mit Magnetfeldern behandelten Pflanzen eine höhere Fruchtausbeute mit höherem Zuckergehalt der Früchte und bei Tomaten einen geringeren Säuregehalt. Unter Magneteinwirkung nachgereifte Früchte erlangten rascher die volle Reife und besseren Geschmack. Auch die Behandlung der Samen erwies sich als vorteilhaft, indem die Behälter einige Tage dem Südpol eines Stabmagneten ausgesetzt wurden (biologische Samenbeize).

Beim Arbeiten mit Stabmagneten wurde in diesem Zusammenhang festgestellt, daß die wachstumsfördernde Wirkung vom Südpol der Magneten ausging (das ist der Yang-Pol mit rechtsdrehender Ausstrahlung). Keimlinge, die mit der Triebspitze in Richtung Südpol gepflanzt wurden, sprossen lange vor den anderen Keimlingen. Mikrobiologische Untersuchungen beweisen ein verstärktes Wachstum von Organismen im Magnetfeld. In der Medizin werden Magnetfelder zur Aktivierung des Knochenwachstums eingesetzt. Werden befruchtete Hühnereier während der Zeit des Ausbrütens dem Südpol eines Magneten ausgesetzt, schlüpfen die Küken zwei bis drei Tage früher als die in einer Kontrollgruppe ohne Magneteinwirkung. Die früher geschlüpften Küken benötigen eine kürzere Entwicklungszeit. Legt man einen großen Hufeisenmagneten in die Nähe einer brütenden Henne, so schlüpfen die Küken nicht mehr zur Henne, sondern versammeln sich innerhalb des Hufeisenmagneten. Sie bleiben dort so lange, bis man den Magneten entfernt. Dieser Effekt sei leicht zu überprüfen, indem man zur Kontrolle ein nichtmagnetisiertes Eisen verwendet, welches von den Küken überhaupt nicht beachtet wird. Neben den aktivierenden Effekten durch Magnetfelder werden auch störende Wirkungen beobachtet. So wird die Entwicklung eines Hühnerembryos während der Brutzeit durch Magneteinwirkung stark gestört, ebenso die Keimung von Gartenkresse. Die alkoholische Gärung wird durch den Einfluß eines Magneten verlangsamt beziehungsweise gehemmt.

Wachstum also auf der einen Seite und Hemmung auf der anderen – das sind typische Effekte, die mit den unterschiedlichen Polstrahlungen zu tun haben im Sinne von Yin und Yang und nicht mit dem Feldeffekt des Ferromagnetismus, obgleich eines das andere bedingt. Es gibt also bereits von wissenschaftlicher Seite her Ansatzpunkte, die Wirkungen der Magnetpole in einem anderen Licht zu betrachten als den Magnetismus generell. Das ist eine wichtige Beobachtung.

Bezüglich der Wirkung von Magneten auf den Menschen existieren zahlreiche Arbeiten, die insbesondere auf die schmerzlindernde Wirkung hinweisen. Allerdings finden sich in der Literatur unterschiedliche Angaben darüber, welches der Nordpol des Magneten sei und welches der Südpol. Die physikalischen Beschreibungen differieren mit denen, die von Magnettherapeuten gemacht werden. Viele Autoren weisen jedoch gemeinsam darauf hin, daß bei der Anwendung am Menschen die positiven und nebenwirkungsfreien Effekte auf der Anwendung von Metallmagneten oder Ferritmagneten beruhen und daß der Gebrauch elektromagnetischer Felder gemieden werden sollte.

Eine weitere Beobachtung, die uns dem Geheimnis der Magnetwirkung etwas näher bringt, stammt wieder aus der Quelle älterer Forscher: Wird ein Magnet an gefühllose Hautpartien angelegt, so verschwindet nach wenigen Minuten die Unempfindlichkeit oder Bewegungslosigkeit, um auf die entsprechende Stelle an der anderen Körperseite überzugehen. Wird der Magnet entfernt, bildet sich der alte Zustand zurück. Diese interessante Beobachtung wurde auch vom Auflegen anderer Metalle beichtet. Daraus kann geschlossen werden, daß die biomagnetische Wirksamkeit aller Metalle (also auch der ferromagnetischen) auf den gleichen Mechanismen und Grundlagen beruht, während der physikalisch-magnetische Effekt des Magneten auf einer anderen Ebene wirkt als der biomagnetische Effekt. Der hier beschriebene biomagnetische Transfer einer Kraftwirkung wurde zunächst nur als Wirkung der Metalle generell angesehen, bis sich herausstellte, daß den Körperpartien zur Erzielung einer Wirkung die *Pole* der Metalle (also nicht nur die Pole eines Magneten) zugewandt werden mußte. Es ist also nicht das Metall selbst, welches in diesen Fällen wirksam wird, sondern die Strahlungskraft der Pole eines beliebigen Metallstabes.

Dieser Zwiespalt zwischen der eigentlichen Magnetwirkung und der Wirkung einer metallischen Polstrahlung drückt sich auch in physikalischen Experimenten aus: Die alten Forscher sprachen von einer doppelten magnetischen Kraftstrahlung, einer physikalischen (mineralischen) und einer physiologischen (vitalistischen). Daß hier tatsächlich unterschiedliche Kräfte wirken, beweisen die sehr detaillierten Untersuchungen Reichenbachs, der feststellte, daß die auf die Magnetnadel wirkenden Kräfte eines Stabmagneten nur in linearer Richtung des Magnetstabes festzustellen seien, während eine andere Art von Strahlung, die vitalistische, auch seitlich vom Magnetpole (eigentlich von der Mitte zwischen den Polen) abstrahle und sogar durch einen Spiegel umlenkbar sei, was beim physikalischen Magnetismus nicht der Fall ist. Dieser gebrochene (umgelenkte) Strahl folge den physikalischen Gesetzen (Einfallswinkel = Ausfallswinkel) und weise die gleiche physiologische Wirkung auf, wie sie bei normaler Anwendung eines Magneten beobachtet werde. Ein weiteres Beispiel zeigt die Strahlenbrechung mittels einer Glaslinse: Während die physikalisch-magnetische Kraftwirkung durch eine Glaslinse unbeeinflußbar ist, zeigt die Sammellinse in bezug auf die biomagnetische Strahlung des Magneten eine Bündelung der Strahlung gemäß den Brechungsgesetzen der Linse.

Die von wissenschaftlicher Seite getätigte Beobachtung, daß Magneten unterschiedliche Strahlungsarten aussenden, spiegelt sich in radiästhetischen Untersuchungen wider, die zeigen, daß Magnete neben ihrer Magnetwirkung eine Strahlung aussenden, deren Wellenlänge einerseits von der Stärke des Magnetismus abhängt (hoher Magnetismus = kurze Wellenlängen) und andererseits den physikalischen Brechungsgesetzen gehorcht. Darüber hinaus ist die biomagnetische Kraftwirkung des Magneten fortleitungsfähig und auf beliebige andere Objekte übertragbar, der Ferromagnetismus jedoch nicht. Für die Praxis ist von Bedeutung, daß die Polstärke der meisten Metalle durch Bestreichen mit einem Magneten erhöht werden kann. Bei ferromagnetischen Metallen wird damit auch der Ferromagnetismus erhöht, bei anderen Metallen lediglich der Biomagnetismus der Pole.

Die Lichterscheinungen, die Reichenbachs Sensitive an starken Magneten beobachteten, haben offenbar nicht den Ferromagnetismus zur Ursache, sondern die Polstrahlung generell. Die Lichterscheinungen zeigten sich nicht nur an den Polen eines Magneten, sondern an allen Metallspitzen und auch bei biologischem Material, an Kristallen und bei chemischer Materie. Diese Beobachtung beweist, daß die physiologische Wirkung der Polstrahlung nicht durch den ferromagnetischen Effekt verursacht wird, sondern durch die Eigenstrahlung des jeweiligen Materials, die sich an den Polen konzentriert und die verstärkt (zum Beispiel durch Elektromagnetismus) oder abgeschwächt werden kann.

Es ist nicht unser Thema, auf die Heilwirkungen der Magnete einzugehen. Die Beobachtungen der biologischen Wirkungen der Magnetfelder stellen jedoch einen interessanten Übergang dar, wenn es darum geht, auf die »magnetischen« Wirkungen hinzuweisen, die vom Menschen selbst ausgehen. Da es Personen gibt, die in der Lage sind, mittels ihrer Hände eine Kompaßnadel zu beeinflussen und auf den Menschen eine heilsame Wirkung auszuüben, so muß doch davon ausgegangen werden, daß zwischen den Kräften der Magnete und den menschlichen Heilkräften verwandtschaftliche Beziehungen bestehen. Auch die vergleichbaren Wirkungen beim Auflegen von nichtmagnetischen Metallen, von magnetischen Metallen oder beim Auflegen der Hände verweisen auf gemeinsame Wirkungsprinzipien. Metalle und nichtmetallische Materialien können durch Bestreichen mit den Händen »magnetisiert« werden, so daß sie eine ausgeprägte Polung erhalten, mit Magneten vergleichbare biologische Wirkungen, aber doch keine Einwirkung auf die Kompaßnadel erzielen.

Da bei der Anwendung von Ferromagnetismus und Biomagnetismus vergleichbare Effekte zu beobachten sind, muß angenommen werden, daß nichtmetallischer Magnetismus, Ferromagnetismus und biologischer (animalischer) Magnetismus auf einem gemeinsamen Wirkungsprinzip beruhen und daß die Unterschiede in ihren grobstofflichen Effekten (Kompaßnadel) auf Besonderheiten beruhen, die mit dem strukturellen Aufbau der Materialien zu tun haben, von denen der betreffende Magnetismus ausgeht.

Um einen Erklärungsversuch für alle Arten von Magnetismus anbringen zu können, möchte ich die Objekte, von denen der jeweilige Magnetismus ausgeht, in zwei Kategorien aufteilen: in Metalle (einschließlich der ferromagnetischen Metalle) und Nichtmetalle einerseits sowie in organische Materie (Pflanzen, Tiere und Menschen) andererseits. Beide Gruppen weisen einen für sie spezifischen Magnetismus auf. Wo liegen die Unterschiede und wo die Gemeinsamkeiten? Können die Effekte auf eine einheitliche Ursache zurückgeführt werden?

Es wurde darauf hingewiesen, daß in Metallen und Nichtmetallen kosmische Kräfte ursächlich wirksam sind, die sich in regulären Strahlenachsen äußern, die diese Metalle beziehungsweise Stoffe aussenden und die offenbar ihre biologische Wirksamkeit ausmachen. Der Ferromagnetismus bildet hier eine Sonderform des natürlichen Magnetismus der Stoffe. Das Auftreten von Strahlenachsen weist darauf hin, daß hier die kosmische Strahlung durch die metallische Gitterstruktur ausgerichtet, gebündelt beziehungsweise formiert wird, was zur Ausbildung einer Polung in diesen Metallen führt, von denen die besonderen Wirkungen ausgehen. Schon Karl von Reichenbach (*»Der sensitive Mensch«*) und Hector Durville (*»Die Physik des Animal-Magnetismus«*) wiesen in ihren Schriften darauf hin, daß die unterschiedlichen Wirkungen der Odkräfte auf Polaritäten beruhen, auf positivem und negativem Od, welche sich nicht gegenseitig aufheben, wie dies bei Elektrizität der Fall sei, sondern ohne gegenseitige Störung nebeneinander in ein- und demselben Körper bestehen können.

Metalle wirken normalerweise biologisch stärker als Nichtmetalle. Der Grund ist in der fixierten Ordnung der Atome im metallischen Gitternetz zu suchen. Nichtmetalle wirken im Vergleich zu den Metallen schwächer auf den Menschen. Dies kann aber geändert werden, indem die Nichtmetalle (zum Beispiel ein Grafitstab) mit einem Magneten bestrichen werden. Das Bestreichen mit einem Magneten bewirkt im Nichtmetall (wie natürlich auch im Metall) eine verstärkte Polung durch eine einheitliche Strukturierung der Atome beziehungsweise Moleküle im Material. Auf diese Weise können Metalle und Nichtmetalle gleichermaßen biologische Wirkungen hervorrufen.

Der Ferromagnetismus ist eine Sonderform des natürlichen Magnetismus, der nur im sogenannten Weicheisen wirksam ist, aber nicht mehr im Stahl. Stahl ist vermutlich deshalb nicht magnetisch, weil zu seiner Herstellung dem Eisen andere Substanzen zugesetzt werden, die die Strukturen des Metallgitters verändern und damit auch seine Durchstrahlbarkeit bezüglich der kosmischen Energien. Stahl ist aber wie auch andere Materialien sehr wohl aufnahmeförmig für Biomagnetismus, kann polarisiert werden und entsprechende (biologische und physikalische) Wirkungen zeigen.

Der Biomagnetismus des Menschen, also sein feinstoffliches Kraftfeld, ist am ehesten mit allen anderen Arten des Magnetismus vergleichbar, obgleich von ihm nicht so spektakuläre physikalische Wirkungen ausgehen wie von einem Eisenmagneten. Im Magnetismus des Menschen wirkt die gleiche Kraft wie in Metallen, Magneten und nichtmagnetischen Körpern. Der wesentliche Unterschied liegt nur darin, daß der menschliche Magnetismus in seiner Wirkungsweise und in seiner Art der Wirksamkeit aufgrund mentaler Krafteinwirkungen viel speziellere und teilweise wundersame Wirkungen zeigt. Der menschliche Magnetismus ist im Gegensatz zu allen anderen Arten des Magnetismus veränderbar in bezug auf seine Wirkungsaspekte. So wie durch Bestreichen mit einem Magneten Ferromagnetismus übertragbar ist, so ist durch das Bestreichen mit der Hand (auch ohne Berührung) biologischer Magnetismus übertragbar. Während Metall auf Metall die stärkste Wirkung zeigt bezüglich der Übertragung von Magnetismus, erfolgt die stärkste Wirkung auf den Menschen eben durch den Menschen.

Magnetismus und Hypnotismus

Wir nähern uns hier einem Aspekt der Magnetwirkung, der ebenfalls nicht auf den Ferromagnetismus beschränkt ist, sondern die übrigen Arten des Biomagnetismus mit umfaßt. Wenn wir uns in diesem Abschnitt hauptsächlich mit dem Ferromagnetismus befassen, also der psychischen oder psychophysischen Wirkung von Magneten, so liegt der Grund darin, daß auf diesem Gebiet die meisten Erfahrungen beschrieben wurden und in der Literatur zugänglich sind.

Unterschiedliche Methoden, um Personen in einen Zustand des erweiterten Bewußtseins zu versetzen, erfolgen nicht erst seit Franz Anton Mesmers Zeiten. Bereits im Altertum wurden geeignete Personen durch die Orakelpriester in einen somnambulen Zustand überführt, aus dem heraus Kontakte mit der jeweiligen Gottheit als möglich angesehen wurden, um Wunderheilungen bewirken oder Vorhersagen machen zu können usw. Doch erst durch Mesmer sind Versuche belegt, somnambule Zustände durch Bestreichen der

Personen mit einem Magneten hervorzurufen. Dabei waren sich die Experimentatoren stets uneins darüber, ob der gewünschte Effekt durch Hypnotismus zustande kam oder tatsächlich durch die Einwirkung eines Magneten. Mesmer hatte 1772 herausgefunden, daß der Magnet eine eigentümliche Wirkung auf die Psyche des Menschen ausübe, die er einem Fluidum zuschrieb, welches der Magnet aussende. Es war ein Zufall, daß Mesmer einmal Eisenstäbe verwandte, die nicht magnetisiert waren, die aber das gleiche Ergebnis auf seine Patienten zeigten. Dann brachte er die gleichen Ergebnisse durch Bestreichen mit seinen Händen zustande, worauf er seine Theorie eines »tierischen« (animalischen), also eines Lebensmagnetismus begründete. Erst James Braid führte 1843 dafür die Bezeichnung Hypnotismus ein.

Im Jahre 1885 beschrieb der Pariser Arzt Dr. Julian Ochorowicz ein Instrument, mit dessen Hilfe Personen erkannt werden sollten, die leicht zu hypnotisieren wären. Sein »Hypnoskop« bestand aus einer Eisenröhre, die so stark magnetisiert war, daß sie ein 4 Kilogramm schweres Eisenstück tragen konnte. Steckten sensible Personen ihren Zeigefinger in diese Röhre, so empfanden sie ein Prickeln, Stechen, Ameisenlaufen, Anschwellen des Fingers, das Gefühl von Kälte oder Wärme. Personen, die diese Empfindungen hatten, waren immer leicht zu hypnotisieren. Dieses Magnetsystem wurde mehrfach modifiziert, um die Wirkung gemischter oder selektierter Magnetpole besser studieren zu können. Um »hypnotische Zustände« zu erzielen, waren diese Geräte jedoch alle nicht geeignet, was möglicherweise auf einer einseitigen Anwendungsweise der Magnete beruht haben mag.

Der Magnet – wir gehen einmal von einem Stabmagneten aus oder von einem Hufeisenmagneten – weist unter energetischer Betrachtungsweise nicht nur zwei, sondern sogar drei Pole auf, die sich in ihrer Wirkungsweise unterscheiden. Die Wissenschaft kennt lediglich die beiden Endpole des Magneten und bezeichnet sie als Nord- beziehungsweise Südpol. Andere Bezeichnungsweisen wären »Plus« und »Minus« oder »Yang« und »Yin«. Bei der physiologischen Anwendung der Magnete kommen eigentlich nur die genannten beiden Pole zur Anwendung, entweder als Einzelpole oder bezüglich des Kraftfeldes, das sich zwischen diesen beiden Polen aufbaut. Die teilweise recht interessanten Magnetkonstruktionen der älteren Forscher verweisen ebenso ausschließlich auf diese (die Pole bezogene) Art der Anwendungsweise. Es wäre zu erwarten gewesen, daß die Forscher bei der Beschränkung auf die Anwendung der Magnetpole beziehungsweise des sich dazwischen aufbauenden Kraftfeldes zu vergleichbaren Ergebnissen gelangt wären, was aber durchaus nicht der Fall war. Mit einer unterschiedlichen Sensibilität der Versuchspersonen lassen sich die voneinander abweichenden Wirkungen der Magnetanwendung allein nicht erklären. Nun ergeben sich aus den Versuchsanordnungen offenbar zufällig Magnetkonstruktionen, die einen anderen

Bereich des Magneten zur Anwendung kommen lassen als die bekannten Magnetpole, nämlich den Bereich der sogenannten Indifferenzzone eines Magneten, also den zwischen den Polen liegenden Bereich des Magneten. Von ihm wird normalerweise gesagt, daß sich hier die Feldwirkungen des Magneten gegenseitig aufheben würden, so daß kein Magnetfeld nachweisbar sei. Eine eben solche Konstruktion wurde von Ochorowicz verwendet, die er dann sinngemäß »Hypnoskop« nannte. Was ist das Besondere an dieser Konstruktion?

Das Hypnoskop besteht aus einer magnetisierten Eisenröhre. Wird eine Eisenröhre magnetisiert, so bilden sich an ihren Enden die Magnetpole aus. Wird die Röhre (vor oder nach der Magnetisierung) der Länge nach aufgesägt oder ein magnetisiertes Blech so zu einer Röhre geformt, daß zwischen den Enden des Metallblechs ein Schlitz bestehen bleibt, so bildet sich die Magnetisierung zwischen den Polen aus, die einander benachbart sind. Die Magnetpole liegen nun nicht mehr an den Enden der Röhre, sondern an den Flächen des Schlitzes. Wird ein Finger in die Röhre geschoben, so liegt dieser nicht zwischen den Magnetpolen, die ja sehr eng benachbart sind, sondern in einer indifferenten Zone. Von der indifferenten Zone gehen andere Wirkungen aus als von den Magnetpolen. Man könnte diese Zone als den dritten Pol eines Magneten bezeichnen.

Die Endpole eines Magneten weisen eine induktiv-magnetische Ausstrahlung auf beziehungsweise ein induktiv-magnetisches Kraftfeld. Dies ist das Feld, das die Kompaßnadel beeinflußt. Die mittig zwischen den Endpolen liegende Indifferenzzone des Magneten zeigt keine Wirkung auf die Kompaßnadel, dennoch ist sie nicht ohne physiologische Wirkung. Die radiästhetische

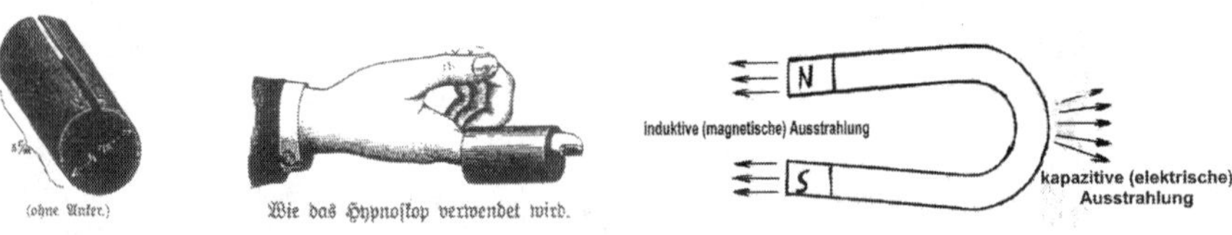

Links: Hypnoskop nach Dr. Julian Ochorowicz zum Erkennen hypnotisierbarer Personen. Sensible Personen zeigen starke Reaktionen bei der Anwendung des Hypnoskops. (Bildquelle Gustav W. Geßmann, »Magnetismus und Hypnotismus«, Verlag A. Hartleben, Leipzig 1923)
Rechts: Polstrahlen eines Hufeisenmagneten. Die klassischen Magnetpole (Nordpol, Südpol) weisen eine induktive (magnetische) Ausstrahlung auf; sie wirkt mehr auf die Physis des Menschen. Der »dritte Pol« des Magneten ist seine magnetische Indifferenzzone. Diese Zone weist eine kapazitive (elektrische) Ausstrahlung auf. Kapazitive Energien beeinflussen das Gemüt des Menschen.

Untersuchung dieses Magnetbereiches zeigt eine kapazitiv-elektrische Ausstrahlung mit vergleichbarer Intensität wie die der beiden klassischen Magnetpole. Induktive Energien (Endpole des Magneten) wirken auf die Physis des Menschen, kapazitive Energien (Indifferenzzone des Magneten) auf das Gemüt, auf den Geist. Was nach außen hin ohne Wirkung erscheint, ist also sehr wohl physiologisch wirksam, allerdings auf einer Ebene, die subtilere Reaktionen zeigt.

Bei der Anwendung des Hypnoskops nach Ochorowicz und bei einigen Nachbauten durch Geßmann kamen also andere Kraftfeldwirkungen zum Einsatz als bei den übrigen Magnetkonstruktionen. Folglich mußten in diesen Fällen auch andere Ergebnisse beobachtet werden als bei der »normalen« Magnetanwendung, bei der die Polwirkung zum Einsatz kommt. Das gilt auch für das vielfach angewandte »Bestreichen« von Versuchspersonen zu hypnotischen oder anders gearteten bewußtseinserweiternden Effekten: Es macht einen deutlichen Unterschied in der Wirkung, ob jemand mit der Magnetpolseite eines Hufeisenmagneten (hier wirkt das gemischte Feld beider Pole), mit der Rückseite des Hufeisenmagneten (hier wirkt das kapazitive Feld) oder mit einem der Pole eines Stabmagneten »bestrichen« wird (hier wirkt entweder ein aktivierendes oder ein sedierendes Kraftfeld).

Es gab eine Zeit, in der viele Menschen magnetisierte offene Armreifen trugen, die es auch heute noch zu kaufen gibt. Diese Armreifen sollten Kraft und Gesundheit schenken. Bei diesen Armreifen wirken ebenso wie beim Hypnoskop nicht primär die induktiven Magnetfelder, die von den Magnetpolen (hier den offenen Enden des Ringes) ausgehen, sondern die kapazitiv-elektrischen Effekte, die von der Indifferenzzone des Armbandes ausgehen und die Stimmung des Menschen beeinflussen, was vielleicht einen größeren Beitrag zur Gesundung beiträgt, als eigentlich von der Magnetwirkung erwartet wird. Bei diesen Magnetarmbändern kommt allerdings noch ein Effekt hinzu, der auf dem Armband als elektrischer Schwingkreis nach Georges Lakhovsky beruht. Letztendlich wirken bei den Magnetarmbändern also mehrere Effekte zugleich.

Zwischen Magnetismus und Hypnotismus bestehen Wechselwirkungen. Hypnotisierte sind gegenüber der Magnetwirkung ganz besonders empfindlich. Sowohl der Magnetismus der Metalle allgemein als auch der Magnetismus des Eisens in Form eines Magneten sind in der Lage, Hypnotisierte aufzuwecken oder den Eintritt der Hypnose unmöglich zu machen. Es genügt, einen Magneten im Raum aufzubewahren, um eine Hypnose nicht zustande kommen zu lassen.

Im Abschnitt über Ferromagnetismus und Biomagnetismus wurde das Phänomen des magnetischen Transfers erwähnt, die Übertragung von zum Beispiel Schmerzphänomenen oder Anästhesien von einer Körperseite auf die andere oder von einem Körperglied auf das andere. Dieser Effekt wurde bei der Anwendung von Metallen in gleicher Weise beobachtet wie beim Einsatz von Magneten. Ein analoger Transfer von Symptomen findet auch bei hypnotisch erzeugten Phänomenen statt. Das zeigt auch in diesem Fall eine verwandte Wirkungsweise von Metallanwendung, Magnetanwendung und Anwendung eines persönlichen Magnetismus.

Magnetismus und Magnetopathie

Der in früheren Zeiten häufiger verwendete Begriff »Magnetopathie« faßt eine Reihe von Heilweisen zusammen, deren wirksames Agens eine Art von »magnetischem Fluidum« darstellt, eine allem Lebenden zugehörige Kraft, die heute durch Methoden der Frequenzanalyse (zum Beispiel die Abstimmtechnik der Radiästhesie) auf die biologische Wirkung bestimmter Wellenlängen zurückgeführt werden kann. Das betrifft zumindest die Energieformen, die wir messen können. »Magnetopathie« würden wir heute als Heilmagnetismus bezeichnen und damit die biologische beziehungsweise gesundheitliche Wirkung dieser Energie meinen. Magnetopathie ist aber auch das Entoden und Beoden, das Reinigen und das Aufladen mit oder ohne unterstützende Mentaltechnik. Neutral formuliert handelt es sich bei magnetopatischen Vorgängen um Energieübertragungen im weitesten Sinne; die Art der Anwendung gibt diesem Prozeß dann einen eigenen Namen.

In den Bereich magnetopathischer Vorgänge gehören Verfahren wie: chinesische Akupunktur (hier werden die Kräfte der Hand auf die Nadeln übertragen), das Arbeiten mit Gesundheitsstäben (ägyptische Symbolik, Zauberstäbe, Kristallstäbe), das Handauflegen, das Streichen (Passes) oder Streicheln, verschiedene Diagnose- und Behandlungstechniken (zum Beispiel die Methoden von Matthias Leisen, 1879-1940), die Akupressur, das Aufladen und Entoden von Objekten, das Arbeiten mit Magneten und das ganze Gebiet der Fernheilung.

Die Fähigkeiten, vorhandene kosmische Energien mit der Hand oder anderen Körperteilen aufzunehmen oder abzugeben, besitzt im Prinzip jeder Mensch, nur werden diese Fähigkeiten im allgemeinen nicht ausgebildet. In vielen Fällen (familiäre Prägung) wird diese Gabe von Person zu Person weitergegeben. Um latente Kräfte zu wecken, müssen diese erst einmal empfunden werden, wozu ein »Lehrer« mit magnetopathischen Fähigkeiten zweckdienlich ist. Die hier angesprochenen Empfindungen der Kräfte sind beispielsweise Wärme oder Kälte, die aber als angenehme Formen empfunden werden, dann auf der Haut ein Ameisenlaufen, Prickeln, Stechen, Pieken, ein elektrisierendes Kribbeln, ein Spinnwebengefühl, das Gefühl der Einwirkung einer Saug- und Druckkraft usw. Diese Gefühle können sich bei der Energieübertragung verändern von angenehm bis unangenehm. Wenn das Gefühl aufhört, ist meist auch genügend Energie von der jeweiligen Energiesorte umgesetzt worden. Befindet sich der menschliche Körper in einem vollständigen energetischen Ausgleich, so ist er aus dem Zustand der Biopathie in den Zustand des Eubios gelangt, der gekennzeichnet werden kann durch Zustände der Glückseligkeiten als da sind: Friede, Zufriedenheit, Ausgeglichenheit, Harmonie, langes Leben, gute Gesundheit.

Magnetopathie ist aber nicht nur die Übertragung von Lebenskraft von einer Person auf eine andere oder auf andere Objekte. Magnetopathische Operationen kann auch jeder Mensch an sich selbst vornehmen durch Arbeiten mit seinen Händen oder auf anderem Wege. Die Hände sind ja besonders starke Ausstrahlungspunkte des persönlichen Magnetismus, er ist hier stärker konzentriert als an den übrigen Körperteilen. So ist es möglich, durch Bestreichen des eigenen Körpers mit den Händen von oben nach unten sich selbst Magnetismus zuzuführen. Doch möchte ich hier eine andere Methode ansprechen, mit dem eigenen Magnetismus an sich selbst zu arbeiten, nämlich der, Überspannungen durch einen Ausgleich der Polaritäten am eigenen Körper abzubauen und dadurch Selbsthilfe bei vielen gesundheitlichen Störungen zu realisieren.

Ausgleich der Körper-Polaritäten nach Eeman

In den 1920er Jahren entwickelte der Brite Leon Ernest Eeman ein einfaches Verfahren, um unausgeglichene Körperzustände und daraus resultierende Krankheiten zu heilen. Nach seiner Aussage beruhen viele Krankheiten entweder auf angestauten Energiepotentialen oder auf einem Defizit an Lebensenergie. Maßgeblich bei der Genese der Krankheiten seien nicht ein genereller Energiemangel oder -überschuß, sondern partielle Ungleichgewichte in der Verteilung der Energiepotentiale. So soll seine Ausgleichsmethode laut Erfahrungsberichten wirksam werden bei Erschöpfungszuständen, akuten Entzündungen, schlecht verheilenden Wunden, akutem und chronischem Ischias, Kreislaufbeschwerden, Erkrankungen der Atemwege, Erkrankungen der Verdauungs- und Ausscheidungsorgane, Kopfschmerzen, Bluthochdruck, Rheumatismus, Hexenschuß, Schlaflosigkeit, Energiemangel und Unwohlsein. Der »Stromkreis« nach Eeman beeinflußt aber nicht nur den körperlichen, sondern auch den nervlichen und mentalen Gesundheitszustand, er ist also auch bei geistigen und nervösen Erkrankungen wirksam.

Zum Ausgleich der fehlgesteuerten Körperpolaritäten verwendete Eeman zwei rechteckige Metallgitter vom Format 25 mal 38 Zentimeter. Das Material schien unbedeutend zu sein, er verwendete aber doch vorzugsweise Kupfer-

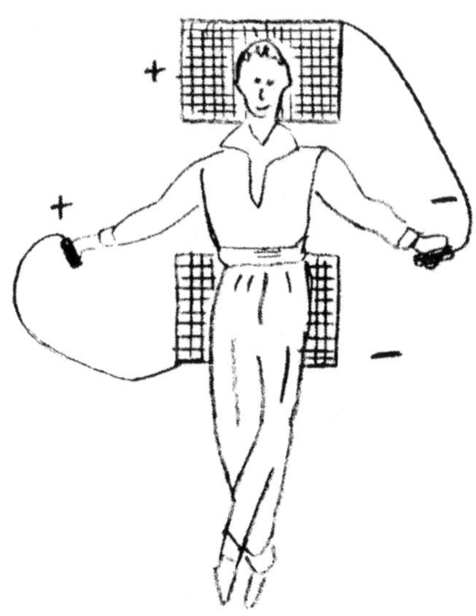

Anwendungsprinzip des Ausgleichgitters nach Eeman bei normaler Körperpolung. Der Kopf zeigt nach Norden. (Bildquelle Rolf Keppler)

gitter. Ein Gitter wird unter den Kopf gelegt, das andere unter das Gesäß. Jedes Gitter ist mit einem Kabel und einer Handelektrode versehen. Der Hilfesuchende legt sich also auf die Gitter, Kopf nach Norden, und nimmt in jede Hand eine Elektrode. Die Elektrode der Gesäßmatte wird bei Rechtshändern in die rechte Hand genommen, die Elektrode der Kopfmatte in die linke Hand. Die Füße sind übereinandergeschlagen. So liegt man etwa 20 Minuten auf den Matten und harrt der Phänomene, die sich ereignen sollen. In der Regel verspüren die Personen nach einiger Zeit eine deutliche Entspannung, Beruhigung, einen Rückgang der Schmerzen und eine gewisse Müdigkeit. Die Methode soll deshalb auch besonders vorteilhaft bei Einschlafstörungen wirken. Natürlich muß dieses Verfahren über einen längeren Zeitraum hinweg täglich ein- bis zweimal angewendet werden, um dauerhafte Wirkung zu zeigen.

Auf welcher Grundlage basiert der Ausgleich der Polaritäten nach Eeman? Der menschliche Körper weist bezüglich seiner Oberfläche unterschiedliche Polaritäten auf. Die zentralen Polaritäten sind am Rumpf festzustellen: das obere Ende der Wirbelsäule (Kopf) ist positiv (Plus) polarisiert, das untere Ende (der Steiß) negativ (Minus). Die rechte Hand ist positiv, die linke Hand ist negativ geladen. Diese Regel gilt für Rechtshänder, ausgeprägte Linkshänder weisen eine gegenpolige Polaritätenverteilung auf. Sie müssen die Gitter in anderer Weise anwenden. Bei »umerzogenen« Linkshändern sind die Polaritäten meist nur schwächer ausgeprägt und entsprechen vom Grundprinzip her eher dem Rechtshänder. Die Polaritäten der Gliedmaßen sowie der Hände, Finger usw. bleiben im Zusammenhang mit dieser Methode unberücksichtigt. Bei der Anwendung der Metallgitter nach Eeman wird von den Polaritäten an Kopf und Gesäß ausgegangen. Also bei Rechtshändern Kopf positiv, Gesäß negativ. Die Füße werden überkreuzt, um keine Potentialspannungen zwischen den unterschiedlichen Polaritäten der Beine aufkommen zu lassen.

Bei diesem Verfahren geht es also um die Zirkulation körpereigener Energien, um das, was wir als Lebenskraft, Prana, körperliches Od usw. bezeichnen, um die Kraft der Vitalität. Bei gesundheitlichen Störungen ist das Fließen dieser Energien, das auf dem Ausgleich von Polaritäten basiert, gestört beziehungsweise gehemmt. Im Rahmen von elektrobiologischen Verfahren können die Stellen der Energiemeridiane, in denen die energetische Stauung auftritt, ermittelt werden. Durch das »Kurzschließen« der Potentiale mittels des Eemangitters wird offenbar kurzfristig eine Art Überspannung erzeugt, die ein Fließen der Energie wieder ermöglicht und damit Heilungsvorgänge einleitet. Die Hemmung der fließenden Energien beruht meist auf länger zurückliegenden traumatischen Erscheinungen, die physischer oder geistiger Art gewesen sein können. In der Folge haben sich Blockaden herausgebildet und damit einhergehend andere energetische Strömungen im Organismus, die an einer Stelle zu einem »Zuviel« an Energie geführt haben und an anderer Stelle zu einem »Zuwenig« mit den entsprechenden Folgen entzündlicher, übererregter oder chronischer, energetisch unterversorgter Gewebsareale. Diese energetischen Ungleichgewichte beeinflussen offenbar auch stark das Gemüt des Menschen, so daß es auch in diesem Bereich zu »fehlerhaften« emotionalen Reaktionen kommen kann bis hin zu emotionalen und charakterlichen Entgleisungen. Wird der Energiefluß wiederhergestellt, so kann das zum Aufbrechen verdrängter Emotionen führen mit psychischen Krisen und auflebenden Schmerzzuständen zur Bewältigung dessen, was vormals offenbar nicht verarbeitet wurde. In der Folge der therapeutischen Krise tritt dann aber rasch eine tiefe Entspannung und Gelöstheit auf als Zeichen für die erfolgreiche Bewältigung alter Probleme. Ich zitiere ein typisches Fallbeispiel:

»Ein nüchterner Geschäftsmann des hemdärmeligen Typus leidet an Schlaflosigkeit. Er macht mich würdevoll darauf aufmerksam, daß er ›kein Spinner‹ ist, woraus unweigerlich und logisch folgt, daß ›Narrenpossen oder Unfug‹ bei ihm nicht verfangen. Nach wenigen Minuten verkündet er mit dem Stolz dessen, der sich gegen alle Versuche einer Täuschung immun weiß, daß er ›überhaupt nichts‹ fühle. Dennoch bricht er kurz darauf in unkontrollierbares, zunehmend heftiges Gelächter aus, unterbrochen von Beteuerungen, daß er sich ›wie ein Narr fühle, da es keinen Grund gibt zu lachen, er aber nicht aufhören kann‹. Schließlich fällt er mit Seitenstechen und Tränen auf den Wangen in einen tiefen Schlaf. Als er später erwacht und sich streckt, benötigt er einige Zeit, um zu erkennen, wo er sich befindet. Er räumt ein, dass irgend etwas doch passiert sein müsse, denn er fühle sich ›inwendig ganz sauber‹.«[12]

[12] Informationsschrift von Rolf Keppler zum Eemangitters. Zum Thema vgl. auch L. und T. Patten *»Der Strom des Lebens«*.

Es gibt wohl kaum ein Verfahren, das so milde und gleichzeitig tiefgreifend in die inneren Regulationszyklen des Menschen eingreift und gleichzeitig so frei von möglichen Nebenwirkungen ist. Da hier nur mit einer Umverteilung der eigenen Energien gearbeitet wird, sind nachhaltige Störungen wohl mit Sicherheit auszuschließen und von Eeman auch nie beschrieben worden, hat er doch sorgfältig auch jene seltenen Fälle beschrieben, bei denen diese Ausgleichsmethode unwirksam blieb. Das Verfahren scheint ein einfacher Weg zu sein, mit der Wiederherstellung des Gleichgewichtes von Geist, Empfinden und Körper zu beginnen. Insbesondere sensible Personen hatten den größten Nutzen und die raschesten Erfolge zu verzeichnen.

Was die Beispiele betrifft, die Eeman selbst angegeben hat, muß jedoch angemerkt werden, daß er stets sich selbst in den »Stromkreis« mit eingebracht hat. Das bewirkt natürlich beim Hilfesuchenden ein erhöhtes Energiepotential im Sinne einer magnetopathischen Energieübertragung mit der Folge, daß aufkommende Regulationsphänomene rascher spürbar auftreten, als wenn eine Person diese Gitter für sich allein anwendet. Auch arbeitete Eeman oft in Gruppensitzungen, bei denen dann die Energie aller Teilnehmer in den Spannungskreis einfließen konnte.

Es scheint wichtig zu sein, die willkürliche Muskulatur durch Meditation, Autogenes Training usw. möglichst zu entspannen, bevor durch Aufnahme der Handelektroden der energetische Stromkreis geschlossen wird. Muskuläre Spannungen bauen auf der Haut Spannungspotentiale auf, die die erwünschten Regulationen im Eeman-Stromkreis störend beeinflussen. Das kann im Extremfall dazu führen, daß irreführende Reaktionen auftreten bis hin zu umgekehrten Regulationsreaktionen, also Spannungsaufbau statt Entspannung. Trotz dieser selten auftretenden Fehlregulationen sollte schon im Sinne eines Therapieerfolges darauf geachtet werden, jede dieser »Sitzungen« (der Ausgleich kann auch im Sitzen erfolgen) mit Entspannungsübungen zu beginnen.

Weicht die körpereigene Polaritätenverteilung unwissentlich von der Norm ab, so kann es passieren, daß der Anwender sich »falsch gepolt« in den Ausgleichskreis begibt mit der Folge, daß sich statt der gewünschten Entspannung eine Überspannung herausbildet, die sich durch Unbehagen, Unruhe, Erregung und ähnliche Symptome äußert und in der Regel deutlich gespürt wird. Wenn nicht, so wäre auch dies kein Problem, denn die Spannung baut sich nur bis zu einem bestimmten Potential auf. Dann erfolgt innerhalb des Körpers automatisch eine Gegenregulation, die wieder in die Entspannung hineinführt mit Wärme, Wohlbefinden, tiefer und voller Atmung, kräftigem Puls usw. Auch wenn der Anwender sich zu lange (etwa eine Stunde) im Entspannungsstromkreis befindet, setzt eine Gegenregulation ein, die die Potentiale wieder aufbaut. Eeman gibt an, daß für 70 % aller Personen ein Wechsel im Stromkreis ausgeprägt spürbar war, so daß sie die Veränderungen beschreiben konnten. Ein genereller Energieverlust kann bei dieser Methode nicht eintreten, weil nur die körpereigenen Energien hier zirkulieren und von außen weder Energien zugeführt noch abgezogen werden.

Es gibt noch eine andere Möglichkeit, die gestörten Polaritätenverteilungen im Organismus auszugleichen, als mit Hilfe der Eemangitter. Der Rechtshänder legt die rechte Hand in den Schoß oder unter das Gesäß und die linke Hand unter den Kopf beziehungsweise in den Nacken. Das hat einen ähnlichen ausgleichenden Effekt und kann vor dem Einschlafen mühelos angewandt werden. Viele Personen nehmen als Ruhehaltung im Liegen automatisch diese Stellung ein. Der Körper weiß meist selbst, was für ihn am besten ist. Diese Stellung entspricht in etwa der Rune RIT. Das ist die Rune des kosmischen Weltrhythmus und des Fließens von Energien. Diese Runenstellung erweckt gleichzeitig die höheren Zentren im Menschen, verleiht magische Fähigkeiten und erhält die Jugendkraft. Diese Rune ist mit der Meditationshaltung der eigenen Unverletzlichkeit verbunden, dem Sieg über das niedere Ich und dem Erfühlen des All-Ritus, der kosmischen Räder. Durch das Zirkulieren der inneren Energien wird das Selbstbewußtsein gestärkt.

Aus eigener Erfahrung kann ich angeben, daß die genannte Methode (linke Hand unter den Kopf, rechte in den Schoß) auch ohne Eemangitter funktioniert. Aufgrund meiner hohen Sensibilität und meiner Experimente zur Abschirmung fühle ich mich oft in der Nacht hohen energetischen Belastungen ausgesetzt, die mit starken Kopfschmerzen einhergehen, die normalerweise erst gegen Ende des nächsten Tages verschwinden. Nehme ich in der Nacht die angegebene Stellung ein und halte diese für wenigstens 15 Minuten, sind die Kopfschmerzen verschwunden, und ich kann wieder einschlafen. Es scheint in diesem Fall wichtig zu sein, auch wirklich lange genug die nicht für jeden bequeme Stellung einzuhalten.

Lesern, die mein Buch *»Der Heilstrom«*[13] kennen, wird aufgefallen sein, daß ich dort eine Selbstheilungsmethode angegeben habe, bei der die Körperpolaritäten nicht kurzgeschlossen werden dürfen, also Arme und Beine nicht überkreuzt werden sollen. In diesem Buch gebe ich nun eine Heilmethode an, die gerade mit einem Ausgleich der Körperpolaritäten arbeitet. Wo liegen die Unterschiede? Im Prinzip existieren drei unterschiedliche Methoden, mit den körpereigenen Energien zu arbeiten: Energiezufuhr, Energieausgleich (Umverteilung) oder Energieentzug. Die in *»Der Heilstrom«* beschriebene Methode der geöffneten Meditationshaltung mit einem »sich Ein-

[13] Siegfried Grabowski: *»Der Heilstrom«*, Schirner Verlag 2007

stellen« auf die kosmische Heilkraft dient der Aufnahme von Energien. Diese Energien werden zum Aufbau der Körperpolaritäten benötigt; die Polaritäten verstärken sich dadurch. In diesem Fall dürfen Arme und Beine nicht überkreuzt werden, weil dieser »Kurzschluß« die Aufnahme äußerer Energien behindern, ja sogar unmöglich machen würde. Es geht also in diesem Fall eindeutig um eine zusätzliche Aufnahme von Energien und um keine Umverteilung. Das reguliert der Körper im Normalfall selber, soweit er es kann.

Bei der Methode nach Eeman handelt es sich nicht um eine Aufnahme von Energie, sondern um eine Umverteilung. Eigentlich ist Umverteilung nicht das richtige Wort dafür. Es geht hier darum, durch einen Kurzschluß der Körperpolaritäten einen energetischen Fluß sozusagen gewaltsam zu erzwingen, um damit energetische Defizite durch Umverteilung auszugleichen. Das ist nach außen hin gesehen kein Energiegewinn; die Gesamtenergie bleibt gleichbleibend, aber der Energiefluß wird angeregt. Im Grunde genommen wäre die Methode nach Eeman eine sinnvolle Ergänzung zu der Möglichkeit, die ich in *»Der Heilstrom«* beschrieben hatte.

Eine dritte Methode, mit den Körperenergien zu arbeiten, ist der Entzug von Energien. Dafür gibt es mehrere Varianten. Zwei Methoden habe ich weiter unten in anderem Zusammenhang beschrieben: das Ableiten von Energien in kaltes Wasser sowie der Abzug von Energien mittels orgonotischer Systeme. Da solche Entzugsmethoden sich aber unvorteilhaft auf die Gesundheit auswirken können und nicht jedermann in der Lage ist, sie kontrolliert anzuwenden, möchte ich hier davon absehen, nähere Erläuterungen dazu zu geben. In der Regel sind solche Gewaltmethoden auch nicht erforderlich.

Methode des Ent-Switchens nach Hellmut Volk

Dieses Verfahren stellt eine praktische Alternative dar zur Methode nach Eeman. »To switch« heißt soviel wie »Umschalten«. Es geht also hier ebenfalls um den Polaritätenausgleich durch eine Art von erzwungener, bewußt durchgeführter »Kurzschlußschaltung«. Ent-Switchen hieße in diesem Fall, die fehlerhafte Umschaltung der Körperpolarität wieder rückgängig zu machen. Die Methode wurde vom ganzheitlich und erfahrungswissenschaftlich arbeitenden Forscher Hellmut Volk entwickelt, der in seiner Eigenschaft als Rutengänger in der Lage ist, die energetischen Vorgänge zu überprüfen, die sich bei diesem Verfahren abspielen.

Als Praktiker ging Herr Volk der Frage nach, warum sonst erfolgreiche Therapien bei manchen Menschen nicht so recht greifen. Er beobachtete, daß bei diesen Personen die Körperpolaritäten nicht so anzutreffen waren, wie es dem Menschen normalerweise entspricht. Die Beobachtung zeigte, daß viele Menschen durch Belastungen am Schlafplatz oder auch an ihrem Arbeitsplatz offenbar als Ausgleichsreaktion gegen technisch oder geopathisch verursachte Strahlenbelastungen eine veränderte Körperpolarität aufbauen, die körpereigene Regulationsprozesse stört oder sogar hemmt. Infolge dieser Regulationsstörungen entstehen Erkrankungen, und auch homöopathische Behandlungsformen erzielen dann oft nicht die gewünschte Regulationsänderung.

Als Rutengänger habe ich an mir selbst immer wieder erfahren müssen, daß nach anstrengender Rutenarbeit durch die hohe Aufnahme von Fremdenergien eine Erschöpfungsphase eintrat, in der aufgrund plötzlich auftretender widersprüchlicher Versuchsergebnisse ein sicheres Weiterarbeiten nicht mehr möglich war. In diesem Fall zeigten die Körpermessungen durch andere Rutengänger eine Umkehrung der normalen Körperpolaritäten an.

Beim gesunden Menschen ist nach Angaben von H. Volk das obere Ende der Wirbelsäule beziehungsweise der Kopf elektrisch positiv gepolt, das untere Ende der Wirbelsäule beziehungsweise die Füße magnetisch positiv. Das rechte Auge und die rechte Hand sind magnetisch; das linke Auge und die linke Hand elektrisch. Bei einem aufgrund von energetischen Belastungen falsch gepolten Menschen ist der Kopf magnetisch negativ und die Füße elektrisch negativ. In diesem Zustand kann am Menschen keine energetisch-feinstoffliche Messung durchgeführt werden.

Herr Volk verwendet andere Bezeichnungen für die Körperpolaritäten beziehungsweise energetischen Pole am Organismus als Eeman. Die Unterschiede in den Bezeichnungen basieren auf unterschiedlichen Meßtechniken. Wie immer die Bezeichnungen auch sein mögen, es geht in beiden Fällen lediglich darum, durch Angleichung der Polaritäten den energetischen Fluß im Organismus wieder herzustellen und damit die natürlich vorgegebene Polaritätenverteilung.

Aus anderen Zusammenhängen heraus entdeckte Herr Volk, daß die Augenbrauen eines jeden Menschen – ähnlich wie auch die Halswirbel – alle Wellenlängen ausstrahlen, die dem Organismus zu eigen sind, natürlich in der jeder Körperseite zukommenden Polarität. Veränderte Körperpolaritäten spiegelten sich ebenfalls in der Ausstrahlung der Augenbrauen wider. Hinzu kommt, daß an den äußeren Enden der Augenbrauen Schmerzzustände energetisch meßbar sind und ebenso am kleinen Finger jeder Hand. Damit scheinen die Augenbrauen einen besonders geeigneten Ansatzpunkt zum Ausgleich fehlgesteuerter Körperpolaritäten darzustellen. Auf dieser Basis entwickelte Herr Volk eine Methode, durch Einbeziehung der Polaritäten der Hände sowie der Augenbrauen die natürliche Energieverteilung im Organismus wieder herzustellen.

Zum Ausgleich der Körperpolaritäten nach der Methode von Hellmut Volk werden die Finger der rechten Hand an die linke Augenbraue geführt und die Finger der linken Hand an die rechte Augenbraue. Das geschieht dergestalt, daß die Daumen an die Unterseite der Brauen gelegt werden und die übrigen Finger an die Oberseite. Der kleine Finger soll dabei am äußeren Ende der Augenbraue anliegen, insbesondere dann, wenn es darum geht, Schmerzzustände zu beseitigen, die aufgrund von energetischen Stauungen auftreten. Wichtig ist, daß alle Fingerspitzen richtig (vollständig) auf der Haut anliegen, damit auch die unterschiedlichen Polaritäten der Finger zum Einsatz kommen. In dieser Stellung befinden sich die Unterarme in gekreuzter Form vor dem Gesicht. Es ist zu beachten, daß die Unterarme sich nicht gegenseitig berühren, damit die Körperströmungen nicht schon hier unterbrochen werden. In dieser Haltung werden nun die Hände mit der fest umfaßten Haut der Augenbrauen sanft, aber kontinuierlich in klein wenig nach rechts und links bewegt, immer hin und her. Dieser Vorgang wird für ein bis zwei Minuten aufrechterhalten, bei Bedarf auch etwas länger.

Persönlich fühle ich hierbei recht bald und deutlich, wann der Polaritätenausgleich erfolgt ist, denn dabei tritt das Gefühl einer Entspannung auf, die sich durch den gesamten Körper hindurchzieht. Wenn nichts mehr weiter zu fühlen ist, dann ist der Prozeß auch schon beendet. Mitunter genügen schon 10 Sekunden, um einen Spannungsausgleich herbeizuführen. Ich wende diese Methode regelmäßig vor und nach der Rutenarbeit an, um sichere Polaritätenbestimmungen durchführen zu können. Es erscheint mir sinnvoll, jeden Morgen und auch nach belastenden Arbeitssituationen diese Übung durchzuführen, um fehlerhafte Manifestierungen der Körperpolaritäten gar nicht erst aufkommen zu lassen.

Im Zusammenhang mit dem Ausgleich der Polaritäten über die Augenbrauen drängt sich mir eine andere Beobachtung auf. Betrachten wir die Pose eines Denkers, so hat dieser die geneigte Stirn auf Daumen und Zeigefinger einer Hand gestützt. Bei Rechtshändern liegen der Daumen dann über der rechten Augenbraue und der Zeigefinger über der linken. Die rechte Augenbraue ist pluspolarisiert und der rechte Daumen minuspolarisiert. Die linke Augenbraue ist Minus und der darüber liegende Zeigefinger Plus. Diese Haltung vermittelt ebenfalls einen ausgleichenden Effekt, der möglicherweise einem besseren Gedankenfluß förderlich ist.

Eine ähnliche Beobachtung machte ich bei Personen mit starken Kopfschmerzen, die immer etwas mit einer gestörten Polaritätenverteilung zu tun haben. Die Personen legen Daumen und Zeigefinger an die Nasenwurzel. Das ist die Stelle, an der die Augenbrauen sich annähern. Hier herrscht das stärkste Kraftfeld zwischen den Brauen. Der Ausgleich der Energien erfolgt hier wieder über die gegensätzlichen Fingerpolaritäten.

DIE ENTWICKLUNG MAGNETOPATHISCHER FÄHIGKEITEN

»Hüte dich vor schlechten Gewohnheiten, sie sind der größte Zerstörer des persönlichen Magnetismus.«

(Victor Turnbull)

Die heilmagnetischen Kräfte im Menschen können durch bestimmte Techniken, insbesondere aber durch eine entsprechende geistige Grundhaltung verstärkt werden. Der Körper des Menschen verfügt naturgemäß über ein gewisses feinstoffliches Kraftpotential. Um dieses aufrechtzuerhalten, ist es erforderlich, stets ebensoviel Energie aufzunehmen, wie durch körperliche oder geistige Tätigkeiten abgegeben wird. Wir verlieren auch Energie, wenn wir nichts tun, insbesondere dann, wenn wir uns auf schlechten (Energie entziehenden) Plätzen aufhalten oder uns mit Dingen beschäftigen, die uns Energie entziehen. Die verlorengegangene Energie wird teils automatisch ersetzt (Schlaf, Regenerationsphasen) oder durch bewußte Aufnahme kosmischer Kräfte. Aufnahme und Abgabe von Kräften sind dynamische Prozesse. Sie bewirken einen positiven und negativen Energiefluß im Menschen. Äußeres Zeichen für die energetischen Potentiale im Menschen sind die unterschiedlichen energetischen Polungen (Polaritäten), die unser Organismus zum Beispiel an den Extremitäten aufweist. Seinen Eigenmagnetismus gezielt einsetzen kann nur der Mensch, dem es gelingt, seine Energieströme beherrschen zu lernen.

Äußere Anzeichen eines Menschen, der es gelernt hat, seine Energien zu speichern und gezielt einzusetzen, sind ausstrahlende Ruhe, ein ruhiger, konzentrierter, vielleicht auch ein scharfer, durchdringender Blick. Wir empfinden bei der Begegnung mit einem dergestalt »starken« Menschen eine von ihm ausgehende Ausstrahlung, die uns anzieht, basierend auf einer Reservekraft. In seiner Nähe fühlen wir uns wohl und möchten ihn immer um uns herum haben. Kraftvolle Menschen sind nicht fahrig oder nervös, sondern ruhig, aufmerksam und höflich, taktvoll und freundlich, angenehm und liebenswürdig, interessiert und teilnehmend. Sie sind voller Selbstvertrauen, weil sie wissen, daß Wille und Kraft zusammen arbeiten und so eine einzigartige Macht darstellen. Wir spüren bei ihrer Begegnung ihren unbezwingbaren Willen, eine Einflußnahme, der man sich aber gern hingibt. Es gibt keine Eile oder Aufregung mehr, der Mensch strahlt Ruhe und Sicherheit aus. Seine Stimme hat die Gefühlsnuance, die er zu übertragen wünscht.

Der erfolgreiche Magnetiseur, Magnetopath oder feinstofflich arbeitende Heiler ist infolge seiner Selbstzucht ein Mensch von höchster Moral, rein in seinen Motiven und handelnd aus wohltätiger Absicht heraus. Je edler seine Motive sind, um so größer ist sein Erfolg. Gerade in dieser Beziehung mangelt es bei vielen Menschen, so sehr sie sich auch sonst ehrlich bemühen. Der Gedanke an das eigene Wohl und den eigenen Nutzen steht gern zu sehr im Vordergrund, was die Anbindung an kosmische Kräfte blockiert.

In bezug auf feinstoffliche (biomagnetische) Kräfte gelten gewisse Grundgesetze, die beachtet werden müssen, wenn mit ihnen sinnvoll gearbeitet werden soll. Das wesentlichste Grundgesetz besagt: Der schwache Mensch wird schwächer und der starke immer stärker. Kraft zieht also Kraft an. Das hat auch etwas mit dem eigenen Bewußtsein zu tun, denn die positive kraftvolle Geisteshaltung tritt automatisch in eine Resonanz mit den entsprechenden kosmischen Kräften und bedingt eine Anziehung eben dieser Kräfte. Der Gedanke ist das Verbindungsglied zwischen psychischen Potentialen und materiellen Kräften. Die Denkweise eines Magnetopathen ist erhaben; er zieht automatisch das an, was er haben will. Eine zurückhaltende Lebensweise, die nicht viele Worte benötigt und Exzesse meidet, hilft, die Kräfte zu bewahren. Andererseits zeigt die Beobachtung aber auch, daß Personen, die ihre feinstofflichen Kräfte in den Dienst anderer Menschen stellen (Heiler), einen stets größer werdenden Kräftezufluß erhalten. Wer viel gibt, wird auch viel bekommen. Der kraftvolle Mensch erzwingt auf unerklärliche Weise Sympathie, man kann sich nur schwer von seinem Einfluß freihalten. Seine Stärke ist, daß er immer als Empfänger wirkt, indem die Aufmerksamkeit der Menschen sich ihm zuwendet und auf diesem Wege an ihn Lebenskraft überträgt. Seine Einflußnahme auf andere Menschen ist aber auch eine Bürde und Versuchung zugleich, denn es ist aus höherer Sichtweise nicht erlaubt, andere Menschen durch seinen Geist zu beeinflussen. Es ist auch im eigenen Sinne wichtig, im Umgang mit anderen Menschen eine unterdrückende Wirkung unbedingt zu meiden. Die kosmischen Gesetze vergessen nichts, auch wenn es manchmal so scheint. Die Religion hat dies stets so ausgedrückt, indem die Priester sagten: »Gott sieht alles.« Das ist ein Hinweis auf die karmischen Gesetze, denen jedes Leben unterworfen ist.

Der Wunsch eines Menschen allein aktiviert bereits Kraftströmungen, die auf andere Menschen wirken. In der Regel ist es für die meisten Menschen kein so großes Problem, wenn sie sich über jemand ärgern oder ihm sogar im Augenblick des Affekts Böses wünschen, weil ihre Kräfte in der Regel zu schwach sind, im »Opfer« sofortige Wirkungen zu zeigen. Doch steter Tropfen höhlt den Stein, und es ist auch besser für uns selbst, unsere Gedanken und Wünsche im Zaum zu halten oder ihnen eine positive Ausrichtung zu geben. Im Wünschen selbst liegt eine besondere Kraft, wenn man dem Wunsch nicht nachgibt. Einem Wunsch nachzugeben, ihm zu erliegen, bedeutet, willensschwach zu werden und seinen Magnetismus zu verlieren. Der Wunsch eines Alkoholikers oder anderweitig Süchtigen, eine Rauschquelle ausfindig zu machen, gibt ihm ungeahnte geistige und körperliche Kräfte, die er zur Realisierung seines Rausches sinnvoll zu aktivieren weiß. Hat er die

Rauschdroge konsumiert, so ist die Kraft in ihm nach kurzer Zeit erloschen, und er verliert in der Folgezeit mehr Kräfte, als er zuvor besaß. So manövrieren sich viele Menschen selbst in ein energetisches Defizit hinein, denn das Beispiel kann auf vielfältige Weise erweitert werden.

Eine Grundregel des Wünschens ist es, nicht darüber zu reden. Warum? Der Wunsch bewirkt eine permanente Anziehungskraft bezüglich der Energien, die helfen, ihn zu realisieren. Verschwiegenheit in dieser Situation speichert den geistigen Magnetismus. Je mehr Leidenschaft in einem Wunsch zutage kommt, je leidenschaftlicher man sich etwas wünscht, um so stärker wird der Vorrat an Reservekräften, die sich einem speziell für diesen Wunsch aufbauen. Zurückhaltung in leidenschaftlichem Wünschen ist der stärkste Akkumulator für magnetische Kräfte. Selbst Versuchungen können als versteckter Segen wirken, indem sie die Wunschkraft stärken, die magnetische Batterie aufladen und die Anziehungskraft erhöhen. Eine Wunschbefriedigung dagegen hebt die Anziehungskraft auf. Der seiner magnetischen Kräfte bewußte Mensch heißt Begierden, die andere Menschen fliehen, wie Ärger, Eitelkeit, Versuchung, Ungeduld usw. willkommen, weil er dadurch in die Lage gesetzt wird, ihnen wertvolle Kraft zu entziehen. Ein Mensch, der Versuchungen nicht so leicht erliegt und sich der Kräfte dieses Verlangens bewußt ist, der kann seine Begierden sogar nähren, indem er eine Zeitlang intensiv an sie denkt, dabei tief ein- und ausatmet, und er kann dadurch die Kraft der Begierde zu seinem geistigen Eigentum machen. Das bewußte Atmen gibt Ruhe und die Stärke, um die jetzt aufbewahrte magnetische Kraft zu beherrschen. Zwischen Lunge und Gemüt besteht ein inniges Verhältnis. Gedanken, die während des Atemvorganges »ausgesprochen« (gedacht) werden, sind von besonderer Wirksamkeit. So kann die Versuchung letztendlich überlistet, ihrer Macht beraubt werden und zum Aufbau innerer Kräfte dienen.

Um die persönlichen Kräfte dann auch behalten zu können, ist es erforderlich, in jeder Lage Gleichmut und Ruhe zu bewahren, gerade im Umgang mit anderen Menschen. Durch Aufregung oder ein Sich-Gehen-Lassen erlischt das Kraftpotential sofort und führt zu Schwäche und Willenlosigkeit. Wenn wir dagegen unser geistiges Gleichgewicht bewahren und unsere Gedanken beherrschen, können wir viel mehr erreichen. Gerade fremden Menschen gegenüber ist es sinnvoll, sich in jeder Beziehung zurückzuhalten, was das eigene Kraftpotential zu bewahren ermöglicht. Solange wir uns nicht öffnen, gelten *uns* die Aufmerksamkeit und das Interesse, was wiederum eine Kraftübertragung in einem für uns positiven Sinne ermöglicht. Befriedigen wir aber die Neugier fremder Menschen, hört die Anziehungskraft auf, weil wir uns öffnen und unsererseits Energie ausgeben. Beherrschen wir unseren Drang, die eigene Meinung mitzuteilen, so halten wir unser Kraftpotential zurück und hindern damit die entgegengesetzt polarisierten Kräfte, sich zu vereinen; Zurückhaltung bewirkt also Anziehungskraft und Aufmerksamkeit.

Wir kennen das Problem sicher alle. Zwei Menschen sind unterschiedlicher Meinung. Sie diskutieren erregt und tauschen gegensätzliche Argumente aus, beschimpfen sich vielleicht sogar. Nach kurzer Zeit sind beide so geschwächt, daß die Situation noch lange nachwirken kann, stundenlang bis tagelang. Wenn gegensätzliche Meinungen in der Erregung aufeinanderprallen, verhalten sie sich wie elektrische Pole, die ihr ursprüngliches Kraftpotential durch energetischen Ausgleich auslöschen. Die Kontrahenten haben ihre Kraft vollkommen dem jeweiligen Partner übergeben. Jeder versucht, die Kraft des anderen an sich heranzuziehen.

Ein anderer Weg wird eingeschlagen, wenn eine Person einer anderen ihre Aufmerksamkeit schenkt. In diesem Fall liegt eine einseitige Kraftübertragung vor. Aus eigener Erfahrung kann ich mitteilen, daß bei Vorträgen, die ich durchführe, immer dann ein starker Kraftstrom auf mich zukommt, wenn die Zuhörer mir ihre ungeteilte Aufmerksamkeit schenken. So ergeht es auch den Schauspielern auf der Bühne, sie leben von der Kraft ihrer Bewunderer.

Die Kontrolle über die eigenen Gedanken bewirkt mit der Zeit eine zunehmende Selbstachtung und ein steigendes Selbstvertrauen, ein Gefühl von Stärke und Fülle in Kopf, Nerven und den Gliedern. Die Welt erscheint sozusagen in einem neuen Licht. Das wird von anderen Menschen gespürt, die sich dann gern in unserer Nähe aufhalten und unsere Meinung schätzen. Der unbewußt agierende Mensch vergeudet seine Kraft durch Unkenntnis der Anziehungsgesetze.

Wem Kraft fehlt, der suche zuerst in sich selbst nach den Fehlern. Mit Begierden und Wünschen sinnvoll zu arbeiten, ist weder Selbstverleugnung noch Unterdrückung, wenn wir uns der Begierde bewußt werden und ihre Kräfte in andere Bahnen lenken. Das ist mehr, als einer Kraft zu widerstehen. Es ist ein Gefangennehmen dieser Kraft, um über sie dann nach Belieben zu verfügen. Diesen Weg gehen auch Mystiker und Asketen. Der tiefe Hintergrund der geschlechtlichen Entsagung von Mönchen und Heiligen in unserem Kulturkreis liegt darin begründet, daß die bewußt wahrgenommenen Kräfte der Versuchung aufgespeichert und sinnvoll genutzt werden. So erlangten viele Personen der genannten Kreise Heilungskräfte und ein übernatürliches Wahrnehmungsvermögen. Die aufgespeicherte Energie zieht nämlich die Gegenkraft von anderen Energien an. Die Folge davon ist, daß Wünsche sich von selbst erfüllen, gesuchte Bücher von selbst auf einen zukommen und auch andere Dinge spielend erreicht werden, um die sich bislang umsonst bemüht wurde.

Das Arbeiten mit biomagnetischen Kräften ist weder Hypnotismus noch Suggestion oder Autosuggestion, sondern eine nachweisbare Übertragung von Lebenskraft, sei es an Personen oder auf Gegenstände. Jeder Mensch hat diese Kräfte. Jeder Mensch zieht andere an oder stößt andere ab, wirkt also über seinen persönlichen Magnetismus. Selbst wer nur geringe magnetopathische Kräfte aufweist, kann lernen, diese bewußt einzusetzen. Doch selbstsüchtige Menschen werden niemals gute Magnetopathen werden.

Zum Ausstrahlen des Eigenmagnetismus eignen sich zunächst einmal die Hände, insbesondere die Fingerspitzen, dann die Augen und der Atem in Form des Anhauchens (nicht des Anblasens). Voraussetzung für die Übertragung von Magnetismus mit der Hand sind saubere und warme Hände. Man reibt die Handflächen solange aneinander, bis sie heiß werden; die Arme können nach unten geschüttelt werden, um die Nervenkraft noch stärker in die Fingerspitzen dringen zu lassen. Mit der rechten Hand (der gebenden Hand) wird der Magnetismus zugeführt, mit der linken Hand (der nehmenden Hand) wird der Stromkreis geschlossen. Manche Personen empfinden bei der Energieübertragung ein Kribbeln in der rechten Hand. Das ist ein sicheres Zeichen, daß der Stromkreis geschlossen ist und die Energie zirkuliert. Wenn es darum geht, Objekte mit Lebenskraft aufzuladen, kann nun die linke Hand entfernt werden; soll eine magnetopathische Behandlung an einem Menschen durchgeführt werden, kann die linke Hand den Erfordernissen entsprechend wandern, um die Richtung des Heilstromes zu lenken.

Das Anhauchen von Objekten erzielt den gleichen Erfolg wie die Übertragung von Magnetismus mit der Hand. Angehaucht werden können Personen, Körperstellen, Stoffe oder angefeuchtetes Löschpapier oder Kartoffelscheiben (zum Auflegen auf schmerzende Körperstellen) und beliebige Objekte, die durch den Hauch energetisch aufgeladen werden sollen. Die durch den Atem übertragene Lebenskraft bleibt in Objekten (je nach Speichervermögen) meist über lange Zeit gespeichert; bei Personen ist deshalb das Auflegen aktivierter Tücher oder die Gabe magnetisierter Arzneimittel (Homöopathika) wirkungsvoller als das Anhauchen der Person. Die Übertragung von Kräften durch Anhauchen wird noch heute in kirchlichen Kulthandlungen durchgeführt, zum Beispiel bei der Weihe von Chrisam und Weihwasser oder im Sakrament der Firmung, wo dem Firmling der »Heilige Geist« eingehaucht wird. Es gibt auch ein »kaltes« Anblasen, bei dem mit dem Mund ein kühlender Luftstrom erzeugt wird. Dieser Luftstrom ist besonders geeignet, um Objekte von unerwünschten Energien zu reinigen oder, auf Personen bezogen, energetische Stauungen abzuleiten, wie sie bei Entzündungs- oder Erregungszuständen vorkommen. Bevorzugt werden Stirn (Kopfschmerz) oder Augenlieder oder andere betroffene Körperstellen angeblasen. Wenn kleine Kinder sich verletzt haben und schreien, hilft das Anblasen der schmerzenden Körperstellen durch die Mutter sofort.

Das Selbstvertrauen und der bewußte Wille sind unabdingbare Voraussetzungen für die Übertragung der Lebenskraft. Über den Willen beziehungsweise das Vorstellungsvermögen können die Kräfte wunschgemäß moduliert werden, um zum Beispiel ganz gezielte Energieformen (Wellenlängen) zu übertragen. Man zweifle dabei niemals an seinen Fähigkeiten, wenn sie im Rahmen des Machbaren liegen, denn Zweifel ist der Feind jeglichen Gelingens. Das Entwickeln einer starken Willenskraft ist deshalb unabdingbare Voraussetzung zur Stärkung der persönlichen magnetopathischen Fähigkeiten. Die geistigen Kräfte (Gedanken, Verstand) und die äußeren Handlungen müssen dem Willen untergeordnet werden, denn der Gedanke ist das Verbindungsglied zwischen Psychischem und Materiellem. Aktive, also bewußt und konzentriert durchgeführte Gedankenarbeit führt zu starken und mächtigen Gedanken. Auch hier erlangt nur der Übende die Meisterschaft. Eine bewußte Aktivierung des Willens erzeugt energetische Kraftfelder, die einerseits direkt auf Objekte einwirken können und andererseits verwandte Schwingungen anziehen und auf diesem Wege ungewöhnliche Ergebnisse erzielen.

Gedankenschwingungen teilen sich dem Raume mit, ja sie sind sogar im Raume nachzuweisen, wenn über einen längeren Zeitraum hinweg (wenige Minuten sind ausreichend) eine absolute Konzentration aufrecht erhalten wurde. Dieses gedankliche Kraftpotential zieht verwandte Energien an, akkumuliert mit ihnen zu höherer Intensität und drängt zur Realisierung.

Die reale Kraftwirkung der Gedanken beruht auf ihren energetischen Eigenschaften. Gedanken sind eine gröbere Form als die Kraftpotentiale des Geistes. Eine rein geistige Kraft ist auf unserer materiellen Ebene nicht direkt nachweisbar beziehungsweise erfaßbar. Die gedankliche Kraft gehört bereits einer Übergangsform zur Materie an, vergleichbar mit elektromagnetischen Schwingungen. Diese gehören bereits zur materiellen Ebene, obgleich sie sich noch stark von materiellen (festen) Strukturen unterscheiden. Belastungen durch Gedanken wirken weit schwerer als Belastungen durch materielle Dinge oder elektromagnetische Schwingungen. Von Dingen oder Energien der rein materiellen Ebene kann man sich lösen, kann ihnen ausweichen, kann sie vielleicht verändern, doch von der Rückwirkung der Gedanken kann man sich nicht lösen, man befindet sich stets unter ihrem guten oder schlechten Einfluß. Ein ausgesandter Gedanke ist nicht mehr zurückzunehmen. Jeder Gedanke, der ausgesendet wird, kommt mit den Gedanken anderer Menschen in Resonanz und wirkt auf den Aussender zurück. Fluchwürdige Gedanken sind wie Hühner, sie flattern umher, verzehrt werden sie aber schließlich zu Hause. Man erhält stets das zurück, was man ausgesendet hat, und zwar mit hohen Zinsen. So wird der Mensch zu dem, was er sich vornimmt zu sein. Darum muß jeder zunächst erkennen, welche Eigenschaften ihm fehlen. Sind es Energie, Ehrgeiz, Mut, Vertrauen, Ausdauer, Geduld, Willenskraft? Die Entwicklung magnetopathischer Kräfte erfordert vor allem Vertrauen in die eigenen Fähigkeiten und eine entsprechende Ausdauer im Üben, insbesondere in der Übung und Schulung der Gedankenkonzentration. Einerseits sind die eigenen geistigen Funktionen zwar leicht zu beeinflussen, andererseits erweist es sich aber als ungeheuerlich schwierig, festgefahrene Gedankenfunktionen aufzulösen. Eine Änderung der Denkgewohnheiten kann nur durch absolute Willenskraft erfolgen in Vereinigung mit autosuggestiven Gedanken (Affirmationen) und Gedankenkontrolle.

Es ist hier nicht der Ort, Übungsprogramme für die Schulung der Konzentration und Entwicklung magnetopathischer Fähigkeiten anzugeben, doch halte ich es der Übersicht halber für sinnvoll, einige grundsätzliche Gedanken dazu wiederzugeben, die ich als Ausarbeitung aus diversen Seminaren und Schriften zusammengestellt habe. Sie haben bis heute nichts an Aktualität verloren und stellen gewissermaßen eine Zusammenfassung dessen dar, was in diesem Kapitel angeführt wurde:

- Die Entwicklung von Konzentrationskraft gelingt durch ausdauernde Fixierung eines Punktes, eines Gegenstandes oder einer Szene, die sich im geistigen Bereich abspielt. Ein Abschweifen der Gedanken ist unbedingt zu meiden. Neben der Konzentrationsfähigkeit schult diese Übung den »magischen Blick«.
- Die Tätigkeiten des Alltags oder spezielle Übungsaufgaben sollten mit ganzer Aufmerksamkeit verrichtet werden und mit der festen Überzeugung, daß die Vorhaben gelingen.
- Hilfreich ist dabei die Vorstellung, sich selbst als einen Magneten anzusehen, von dem Arme, Hände, Augen usw. die Pole sind, von denen eine Übertragung der persönlichen Energie ausgeht.
- Die Vorstellungskraft kann wirksam geschult werden durch den Entwurf von Gedankenbildern wie »strömendes Fluidum«, Vorstellung von Objekten, Personen, Räumlichkeiten, Szenen usw., in denen wir agieren wollen (Fernübertragung, Telepathie).
- In einer weiteren Übung richten wir unsere Aufmerksamkeit auf die Empfindungen, die von gewissen vorgestellten Szenen hervorgerufen werden wie Strömungsgefühl, Wärme, Kälte, Freude, Trauer, Angst, Überraschung, besondere Geisteszustände usw.
- Die persönlichen Energien werden durch den Willen in Tätigkeit gesetzt. Physisches Mittel dazu ist die praktische Aussendung der magnetischen Ausstrahlung, psychisches Mittel ist der konzentrierte Wille. Die Gebärden (Handstellungen, Striche mit der Hand usw.) sind als Ausdruck des Willens zu werten.

- Zu Experimentalzwecken ist es hilfreich, die eigenen feinstofflichen Energien zunächst auf leblose Objekte zu übertragen (Aufladen von Wasser und diversen Gegenständen).
- Eine Übung für bereits Vorangeschrittene ist die Übertragung von Gedankenbildern, von Gefühlen oder Kräften auf Lebewesen durch Einsatz der Willenskraft unter Zuhilfenahme von Gebärden (Striche, Handauflegen, Blickkontakt oder Vorstellung von Gedankenbildern).
- Sollen bei Aufladungsvorgängen »magnetopathische Striche« (mit der Hand) angewendet werden, so sind diese langsam und voll bewußt durchzuführen. Die Augen sind dabei fest auf die Arbeit konzentriert, der Wille auf die durchzuführende Aufgabe.
- Zur Übertragung von Energie können beide Hände gleichzeitig eingesetzt werden. Durch wechselnden Einsatz der Hände (entweder nur mit links oder nur mit rechts arbeiten) können selektierte Energieformen (Yin, Yang) übertragen werden. Die feinstoffliche Kraft fließt bevorzugt aus den Handflächen und den Fingerspitzen. Es ist hilfreich, diesen Strömungsprozeß zu visualisieren.
- Magnetische Striche bringen feinstoffliche Energien in das Objekt (Aufladung). Demagnetisierende Striche entfernen das Fluidum (Abziehen). Abstoßende Striche verdrängen die Kräfte (Verladen, Übertragen). Kommunikative Striche (Reiben, Betasten, Kneten usw.) verstärken den Ausdruck des Willens.
- Um das Ausströmen einer punktuell gezielten Übertragung feinstofflicher Energien zu erleichtern, kann mit einem Finger, mit einem Indikationsstab (Graphit ist ein ideales Material), der die haltenden Finger ein wenig überragt, oder mit einem geeigneten Pendel gearbeitet werden.
- Eine weitere Übertragungsmethode (Beoden) persönlicher Energien ist das »warme«, also langsam durchgeführte Anhauchen mit geöffnetem Mund.
- Zum Entfernen (Entoden) belastender feinstofflicher Energien von Objekten (oder aus Personen) sind lange Striche mit zurückfahrenden Händen durchzuführen, aber auch Querstriche, schnelle Striche, Abreiben usw. Die Hände sind dabei nach jedem Strich auszuschütteln.
- Das Entoden kann unterstützt werden durch ein sogenanntes »kaltes« (mit Druck ausgeführtes) Anblasen mit wenig geöffnetem Mund. Oft ist dieses Verfahren schon allein ausreichend.

Zum Abschluß möchte ich dem Leser noch eine Reihe von Materialien anbieten, die sich sowohl für die Aufnahme biomagnetischer Energien als auch rein geistiger Kräfte besonders eignen. Ihr Speichervermögen ist besser als das von Wasser oder Wasser/Alkohol-Mischungen. Es handelt sich durchweg um natürliche Materialen, die rechtsdrehende Strahlungseigenschaften aufweisen. Sie speichern Körperod, Seelenod und geistiges Od.

- Milchzucker (natürlicher Milchzucker ist rechtsdrehend)
- Kartoffelstärke oder Reisstärke
- Agar Agar (ein aus Pflanzen gewonnenes Geliermittel)
- Gelantine (tierische Stärke, gewonnen aus Knochen und Knorpel)
- Schweineflomen (Bauch und Darmfett vom Schwein)
- Rindertalg
- Kohle (Pflanzenkohle, Tierkohle, Blutkohle)
- Wachs (Bienenwachs)
- Siegellack (Mischung aus Schellack, Fichtenharz oder Terpentinersatz mit Mineralfarben)
- Feinfasrige, poröse Oberflächen, wie bei Aluminiumfolie
- Ferritpulver beziehungsweise Tonbandstreifen (enthält Eisenoxydule)
- Heilerden, Terra sigillata
- Eisenwatte (idealerweise mit Blutlaugensalz gefärbt, rot oder gelb).

Der persönliche Einsatz heilmagnetischer Energien

»Man darf nicht glauben, daß es jedermanns Sache sei, Wasser heiß zu machen. Auch das ›Badsieden‹ scheint seine Feinheiten zu haben.«

(Heinrich Noe)

Die Kraftströme der Erde

Heilmagnetische Energien wirken in bevorzugter Weise von Mensch zu Mensch, weil in diesem Fall aufgrund gleichgearteter Energien eine besondere Resonanz vorhanden ist. Resonanz erleichtert die Übertragung der Energien. Da aber nicht nur jede Energieübertragung, sondern auch jede geistige und körperliche Tätigkeit Energien verbraucht, muß auch diese Art von persönlichem Magnetismus ständig ersetzt werden. Alle Lebwesen sind deshalb darauf ausgerichtet, die Kraftströme des Universums in sich aufzunehmen und umzusetzen. Neben der bewußten Aufnahme von kosmischer Lebenskraft durch besondere Techniken (Atemtechnik, Mentaltechnik, Runenübungen), ist der Schlaf für den Menschen die wichtigste Kraftquelle, er vermag energetische Verluste auszugleichen. Das gelingt am besten dann, wenn der Körper in Nord-Süd-Richtung ruht (Kopf nach Norden), weil er damit in den magnetischen Stromkreis der Erde eingeschaltet ist.

Die magnetische *Aus*strahlung der Erde erfolgt über die Südhalbkugel; auf der nördlichen Halbkugel strahlen die Energien aus dem Kosmos kommend auf die Erde ein, nachdem sie im All spezielle Energien der Planeten aufgenommen haben. Die hohe Bedeutung der kosmischen Einstrahlungen aus nördlichen Himmelsrichtungen erkennen wir in alten Kulten, die stets nach Norden hin ausgerichtet waren. Deshalb sprach man auch stets von dem »hohen Norden« und dem »tiefen Süden«. In Abweichung von der Nordorientierung bei den Kulten für die alten germanischen Gottheiten bevorzugt das Christentum die Ostorientierung, das heißt die Orientierung an der Sonne als Lebensspender.

Die Kraftströme der Erde sind also gerichtet. Diese Aussage bezieht sich sowohl auf das Einfallen der kosmischen Kraftströme auf die Erde als auch auf die Kraftströmungen, die von der Erde selbst erzeugt werden. Wir tun gut daran, diese Naturkräfte in sinnvoller Weise für uns zu nutzen, indem wir uns an ihnen orientieren.

Die Umsetzung (Verladung) der Kraftströme

Speicherorgane für die kosmischen Kräfte sind mehr oder weniger alle irdischen Objekte, also Mineralien, Pflanzen, Tiere und natürlich der Mensch. Letztgenannter kann auf leblose wie belebte Objekte einwirken, um deren feinstoffliche Wirkungskraft zu stärken: er kann Steine magnetisieren, einen Eisenstab oder Stäbe aus anderen Materialien, er kann Pflanzen magnetisieren, indem er sie bestreicht, oder Wasser, indem er es in bestimmter Weise rührt. Durch diese »Be*hand*lung« werden die ursprünglichen Kraftströme in den Objekten teilweise neu ausgerichtet und damit verstärkt. Beim Reiben und Rühren werden Kräfte vom Menschen abgegeben und an die Objekte übertragen. Bei dem Vorgang des Reibens entsteht eine besondere Spannung. Die dergestalt magnetisierten Objekte (magnetisieren = ausrichten, ordnen) sind nun besonders in der Lage, die in ihnen konzentrierte Kraft auf den Menschen zu übertragen. Darauf beruhen die Techniken des Aufladens von Bäumen und die persönliche Aufladung an Bäumen (schon der Spaziergang im Wald ist hilfreich) und verschiedene Heilbehandlungen (zum Beispiel Mesmers Baquet). Franz Mesmer hatte diese Kraft wiederentdeckt, die schon den alten germanischen Priestern bekannt war, die ihre Gottesdienste in heiligen Hainen durchführten. Sie verehrten nicht die Bäume, wie es ihnen heute nachgesagt wird, sondern die Gotteskraft, die durch diese Bäume vermittelt wurde.

In der Naturheilkunde allgemein und in der Homöopathie speziell wurden Heilmittel in der Vergangenheit stets magnetopathisch aufgeladen. Die Verarbeitungsvorschrift lautete nämlich, daß die aufzulösenden Homöopathika mehrfach mit einem Hornlöffel umgerührt werden sollen. Beim Vorgang des

Umrührens wird über die Hand Lebensmagnetismus übertragen, der die Heilwirkung verstärkt. Wasser, welches zu Heilbehandlungen verwendet wurde, war entweder ein natürliches »magnetisches« Wasser (spezielle Heilquellen) oder ein »magnetisch« aufgeladenes Wasser.

Es gibt heilige Flüsse und heilige Seen. Das Neue Testament zeigt uns den Heilmagnetismus des Wassers an in dem Hinweis, daß ein Engel in das Wasser des Teiches von Betesda herabstieg, dieses »bewegte«, worauf das Bad darin jeden gesund machte (Joh. 5.2-9). Bewegtes Wasser ist nämlich »magnetisiertes« Wasser und weist heilende und belebende Wirkungen auf. Deshalb spricht man auch davon, jemandem »das Bad zu richten«. Auch unser urdeutscher Strom, der Rhein, gehörte einst zu den heiligen Flüssen. »Rhein« bedeutet soviel wie »das Fließende«. Das Fließende bringt die »magnetischen« Kraftströme in eine Richtung; fließendes Wasser ist stets mit Lebenskraft aufgeladenes »magnetisches« Wasser. Insbesondere die rasch fließenden Berggewässer mit ihren durch Steine erzeugten Turbulenzen enthalten viel Lebensmagnetismus, weshalb das Bad in Berggewässern auch besonders stärkend ist.

Die praktische Anwendung der Magnetisierungsgesetze auf Lebensmittel macht uns beispielsweise verständlich, warum mit der Hand geschlagene Milch (in Form von Schlagsahne) bekömmlicher ist als rohe Milch, und Rührei bekömmlicher ist, als gekochtes Ei. Im gekochten Ei bleiben die feinstofflichen Energien im Wasser (Entoden durch Wasser). Umrühren macht auch Getränke bekömmlicher und ebenso Speisen, die beim Kochen viel gerührt werden müssen. Kuchen- und Brotteige, die mit der Hand gerührt beziehungsweise geknetet werden, sind bekömmlicher und wohlschmeckender als maschinell zubereitete Teige. Wer das Essen mit Mißmut und Unlust zubereitet, oder wenn dies ungesunde Personen tun, so werden auch diese Strömungen auf die Speisen übertragen. Ist das Restaurantessen für empfindliche Personen deshalb oftmals so unbekömmlich? Der Einfluß des Menschen auf die Materie wirkt besonders stark über seine Finger. Die Mutter, die gute Gedanken in ihre Speisen hineingleiten läßt, hat segnende Hände. Gut kochen und bekömmliche Speisen zubereiten kann nur ein in sich harmonischer und liebevoller Mensch.

Kürzlich zeigte eine Sendereihe des Bayerischen Fernsehens, daß es gerade in ländlichen Regionen heute wieder viele Familien gibt, die ihr Brot selber backen, und örtliche Zweckverbände, die gemeinsam dazu alte Brotbacköfen benutzen, die im Freien stehen. In dieser Sendung wurde gezeigt, daß selbst große Teigmengen noch mit der Hand geknetet werden, obgleich dies gerade bei den schweren Roggenteigen sehr anstrengend ist. Doch wird bei diesem Prozeß mit jeder knetenden Bewegung mehr und mehr Lebensenergie in den Teig gegeben, was sich dann im Geschmack und in der Bekömmlichkeit des Brotes ausdrückt. Natürlich kann dieser Effekt der Übertragung von Energien auch mit radiästhetischen Mitteln gemessen werden – mit jedem Knetvorgang steigt die Strahlungsreichweite der Lebenskraft und anderer lebenspositiver Energien im Teig an. Ein weiterer kraftübertragender Aspekt kommt hinzu: Die alten Backöfen stehen vielfach noch an ausgesuchten Standorten, auf die sternförmig kosmische Energien einströmen, die im Sinne der Schöpfungskraft wirken. Das Brot speichert diese Energien und wird dadurch vom reinen Nahrungsmittel zu einem Heilmittel.

Im Mund werden die feinstofflichen Kraftströme der Nahrung frei und verbinden sich mit unseren eigenen Kraftströmen, denn Mund, Zunge und Speichel sind ganz besonders stark von unserem Ode (Magnetismus, Lebenskraft) durchsetzt und in der Lage, fremde Od-Strömungen aufzunehmen. Eine der stärksten Od-Übertragungen geschieht durch einen Kuß, also über den Mund. Weil der Kuß kosmische Kräfte vermittelt, galt er als heilig. Mit Speichel können Objekte geweiht oder entodet werden, je nach Intention und Anwendungsritual. Tiere lecken ihre Wunden, die dann besonders rasch heilen. Auch der Mensch führt, wenn er sich ein wenig verletzt hat, das verletzte Glied häufig zum Mund. Aus energetischer Sicht ist der Speichel dazu da, dem Nahrungsbrei die feinstofflichen Energien zuzuführen, die zur Verdauung erforderlich sind. Deshalb ist das bewußte Einspeicheln der Nahrung auch von so großer Bedeutung für die Verdauung, das heißt für die Aufnahme der Lebenskräfte, die aus dem Nahrungsmittel freigesetzt werden. Bewußtes Kauen, Gebet und Gesang unterstützen die Umsetzung der Kräfte, die uns zum Leben dienen. Das Tischgebet vermittelt die kosmischen Kräfte, die beim bewußten Kauen der Nahrung zugesetzt werden, um deren Lebensenergie freizusetzen. Speichel heilt Wunden. Jesus speichelte die Heilerde ein, ehe er sie dem Blinden auf die Augen legte (Joh. 9.6). Der sinnlos Ausspeiende verliert mit seinem Speichel Lebenskraft, der Raucher zerstört die energetischen Kräfte des Speichels durch den Tabakrauch. Auch das Zähneputzen mit den üblichen Zahnpasten zerstört das energetische Potential des Mundes. Zahnreinigung ist wichtig; werden durch biologische Mittel zusätzlich die Speicheldrüsen angeregt, gelangt wieder energetisierter Speichel mit seiner heilenden Wirkung in den Mund, was der gesamten körperlichen Gesundheit dienlich ist.

Auch das Waschen der Wäsche mit der Hand ist ein heilmagnetischer Vorgang; gerade beim Reiben der Wäsche werden starke heilmagnetische Kräfte übertragen. Werden gute Gedanken mit in die Wäsche hineingeflochten, so bleibt der Lebensmagnetismus auch in der Wäsche haften und wird nicht durch das Spülwasser entfernt. Es ist deshalb durchaus nicht gleichgültig, wer die Wäsche wäscht. Es ist auch nicht gleichgültig, wer einem das Bett macht und wie das Bett gemacht wird. Durch Streichen und Klopfen werden die Materialien wieder in eine geordnete Lage gebracht. Dabei wird Lebensenergie übertragen, insbesondere, wenn das Bett in Nord-Süd-Richtung mit der Hand gestrichen wird, vom Kopfende zum Fußende durchgezogen. Noch im Mittelalter wurde einem Gast das Bett »angewärmt«, indem sich ein gesundes Familienmitglied einige Zeit hineinlegte. Dadurch wurden feinstoffliche Kräfte auf das Bett übertragen, die dem Gast zugute kamen. Gute Gedanken und gute Wünsche sind beim »Richten« des Bettes die besten Überträger der Kraftströme. Gerade für Kinder ist es wichtig, daß die Mutter das Bett macht und keine andere Person, denn die od-magnetische Verbindung des Kindes ist zur Mutter am stärksten. So fühlt sich das Kind auch im Bette der Mutter am wohlsten.

Gute Gedanken und gute Vorsätze machen auch die Wohnung selbst zur Kraftquelle, wenn ihre Einrichtung eine Konzentration der Gedanken zuläßt. Der Hausaltar war einst der wichtigste Kraftpunkt einer Wohnung und Stätte der inneren Sammlung. Das morgendliche und abendliche Gebet lud den Platz immer wieder mit neuen Energien auf, so daß der Betende hier Kraft für den Tag schöpfen konnte. Insbesondere der melodische Gesang ist ein Vermittler der höchsten Kraftströme des Alls. Diese Kräfte werden dann durch die betende Person auf die Familie übertragen: *»Mein heutiges Tagwerk soll meine Familie segnen.«* Früher sang der Handwerker bei seiner Arbeit und zog damit kosmische Kraftströme herbei; der Meister strich liebevoll mit der Hand über sein Werk – dadurch wurde es gerichtet und verbreitete Segen.

Das bewußte Aufladen von Objekten

Die Praxis des bewußten Magnetisierens, also das bewußte Aufladen mit feinstofflichen Energien, soll an einigen Beispielen aufgezeigt werden. Der Liebhaber von Pflanzen kann zum Beispiel seine Zimmerpflanzen und Gartenbäume magnetisieren, um ihnen ein besonderes Kraftpotential zukommen zu lassen. Pflanzen aller Art sind besonders empfänglich für menschliche Energien. Man bestreicht sie mit den Händen von oben nach unten in einem geringen Abstand. Auch Bäume können auf diese Art aufgeladen werden; hier werden die magnetischen Striche natürlich aus einiger Entfernung von der Spitze der Laubkrone den Stamm hinunter geführt. Die Hände beschreiben dann einen Bogen nach außen und werden zurückgeführt. Dieser Vorgang muß mehrere Minuten lang durchgeführt werden. Der Effekt kann verstärkt werden, wenn sich mehrere Personen zusammentun, den Baum in einem Kreise umschließen und sich die Hände zur Kette reichen. Dabei wird gesungen, wobei Gesänge mit vielen Vokalen zu bevorzugen sind. Die dazu geeigneten Lieder wie *»Oh, wie wohl ist mir am Abend«* oder *»Am Brunnen vor dem Tore, da steht ein Lindenbaum«* werden heute leider kaum noch gepflegt und sind der jüngeren Generation unbekannt. Aber auch kirchliche Choralgesänge sind wegen ihres hohen Anteils an Vokalen sehr geeignet. Gerade über die Vokale werden die Schallwellen mit wohlwollenden Kräften beladen und vom Baum aufgenommen. In der Praxis des Magnetisierens von Bäumen wird zunächst mit der Magnetisierung durch alle Teilnehmer begonnen. Dann wird singend der Baum umschritten und erneut von jedem einzelnen Teilnehmer magnetisiert. Dann wieder Singen und Umschreiten. Es reicht im allgemeinen, diesen Vorgang zwei- oder dreimal durchzuführen, in einer ehrlich andächtigen geistigen Haltung.

Das Kraftpotential des Baumes kann nun an alle Teilnehmer abgeleitet werden, indem eine Person der Kette den Baum mit der linken Hand (die aufnehmende) berührt und die letzte Person der Kette ihre rechte Hand (die gebende) an den Baum legt. Der Kraftstrom zirkuliert nun durch alle Teilnehmer. Französische Magnetiseure banden auch Stricke oder Bänder an den Baum, um seine Energie an die Teilnehmer abzuleiten. Nicht alle Bäume eignen sich für diesen Übertragungsvorgang: Linden, Eichen, Buchen und Kiefern scheinen besonders geeignet. Die Dorflinde ist ein Überbleibsel aus den alten germanischen Naturgottesdiensten. Um die Linde herum wurden Feste gefeiert (Tanzlinden) oder Gericht gehalten (Gerichtslinden, Femelinde); aus Lindenholz (Sommerlinde) werden Muttergottesstatuen geschnitzt, männliche Heilige gern aus Zirbenholz. Man wußte also stets um die heilsamen Wirkungen der Bäume und ihres Holzes auf den Menschen. Die Obstbäume im Garten sollten dagegen nur magnetisiert werden, um sie selbst zu kräftigen, sie sind zur Abgabe von Energien nicht so sehr geeignet. Wer sich als Einzelperson an einem Baum Kraft holen möchte, ohne ihn vorher magnetisiert zu haben, sollte in der Lage sein festzustellen, ob der Baum ihm Energie gibt oder Energie abzieht. Beide Vorgänge können von Bedeutung sein.

Der natürliche Magnetismus ist in Pflanzen in besonderem Maße gespeichert und kann durch sie zu Heilzwecken auf den Menschen übertragen werden. Eine alte Methode ist die, Kräutersäckchen bei sich zu tragen oder unter das Kopfkissen zu legen. Melisse zum Beispiel vertreibt aufregende Träume.

Mineralien enthalten feinstofflich-magnetische Kräfte in besonders hohem Maße. Entsprechend hoch ist hier auch die Gefahr negativer Einwirkungen auf die Gesundheit bei unsachgemäßer Anwendung. Über die heilmagnetischen Wirkungen von Pflanzen und Mineralien gibt es zahlreiche Literatur.

Magnetisiertes Wasser zu sich zu nehmen, ist für den Menschen von besonderer Bedeutung, weil er selbst zum großen Teil aus Wasser besteht und deshalb die magnetischen Kräfte des Trinkwassers sofort vom Organismus umgesetzt werden. Natürlich ist es sinnvoll, ein Wasser zu sich zu nehmen, welches schon von Natur aus ein starkes Eigenpotential besitzt. Andererseits können durch persönliches Magnetisieren dem Wasser ganz besondere Eigenschaften hinzugefügt werden, zum Bespiel Energien zum Zwecke der Heilung. Wasser ist ein guter Speicher für feinstoffliche Energien, kann diese aber auch leicht an lebende Organismen abgeben, weil bei Bedarf ein energetisches Gefälle besteht zwischen dem hohen Potential des Wassers und dem weniger hohen Potential der Körperzellen. Magnetisiertes Wasser kann verwendet werden zum Trinken, zum Kochen, zum Waschen, für Umschläge, als Badewässer. Mesmer verwendete magnetisiertes Wasser in seinem Baquet.

Ein Glas Wasser wird zum Beispiel magnetisiert, indem es mit der linken Hand von unten gefaßt wird, während sich die rechte Hand mit zusammengeführten Fingerspitzen in rechtskreisenden Bewegungen über die Wasseroberfläche bewegt. Die magnetische Kraft entströmt besonders den Fingerspitzen. Es würde auch genügen, das Wasserglas auf den Tisch zu stellen und nur mit der rechten Hand zu magnetisieren, doch geht der Prozeß wesentlich rascher vonstatten, wenn zwischen zwei Händen ein energetisches Kraftfeld aufgebaut wird, in dem sich dann das Wasserglas befindet. Es ist auch möglich, mit beiden Händen gleichzeitig zu magnetisieren, indem sie übereinandergelegt und so über das Glas geführt werden. Wird mit einer Hand allein magnetisiert, verwendet man in der Regel die rechte Hand; nur ausgeprägte Linkshänder magnetisieren mit der linken Hand. In jedem Fall ist es zweckmäßig, die Handflächen vor der Kraftübertragung ein wenig aneinander zu reiben. Wärme und Reibung erhöht den Eigenmagnetismus in hohem Maße. Ein Anhauchen des Wassers verstärkt den magnetischen Übertragungsakt. Es kommt nicht darauf an, viel von einem magnetisierten Wasser zu trinken. Häufigeres Trinken in kleinen Schlucken bringt bessere Erfolge. Magnetisiertes Wasser kann besonders gut als Hilfe bei Erkrankungen des Verdauungstraktes eingesetzt werden. Man trinkt es über den Tag verteilt in kleinen Schlucken.

Eine Flasche Wasser läßt sich auf die gleiche Art magnetisieren, wie ein Glas; die Wasseroberfläche muß nicht unbedingt offen vorliegen, es scheint aber doch vorteilhafter zu sein. Eine geschlossene Flasche kann man auch vor sich legen und sie mit reibenden Fingerbewegungen bestreichen, von der Mitte begonnen zu den beiden Enden. Dann führt man die Hände in großem Bogen zu Mitte zurück. Generell ist das Magnetisieren von Wasser in einem offenen Glas aber erfolgreicher als in einer Flasche. Auch die Menge der Flüssigkeit spielt eine Rolle: ein Glas ist noch leicht zu magnetisieren, eine Flasche schon ungleich schwieriger.

Um größere Mengen Wasser zu magnetisieren, zum Beispiel ein Bad, kommen andere Techniken zur Anwendung. Sehr effektvoll ist es, mit der rechten Hand (in diesem Fall) in linkskreisender Bewegung das Wasser umzurühren.

Dieses Umrühren kann aber auch mit einem Stab geschehen. Eine andere Möglichkeit ist die, mit beiden Händen die Enden der Badewanne zu reiben, von innen natürlich und dabei mit den Händen bis ins Wasser hinunter zu gehen.

Kleinere Objekte (zum Beispiel Baumwolle, Verbandmaterial, Socken, Tücher) werden magnetisiert, indem sie analog eines Wasserglases in die linke Hand genommen werden, während man mit der rechten Hand darüber streicht oder kreisende Bewegungen macht. Bei einem anderen Verfahren werden die Textilien zwischen den Händen gerieben, um die magnetischen Kräfte zu übertragen. Magnetisierte Textilien werden vorzugsweise zum Auflegen bei Befindlichkeitsstörungen eingesetzt, indem sie auf schmerzende Stellen gelegt werden. Bei kalten Füßen ist es vorteilhaft, magnetisierte Socken anzuziehen. Es gibt heute wieder eine Reihe von Devotionalien, bei denen heilige Symbole auf Stofftüchlein aufgedruckt sind. Das Auflegen dieser Tücher ist von großer Wirksamkeit.

Die geschilderten Verfahren für den Alltagsgebrauch mögen manchem Leser etwas weltfremd und altertümlich erscheinen, doch gibt es keine bessere Methode, mit feinstofflichen Kräften ganz gezielt auf individuelle Probleme einzugehen. Der Gedanke, mit dem die Aktivierung durchgeführt wird, ist dabei ein ganz entscheidender Faktor. Der Wunsch, der in diesen Prozeß mit hineingelegt wird, versucht sich zu erfüllen. Die Gutes wollende, gläubige Seelenhaltung des Magnetisierenden ist schon der halbe Erfolg beim Übertragungsprozeß.

Teil 3: Das Reinigen und Aufladen von Objekten

Spirituelle Reinigung und Positivierung von Objekten

Dieses vielschichtige Thema bedarf ausführlicher Erläuterungen, da auf dem Markt inzwischen zahlreiche Systeme der unterschiedlichsten Art angeboten werden, um zum Beispiel Nahrungsmittel zu reinigen, energetisch aufzuwerten oder Gegenstände des täglichen Gebrauchs in ihrer Ausstrahlung beziehungsweise Verträglichkeit aufzubessern. Bezüglich der Reinigung von Nahrungsmitteln scheinen diese Verfahren verständlich und gerechtfertigt, weil die ursprünglichen Produkte auf dem Weg zum Verbraucher zahlreiche Prozesse durchlaufen haben, bei denen nicht nur der Energiegehalt der frischen Nahrungsmittel drastisch reduziert wurde, sondern auch negative Energien in die Produkte Einzug gehalten haben, zum Beispiel über elektrische Verarbeitungs- und Kontrollmechanismen, Bestrahlungsvorgänge, Mikrowellenbelastung, die Strichcodierung mit ihrem belastenden Informationsgehalt und vieles andere mehr. Aus Erfahrungen im Zusammenhang mit Hausuntersuchungen weiß ich, daß der Schmuck, den Menschen am Körper tragen, vielfach belastende Ausstrahlungen aufweist, von denen aufgrund ihrer Intensitäten und Qualitäten durchaus gesundheitliche Belastungen zu erwarten sind und auch nachgewiesen werden konnten.

Grundsätzlich muß darauf hingewiesen werden, daß energetische Reinigungen von Objekten möglichst nur von Personen vorgenommen werden sollten, die über zuverlässige Möglichkeiten verfügen, die Wirkungen der angewandten Technologien zu überprüfen. Es gibt Techniken, die zwar von jedermann durchgeführt werden können, die aber nicht bei jedem Erfolg zeigen, weil sie bestimmte Fähigkeiten bedingen. Und es gibt Techniken, die nicht so harmlos in der Anwendung sind, wie sie ausschauen: Bei manchen Entodungsverfahren entstehen sogenannte »Null-Energien« auf der Basis der Formaldehydwellenlänge, die mit zunehmender Dauer der Entodung akkumulieren und im Objekt einen Pool gesundheitlich gefährlicher Energien bilden, die oft an einem Gefühl »eisiger Kälte« auch ohne radiästhetisches Werkzeug erkannt werden können. Diese Energien können am Objekt sehr lange haften bleiben.

Andererseits existieren Technologien, die vorhandene Belastungen umzuwandeln vermögen, ohne sie zu entfernen. Teilweise werden dabei nur bestimmte Energien umgewandelt, teilweise werden dem Objekt dabei Energien aufgezwungen, die aus spiritueller Sichtweise nicht unbedenklich sind. Es gibt selektierende Entodungsverfahren, die nur einzelne Wellenlängen aus einem Objekt herausnehmen, und es gibt umfassend wirkende Systeme. Darüber hinaus sollte die Frage erlaubt sein, warum überhaupt eine Entodung durchgeführt werden soll. Jedes Objekt weist naturgemäß eine Vielzahl von artspezifischen Wellenlängen auf, die seinem Charakter entsprechen, seiner Art. Wenn hier die Schwingungsstruktur des Objektes verändert wird, so resultiert ein gewisser Widerspruch zwischen der Art des Objektes und seiner Ausstrahlung.

Eine Vielzahl artspezifischer Wellenlängen läßt sich überhaupt nicht entfernen. Jedes Objekt hat bestimmte Eigenschwingungen, die auf seiner molekularen Struktur beruhen, und diese können weder verändert noch entfernt werden. Ein Stein weist als Basis-Wellenlänge die Quarz-Ausstrahlung auf, beruhend auf der chemischen Struktur des Siliziumdioxid, daran kann nichts geändert werden; Wasser bleibt Wasser, auch wenn daran noch soviel herumprobiert wird. Es können also nur bestimmte Energien an einem Objekt beseitigt oder verändert werden. Aus allen diesen Gründen möchte ich hier auch nur auf bestimmte Verfahren näher eingehen, die meist auch beim radiästhetischen Laien erfolgversprechend sind, und andere Methoden nur vom Prinzip her erwähnen und ihren Funktionsmechanismus erläutern, soweit der Entodungsvorgang radiästhetisch nachvollzogen werden kann, denn auch die Anwendungsdauer spielt bei diesen Verfahren eine Rolle. Zu Beginn der Beschreibungen eine Auflistung von Entodungs- beziehungsweise Reinigungsverfahren, die mir persönlich bekannt sind und die ich weitgehend auch selbst erprobt habe:

- Abreiben mit Kochsalz
- Abspülen unter fließendem Wasser
- Entzug einzelner Wellenlängen mittels radionischer Systeme
- Absaugen von Energien mittels Rohren beziehungsweise durch Systeme, die auf dem Prinzip des Arbeitens mit Orgon-Energien beruhen
- Lagerung an einem »positiven« Kraftort
- »Aufladen« durch zeitweilige Platzierung auf einem »aufladenden System« wie dazu käuflich zu erwerbende Platten, Unterlagen, Stäbe, Karten, Schalen, Töpfe usw.
- Entoden und Beoden durch Arbeiten mit »geheiligten« Kerzen
- Modifizieren der Energien mittels graphischer Symbole, gezeichneter »Amulette« usw.
- Arbeiten in bestimmten »nehmenden« Schichtebenen
- Anwenden mentaler Verfahren, die auf der Anwendung der Bioenergie des Operateurs beruhen, also auf eigenen Kräfte basieren

- Anwendung mentaler Verfahren, die unter Herbeirufung spiritueller Wesenheiten und Kräfte erfolgen
- Anwendung mentaler Verfahren unter Einbeziehung radionischer Verstärkersysteme, wie »Weißer Strahler« usw.

Es ist schon an diesen Beispielen ersichtlich, daß Verfahren existieren, die zum einen auf einer Art »neutraler«, personen-ungebundener, technologischer Anwendung basieren und zum anderen eine Einbeziehung der persönlichen psychischen Kräfte bedingen, die vorhanden sein können oder auch nicht. Eine eindeutige Trennung der Verfahren scheint hier nicht möglich zu sein, denn ich habe immer wieder beobachten müssen, daß selbst die einfachsten Methoden nicht bei jedem gelingen. Es hat den Anschein, daß für alle Anwendungsverfahren ein gewisses Maß an Entwicklung der eigenen psychischen Kräfte erforderlich ist, um die jeweiligen Prozeduren gelingen zu lassen. Es ist schon etwas dran, wenn der Volksmund davon spricht, daß man an die Wirksamkeit seiner Handlungsweise glauben müsse. Glaube ist tiefste Erkenntnis im eigenen Geist, in der Seele des Menschen, auch im Gegensatz zum intellektuellen Wissen. Glaube weckt die spirituellen Kräfte des Menschen und setzt Resonanzbeziehungen in Gang zu den uns umgebenden kosmischen Kräften, die mehr oder weniger bei allen zu beschreibenden Prozeduren eine gewisse Rolle zu spielen scheinen.

Grundstrukturen der energetischen Belastungen

Wenn zum Beispiel auf dem Trödelmarkt oder im Antiquitätengeschäft alter Schmuck gekauft wurde oder auch nur Schmucksteine, so haben diese Objekte mitunter schon einen mehrfachen Besitzerwechsel hinter sich. Sie sind abgegeben worden, weil sie keine Beachtung mehr gefunden haben, weil vielleicht Geld benötigt wurde, weil ihnen kein Wert mehr beigemessen wurde. Vielleicht sind es Erbstücke, die von unterschiedlichen Menschen lange Zeit getragen worden sind, vielleicht auch von kranken Menschen, von Menschen mit Haß, Verzweiflung, Depressionen, Todesgedanken, von Menschen, die Selbstmord begangen haben usw. An Erbstücken oder Pfandhauswaren hängen oft bittere Tränen; was aus einem Pfandhaus oder Antiquariat kommt, wandert vielfach wieder in diese Institution zurück. In allen diesen Fällen bleibt von den betreffenden Energien der Vorbesitzer ein Teil in dem Schmuckobjekt sehr fest haften. Das sind geistige (kapazitiv-elektrische) Energien, die hier übertragen worden sind, es können aber auch Energien des bekannten elektromagnetischen Spektrums sein (induktiv-magnetisch), die direkt auf die Physis des Menschen wirken, während die kapazitiven Energien den Geist beeinflussen. Durch solche Schmuckobjekte können geistige und körperliche Krankheiten beim neuen Träger entstehen, deren Ursachen kaum jemals erkannt werden. In diesen Fällen ist es sogar zwingend notwendig, die Objekte einer sorgfältigen Reinigung auch auf der spirituellen Ebene zu unterziehen. Mitunter regeln sich die Dinge aber auch ganz von alleine. Aus persönlicher Erfahrung weiß ich, daß zum Beispiel Schmuck aus dem Antiquariat sehr rasch wieder verloren geht, wenn er nicht richtig oder überhaupt nicht entodet wurde, oder wenn seine Energien nicht mit denen des Trägers harmonieren. Offenbar wachen über das Leben des Menschen noch höhere Intelligenzen, die prüfen, wie weit etwas für die Entwicklungsaufgaben der jeweiligen Person hilfreich ist und zugelassen wird oder was als unpassend auf irgendeine Weise wieder verworfen wird.

Grundsätzlich existieren drei energetische Ebenen, auf denen unterschiedliche Energieformen an den Materialien haften können: Auf der »körperlichen«, stofflich-energetischen Ebene haften an den Objekten sogenannte induktiv-magnetische Energien, die von Personen (zum Beispiel dem ehemaligen Träger eines Schmuckstückes) auf die Objekte übergegangen sind oder die durch Umwelteffekte (Aufnahme von örtlichen Energien oder technischen Strahlungen) dem Objekt eingeprägt wurden. Diese Energien betreffen die Physis des Menschen und sind von fühligen Personen direkt wahrnehmbar; für den Radiästheten sind sie auch am leichtesten zu identifizieren. Diese Energiearten sind auch am leichtesten zu entfernen.

Als zweites sind da die sogenannten kapazitiv-elektrischen Energien, die auf der stofflichen Ebene den seelischen Energien eines Menschen entsprechen. Das sind Energien der Gemütsverfassung des Besitzers eines bestimmten Objektes. Energien wie Zorn, Haß, Verachtung, Leidenschaften, Flüche, Süchte, Liebe usw. weisen eine starke emotionale Belegung auf und haften deshalb vielfach in noch stärkerer Weise an Objekten als die Energien der rein stofflichen (materiellen) Ebene. Diese Energien werden vom neuen Besitzer eines alten Stückes in der Regel nicht gefühlt, und wenn, dann nur ganz unterschwellig, so als ob irgend etwas nicht ganz in Ordnung wäre. Sie sind nur schwer ins Bewußtsein hinein zu berufen und werden deshalb vielfach nicht erkannt. Der Radiästhet kann diese Energien mit Hilfe bestimmter Untersuchungstechniken aber leicht erfassen. Wenn spirituelle Laien Reinigungen von Objekten durchführen, dann werden diese Energien oftmals nicht mit erfaßt. Es ist deshalb wichtig, sich ihr Vorhandensein bewußt zu machen, so daß ihre Entfernung durch mentale Prozesse beim Entodungsverfahren unterstützt werden kann.

Die dritte, noch darüber gelagerte Ebene ist noch schwerer zu erfassen. Hier handelt es sich um Kräfte, die nicht mehr der stofflichen oder energetischen Ebene angehören, sondern es handelt sich um sogenannte Informationsfelder. Das ist eine Art geistige Matrix. Bei emotionaler Belegung können diese Informationsfelder in uns bekannte Energieformen umgewandelt werden. Dabei entstehen aus einer geistigen Information physisch wirksame Kraftfelder des elektromagnetischen Formenkreises. Auf der Informationsebene handelt es sich um Energien, die mit dem persönlichen Schicksal eines Menschen zu tun haben, mit seiner Weltanschauung, mit seiner Art zu leben und zu denken, mit alten Geistesstrukturen, die aus Vorgängergenerationen der Familie übernommen wurden usw. Das sind Informationsstrukturen, die auch der Radiästhet mit seinen Hilfsmitteln nicht mehr direkt erfassen kann; das geht nur über Detektionsmethoden, die mental unterstützt werden. Diese informativen Kräfte werden fast nie erkannt, gelangen nicht ins Bewußtsein und lassen sich deshalb auch nicht oder nur sehr schwer entfernen. Das kann aber über Neu-Imprägnationen von Materialien erreicht werden, wie sie weiter unten in dieser Arbeit im Sinne von Beodungsverfahren oder Positivierungsverfahren angesprochen werden. Für die Durchführung einer Reinigung beziehungsweise Entodung muß sich der Experimentator dessen bewußt sein, welche Arten von Energien oder Kräften im Objekt vorhanden sein können, damit er seine geistige Konzentration während des Entodungsverfahrens jeweils auf diese Energieformen ausrichten kann. Das ist weit mehr, als von den meisten Menschen geleistet werden kann. Deshalb gibt es ja auch so viele gesundheitliche und geistige Beeinflussungen durch Übernahmen von Material, welches mit Fremdenergien behaftet ist.

Auch neue Schmucksteine und andere viel getragene Objekte nehmen teilweise sehr rasch spezifische Energien vom Träger auf sich. Edelsteine und Halbedelsteine werden ja vielfach auch direkt zur Besserung der Gesundheit oder um negative Energien abzuwenden, denen wir praktisch ständig ausgesetzt sind, getragen. Ob es nun eigene Krankheitsenergien sind oder vielleicht emotionsbeladene Fremdenergien oder Energien technischen Ursprungs, die Steine nehmen sie mehr oder weniger rasch auf, und sie bleiben an ihnen haften. Die Steine werden ja auch mit der Intention getragen, daß sie Unheilvolles vom Träger fernhalten oder abziehen. Damit sind die Steine nun beladen und können nicht mehr in der gewünschten Weise wirken. Ja sie können beim weiteren Tragen sogar Schaden anrichten. Streng genommen müßte am Körper getragener Schmuck täglich auf Belastungen durch Fremdenergien überprüft werden. So bekommt man sehr schnell heraus, in welchen Abständen dieses oder jenes Objekt gereinigt (entodet) werden muß.

Ein Beispiel aus eigener Erfahrung: Ich bekam ein Amulett aus Holz geschenkt zum Schutz vor geistigen und technischen Energien aus unserer Umwelt. In die Holzpatte waren Steinsplitter eingelassen von 12 unterschiedlichen Heilsteinen. Eine sehr schöne Arbeit mit dem Charakter eines Schmuckstückes. Das Amulett funktionierte gut; dieser Effekt konnte nachgewiesen werden. Aber ich stellte mit Entsetzen fest, daß ich dieses Amulett jeden Tag neu entoden mußte, so stark waren die belastenden Energien des Tages in dem Material gespeichert.

Edelsteine oder Halbedelsteine sind Objekte, die ganz besonders stark dazu neigen, Fremdenergien aufzunehmen, denn sie sind Bindeglieder zwischen der belebten und der unbelebten Natur. Aus diesem Grunde besteht zwischen den Seelenkräften eines Menschen und dem von ihm getragenen Edelstein eine besonders innige und unmittelbare Beziehung, wie die folgenden Beispiele zeigen mögen:

»Einer großen Juwelierfirma passierte es, daß ein ihr zum Fassen anvertrauter besonders wertvoller Türkis plötzlich unter den Händen ihres angestellten Steinfassers die schöne blaue Farbe verlor und dunkelgrün wurde, als dieser bei der Arbeit erkrankte. Als der Stein nun einem anderen, gesunden Arbeiter übergeben wurde, nahm er seine ursprüngliche Farbe wieder an.«[14]

Der Naturphilosoph Charubel sagt vom Rubin: *»Wenn du in Sorge bist, so konzentriere deine Gedanken auf den Rubin; seine verborgenen Kräfte werden dein Bündel Sorgen auf sich ziehen, du wirst ruhig und getröstet werden.«*[15]

Vielfach kommen heute Heilsteine oder Schmucksteine auf den Markt, die durch radioaktive Bestrahlung eine Änderung ihrer Farbe erhalten haben. So lassen sich beispielsweise preiswertere weiße Quarzkristalle zu teuren Rauchquarzen umwandeln, die dann für den Fühligen eine wahrhaft dämonische Ausstrahlung aufweisen. Der englische Physiker Sir William Crookes (1832-1919) stellte fest, daß Diamanten, die Radiumstrahlen ausgesetzt wurden, eine vollkommen salbeigrüne Färbung annahmen, direkt selbst radioaktiv wurden und unaufhörlich Alpha-, Beta- und Gammastrahlung abgaben.[16] Mir ist nicht bekannt, ob sich diese Experimente mit modernen physikalischen Detektionsmethoden für radioaktive Strahlung bestätigen lassen. Aus meiner langjährigen radiästhetischen Praxis weiß ich allerdings, daß sich mit den hier üblichen Detektionsmethoden zum Beispiel radioaktiv bestrahlte Nahrung einwandfrei als solche identifizieren läßt. Sogar die Art des radioaktiven Materials, das zur Bestrahlung verwendet wurde, läßt sich auf diese Weise bestimmen. Auch hatte ich Gelegenheit, an einem durch radioaktive Strahlung behandelten Kristall Untersuchungen anzustellen. Die in den Nahrungs-

[14] Laars, R. H.: »Das Buch der Amulette und Talismane. Talismanische Astrologie und Magie«, S.160
[15] ebenda, S.150
[16] ebenda, S.134

mitteln durch Folgen der Bestrahlung auftretenden Energien lassen sich nicht löschen, sie lassen sich aber in eine körperverträglichere Form umwandeln. Die molekularen Schäden, die durch radioaktive Bestrahlung an Nahrungsmitteln erfolgen, lassen sich dagegen mit keiner Methode mehr rückgängig machen. Daß diese Belastung der Nahrung aber gefühlt werden kann, zeigt folgendes Beispiel:

Auf Urlaubsreisen kaufte ich gelegentlich eingefrorenen Seefisch, weil ich keinen frischen Fisch bekommen konnte. Das war in einer Übergangsphase, als ich mich vom reinen Vegetarier zu einem Allesesser »rückentwickelte«. Ich wählte immer ein bestimmtes Produkt von der gleichen Firma, das mir schmeckte und das ich als bekömmlich empfand. Während eines Aufenthaltes in Österreich kaufte ich den gleichen eingefrorenen Fisch eines anderen Herstellers, weil ich meine Marke dort nicht bekommen konnte. Drei kleine Stückchen waren in der Packung, die ich mir zu Hause in meiner Ferienwohnung in der Pfanne briet. Schon beim Öffnen der Packung verging mir irgendwie der Appetit, obgleich alles gut aussah. Unlustgefühle stellten sich ein. Während des Bratens bekam ich leichte Angstgefühle, von der Magengrube ausgehend, die sich immer mehr verstärkten. Ein Stückchen von dem Fisch habe ich mit Verachtung gegessen, dann wurden die Angstgefühle so stark, daß ich aufhören mußte. Die übrigen Stücke habe ich untersucht: der Fisch war radioaktiv bestrahlt worden. Nachdem ich die Reste weggeworfen hatte, waren auch die Angstgefühle sofort vorbei. Es geht mir auch heute noch so, daß ich Angstgefühle verspüre, wenn ich bestrahlte Nahrung längere Zeit in der Hand halte.

Zu einer anderen Gruppe von Objekten, die stark zur Aufnahme von Fremdenergien neigen, zählen die sogenannten Traumfänger, die in jedem Esoterikladen angeboten werden und die ich bei Hausuntersuchungen vielfach über Kinderbetten fand. Überlegt sich denn der Käufer nicht, wie und warum diese Objekte wirken? Diese Gegenstände enthalten magische Energien mit zum Teil hohen Intensitäten. Wer bringt sein Kind schon freiwillig zu jemandem, der es verzaubert. Aber genau das passiert durch die Traumfänger. Die Energien sind dann mitunter auch im Menschen nachweisbar. Warum werden die Traumfänger über das Bett gehängt? Sie sollen den Schlaf beschützen. Das tun sie auch, denn die Energien, die sie ausstrahlen sind zunächst durchaus positiv und im gewünschten schützenden (auffangenden) Sinne wirksam. Aber wo bleiben die negativen Energien, die die Traumfänger aufnehmen? Die lösen sich nicht irgendwie auf, sie bleiben im Traumfänger gebunden und akkumulieren zu gewaltigen Intensitäten an negativem Potential. Nur in ganz seltenen Fällen habe ich Traumfänger in der Anwendung gefunden, die nicht mit negativen Energien belastet waren. Besonders gefährlich ist, daß die negativen Energien von den meisten Menschen nicht gespürt werden, weil es geistige Energien sind und keine, die einen direkten sensorischen Bezug haben. Hier passieren Veränderungen in der Psyche des Menschen, die beim Kleinkind vielleicht besonders gefährlich sind, da sie auch schon eine Vorbereitung auf dessen spätere geistige Beeinflußbarkeit sein können. Geistige Beeinflussung gelingt leichter, wenn der Mensch schon über lange Zeit den entsprechenden energetischen Eigenschaften ausgesetzt war. Dadurch kommt dann später leichter eine Resonanz zustande, eine Wechselbeziehung der im Organismus bereits gespeicherten Energien mit den uns beeinflussen wollenden geistigen Kräften aus der Umwelt.

Reinigung von Objekten durch Abreiben mit Kochsalz

Diese Methode gehört zu den einfachsten und zuverlässigsten Verfahren, die mir persönlich bekannt sind. Reinigung durch Abreiben mit Salz funktioniert in der Regel bei den meisten Anwendern. Allerdings ist auch hier eine Beteiligung mentaler Kräfte und Fähigkeiten nicht auszuschließen. Das ist daraus ersichtlich, daß der gewünschte Entodungseffekt bei manchen Personen sich innerhalb von Sekunden vollzieht, bei anderen eine minutenlange Arbeitszeit erfordert.

Das Mittel der Wahl ist hier gebräuchliches Kochsalz. Das muß nicht aus dem Bioladen sein, es funktioniert auch mit dem billigsten und mit Rieselhilfen versehenen Salz aus dem Supermarkt. Ob Meersalz oder Steinsalz ist ebenso unbedeutend. Persönlich verwende ich nur »reines« Salz, also ohne jegliche Art von Rieselhilfen, weil ich nur dieses im Haushalt habe, doch habe ich es auch mit anderem Salz ausprobiert, es funktioniert ebenso. Als Hinweis für den Radiästheten: Es ist auch gleichgültig, ob das Salz rechtsdrehende oder linksdrehende Strahlungseigenschaften aufweist. Es ist also jedes normale Salz geeignet, wie es im Haushalt verwendet wird.

Das Verfahren des Abreibens mit Salz ist natürlich nur für Objekte geeignet, die durch das Salz und die daran haftende Feuchtigkeit keinen Schaden erleiden. Unedle Metalle zum Beispiel (Modeschmuck) können durch das Salz angegriffen werden. Zur Durchführung der energetischen Reinigung werden die Objekte einfach mit dem Salz abgerieben. Damit können zum Beispiel Schmucksteine gereinigt werden oder Heilsteine, die dem Körper aufgelegt werden und dort negative Energien abziehen. Es können Amulette sein, die aus Steinen bestehen, Ringe usw. oder die Brille, sofern man Brillenträger ist. Meist schadet die kurzfristige Anwendung des Salzes auch den Metalleinfassungen von Schmucksteinen nichts, wenn die Salzspuren gleich danach unter fließendem Wasser abgespült werden. Damit wird zugleich noch ein zweites

Reinigungsverfahren zur Anwendung gebracht, nämlich das Abspülen mit Wasser.

Das Verfahren des Abreibens mit Salz greift die artspezifischen Energien der zu reinigenden Produkte nicht an, verändert also in keiner Weise die Art des Objektes. Die Gefahr, zuviel des Guten zu tun und im Objekt eine belastende Nullenergie zu erzeugen, besteht hier nicht. Dieses Verfahren ist also praktisch durch jede Person gefahrenlos anwendbar und funktioniert in der Regel auch sehr gut. Es gibt allerdings auch energetische Anhaftungen an Steinen, die sich auf diese Art nicht entfernen lassen, zumindest nicht von Personen, die über keine spirituellen Fähigkeiten verfügen. Der Vollständigkeit halber möchte ich auch einige Beispiele anfügen, die gewisse Grenzen für diese Methode aufzeigen.

Wie wird nun in der Praxis vorgegangen, wenn ein Objekt durch Abreiben mit Salz gereinigt werden soll? Man gibt auf einen Teller, eine Untertasse, ein Blatt Papier oder in eine Schale usw. ein oder zwei Teelöffel Salz. Eine Hand hält nun das Objekt, die Finger der anderen Hand nehmen zwischen den Fingerspitzen ein wenig von dem Salz auf und streichen damit leicht über das Objekt. Dieser Vorgang wird mehrfach wiederholt für etwa 20 Sekunden oder länger. Es wird immer das gleiche Salz von dem Häufchen verwendet, das allmählich die negativen Energien des Objektes aufnimmt und mit ihnen angereichert wird. Dieser Vorgang wird mental unterstützt durch die Vorstellung, daß mit jedem Abreiben etwas von den negativen Energien aus dem Objekt in das Salz übergeht. Der Geübte entwickelt bald ein Gefühl dafür, wie lange dieser Vorgang wiederholt werden muß. Der Ungeübte oder Zweifelnde sollte anschließend das Objekt sowie das Salz mit geeigneten radiästhetischen Methoden (Rute, Pendel, Schwingstab usw.) untersuchen. Ein Vergleich mit dem vorherigen Zustand zeigt, daß das Objekt nun mehr oder weniger von anhaftenden Energien befreit wurde, die in das Salz übergegangen sind. Das Objekt kann nun zur Entfernung der letzten Salzspuren mit einem Tuch abgewischt werden, oder man hält es einfach kurz unter fließendes kaltes Wasser und trocknet es ab.

Es kann auch so verfahren werden, daß man das Objekt auf einen Teller legt, das Salz darüber schüttet, es mit den Fingern immer wieder aufnimmt und herunterrieseln läßt. Oder man läßt das Objekt einfach unter dem Salzhäufchen über Nacht stehen. Der bewusst durchgeführte Prozeß ist auf jeden Fall das zuverlässigere Verfahren.

Wohin nun mit dem belasteten Salz? Man kann es einfach in die Toilette oder in den Ausguß geben und hinunterspülen. Die Energien werden dabei verdünnt und können so auf niemanden mehr belastend wirken. Auf jeden Fall sollte das Salz in keiner Weise mehr Verwendung finden. Manche Personen meinen, aus spiritueller Sichtweise sei es nicht gut, diese negativen Energien so einfach an die Umwelt weiterzugeben. Nun, man kann natürlich auch das Salz wieder entoden, bevor es weggeschüttet wird. Bringt man die Schale mit dem Salz in die richtige energetische Schichtebene der Luft und unterstützt diesen Prozeß mental, so gehen die negativen Energien in die Luft über und werden vom Winde verweht, wenn der Prozeß im Freien durchgeführt wird – nicht in der Wohnung oder dort nur am offenen Fenster, denn es könnte sonst sein, daß die Energien irgendwo im Raum eine Anhaftung finden. Persönlich scheint mir das Entoden des Salzes vor dem Wegschütten aus spiritueller Sichtweise nicht erforderlich zu sein. Es handelt sich bei diesem Reinigungsprozeß schließlich nur um eine Umverladung von Energien, die keinen direkten Kontakt zu Lebewesen mehr bekommen, und nicht um eine Neuschaffung von Energien.

Durch die Vorgehensweise des Abreibens mit Salz werden die meisten der negativen Energien entfernt. Es gibt aber Fälle, wo diese Methode nicht oder nur unzureichend funktioniert. So gibt es zum Beispiel Bücher, die durch einen Vorgänger in irgendeiner Weise zu magischen Operationen verwendet wurden. Solche Energien sind nur sehr schwer oder überhaupt nicht zu entfernen. Und wenn so ein Buch in irgendeiner Weise magische Anweisungen beinhaltet, gewisse spirituelle Lehren usw., so sind diese Energien fester Bestandteil des Buches und lassen sich natürlich nicht entfernen. – Es ist am besten, man überlegt sich vorher genau, welcher Art die negativen Energien sein könnten und was davon entfernt werden soll. Je genauer das Vorhaben definiert werden kann, um so sicherer und schneller wird das gewünschte Ergebnis erzielt.

Zum Abschluß sei noch erwähnt, daß durch das Abreiben mit Salz in gewisser Weise auch Personen »entodet« werden können. Dieser Vorgang wird zum Beispiel in der Salzsauna durchgeführt und ist wohl der wahre Grund dafür, daß der Saunagänger sich nach dieser Salzbehandlung wesentlich wohler fühlt, als nach einem normalen Saunabesuch. Die Prozedur ist folgendermaßen: Man geht zum Aufguß in die Sauna und schwitzt vielleicht 10 Minuten vor. Danach begibt man sich ins Freie und reibt den schweißnassen Körper mit einer Handvoll Salz ab. Eine dünne Salzschicht soll dabei auf dem Körper verbleiben. Mit dieser Salzschicht auf der Haut begibt man sich wieder in die Sauna und schwitzt weitere 10 Minuten. Nach kurzer Abkühlphase kann man dann die verbleibende Salzschmiere von Körper abduschen und ist nicht nur äußerlich, sondern auch aus spiritueller Sicht gereinigt.

Reinigen von Objekten durch Abspülen mit fliessendem Wasser

In ähnlicher Weise, wie das Entoden durch Abreiben mit Salz durchgeführt wird, kann mit fließendem Wasser gearbeitet werden. Kaltes Wasser muß es sein, das ist wichtig, weil dieses einen besseren Energiespeicher darstellt als warmes Wasser. Das hat mit der Geschwindigkeit der Neubildung und Auflösung der inneren Wasserstrukturen zu tun. Je kälter das Wasser ist, um so stabiler sind die inneren Strukturen und um so fester können Fremdenergien eingebunden werden. Erwärmen beziehungsweise Erhitzen des Wassers wäre eine Methode, um die aufgenommenen Energien wieder auszutreiben. Destillieren von Wasser, also Überführung von flüssigem Wasser in die Dampfphase und anschließende Kondensation, entfernt auch die letzten Spuren energetischer Anhaftungen aus dem Wasser.

Die Mystikerin und Äbtissin Hildegard von Bingen (1089-1179) beschrieb Verfahren, um Energien von Heilsteinen in Wasser zu überführen. Dieses Wasser solle dann zu Heilungszwecken getrunken werden. Das ist ebenfalls ein Verfahren, um Kräfte aus Objekten in Wasser zu überführen. Es ist für das Verfahren gleichgültig, ob positive Kräfte von Objekten im Wasser gespeichert werden sollen oder ob negative Energien zu Reinigungszwecken im Wasser fixiert werden. Aus radiästhetischer Sichtweise ist dieses Verfahren nachvollziehbar und die Wirkung auf das Wasser überprüfbar.

Hier soll aber beschrieben werden, wie negative Energien, die sich zum Beispiel in einem Heilstein befinden, in Wasser überführt werden, um auf diese Weise den Stein zu reinigen. Dem Wasser ist es egal, ob es positive oder negative Energien aufnimmt. Hier läuft ein physikalischer Vorgang ab, der immer funktioniert und die Begriffe der guten und negativen Energien nicht kennt. Was wir in diesem Fall als gut und böse bezeichnen, sind schließlich nur entgegengesetzte polare Energiefelder ein und derselben Naturkraft, also von gleicher Wesensart. In der Praxis wird so vorgegangen, daß man den zu entodenden Gegenstand für kurze Zeit unter fließendes Wasser hält und den Reinigungsvorgang mental unterstützt. Durch die Mentalarbeit kann der Reinigungsvorgang gesteuert werden, indem der Operator sich auf bestimmte Eigenschaften beziehungsweise Energien konzentriert, die entfernt werden sollen. Die Praxis zeigt, daß der Vorgang auch ohne mentale Unterstützung recht gut bei »oberflächlich« anhaftenden Energien gelingt, also solchen, die das Objekt mehr oder weniger zufällig aufgenommen hat, zum Beispiel bei einem Edelstein, der als Heilstein oder Schutzstein am Körper getragen wird. Sind mit dem Stein oder dem Objekt tiefgreifendere energetische Prozesse verknüpft, die im Bereich energetischer Informationen liegen, wie sie zum Beispiel durch emotionale Verhaltensweisen übertragen werden, so ist zur

Entodung eine mentale Unterstützung zwingend notwendig; in diesem Fall ist das einfache Abspülen ohne mentale Steuerung nicht ausreichend. In einfachen Fällen ist es jedoch schon ausreichend, den Gegenstand in einer größeren Menge Wasser über Nacht einfach liegenzulassen und ihn danach kurz abzuspülen.

Im Prinzip handelt es sich hier also um das gleiche Verfahren, wie es auch beim Abreiben mit Salz schon beschrieben wurde. Die Bedingungen sind praktisch gleich und ebenso die Wertigkeit der Ergebnisse. In der Regel wird man für Objekte, denen Wasser nicht schadet, die Entodung mit fließendem Wasser der Einfachheit halber vorziehen.

Wenden wir uns nun der Fragestellung zu, ob eine spirituelle Reinigung durch Wasser auch am Menschen möglich oder sinnvoll ist und ob davon gesundheitlich positive Effekte zu erwarten sind. Bereits im Alten Testament finden wir ausgefeilte Reinigungsvorschriften für Priester und Gläubige im Zusammenhang mit heiligen Handlungen beziehungsweise der Teilnahme an sakralen Kulten. Diese Reinigungsvorschriften, die zum großen Teil auf der Anwendung von Wasser beruhen (rituelle Waschungen, rituelles Baden), werden auch heute noch von Anhängern gewisser Glaubensrichtungen vorwiegend des östlichen Kulturkreises angewandt. Auch in der römisch-katholischen Kirche reinigt sich der Priester die Hände unter fließendem Wasser, bevor er die heilige Handlung der Wandlung von Brot und Wein vollzieht. Was in Kulthandlungen seit Jahrhunderten beziehungsweise Jahrtausenden vollzogen wird, kann nicht ohne Bedeutung für den energetischen Zustand des Menschen sein.

Im profanen Bereich reinigen wir uns ebenfalls mit Wasser, denken dabei aber eher nur an eine oberflächliche Reinigung von anhaftendem Schmutz und Schweiß. Doch warum fühlen wir uns nach einer Dusche, einem Bad, einer Waschung so wohl? Kann das nur der Effekt einer oberflächlichen Reinigung sein? Gefühle sind stets Ausdruck einer gewissen energetischen Situation in der Psyche des Menschen. Durch die Reinigung mit Wasser wird also wohl auch eine Belastung entfernt, die sich irgendwie auf die Psyche des Menschen auswirkt.

Auch hier müssen wir wieder induktive (physisch wirksame) und kapazitive (psychisch wirksame) Energien unterscheiden, die sich in mannigfacher Weise auf das Befinden des Menschen auswirken. Wir kennen wohl alle den Effekt eines längeren Bades, insbesondere in Verbindung mit Salzwasser, Thermalwasser oder Moorwasser. Diese Bäder führen zu einer starken Entspannung des Menschen, der »Streß« des Tages bleibt im Wasser. Wird ein solches Bad länger als erforderlich durchgeführt, so ermattet der gesamte Organismus, und es erfolgt eine ausgeprägte energetische Schwächung mit Schlaffheit und Müdigkeit. Das ist ein eindeutiges Zeichen dafür, daß neben dem äußerlich wirkenden Reinigungseffekt auch ein energetischer erfolgt, bei dem unerwünschte Energien entfernt beziehungsweise abgegeben werden können. Oder denken wir an das Baden in einem Whirlpool, in dem das Wasser mit Luftblasen durchströmt wird. Hier entsteht ein sehr kurzfristiger Energetisierungseffekt, der sich aber rasch in das Gegenteil verkehrt. Ein zu lange andauernder Aufenthalt im Whirlpool schwächt außerordentlich. Hier kommt der Entzug an Lebensenergie vorwiegend dadurch zustande, daß die innere Struktur des Wassers sich während der Durchströmung mit Luftblasen immer wieder erneuert mit dem Effekt, daß das Wasser wesentlich aufnahmefähiger wird, indem praktisch permanent neu strukturiertes Wasser dem Organismus zur Verfügung gestellt wird.

Ein weiteres Beispiel für die energetische Reinigung des Menschen durch fließendes Wasser finden wir im medizinischen Bereich. Ich denke da an die Kaltwasser-Anwendungen, wie sie durch Sebastian Kneipp (1821-1897) bekannt wurden. Kneipp entwickelte die Wasseranwendung weiter, die bereits 1737 von dem Arzt Johann Siegmund Hahn beschrieben wurde. Kneipps Mutter starb an Lungentuberkulose. Er selbst erkrankte als Student in München im Alter von 24 Jahren an offener Tuberkulose mit Bluthusten. Seine Kräfte verfielen rasch; er war niedergeschlagen und voller Todesahnungen. In seiner Verzweiflung erprobte er die Heilkraft des Wassers, nachdem ihm das Büchlein der Arztes Hahn in die Hände kam:

»Da läuft er eines Wintertages Dreiviertelstunden weit an die Donau [während seiner Studienzeit in Dillingen]*, zieht sich aus, stürzt sich in die kalten Fluten für einige Sekunden, bekleidet sich, weil er kein Handtuch bei sich hat, ohne sich abzutrocknen, und eilt so zu seiner Wohnung zurück, in Schweiß gebadet. Das tut ihm offensichtlich gut. ›So ging ich denn in der Woche dreimal (im Winter) in die Donau hinaus (die Kälte mochte sein wie sie wollte) und habe Halbbäder genommen von 3-4 Sekunden bei 10-15° R Kälte* [-12° R beispielsweise entspricht -15° C].*‹«*[17]

Der Effekt der kalten Kurzbäder war für Kneipp von überwältigender gesundheitlicher Wirkung. Müde ging er zur Donau, erfrischt und gestärkt kam er jedesmal heim. Sein Geist war denkfähiger, der Appetit besserte sich. Zur Zeit seiner Priesterweihe (1852) wurde ihm vollständige Gesundheit bescheinigt. 45 Jahre später starb er an einer Geschwulsterkrankung, gegen die seine Wassermethode machtlos war.

Wir erkennen in der Schilderung einen doppelten Wirkungseffekt: die Beeinflussung der Psyche des Menschen und die Wirkung auf sein körperliches

[17] Josef Kaiser (Hrsg.): *»Das große Kneipp Hausbuch«*, S. 22 ff.

Befinden. Das sind die typischen Effekte, die bei der Anwendung von fließendem Wasser generell beobachtet werden. Das ist der gleiche Effekt wie beim Entoden von Objekten: Entfernung induktiver Energien (die hier für die physischen Gesundheit stehen) und Ablösung der kapazitiven Energien (die hier für die geistige Gesundheit stehen) für das psychische Befinden.

Ein weiteres Beispiel soll uns aufzeigen, wie die Anwendung von kaltem Wasser auf rein psychische oder besser gesagt rein geistige Effekte beim Menschen wirkt. Es geht hier um eine Art von Schadenszauber, die eine magisch arbeitende Gruppe Franz Bardon zugefügt hat mit der Absicht, ihn zu töten. Dieser Vorgang wurde ohne sein Wissen durchgeführt. Das Beispiel zeigt sehr schön, wie von außen kommende geistige Kräfte in ein Objekt (hier der Mensch) eindringen und in diesem gewisse Wirkungen veranlassen können. Franz Bardon schildert in seinem autobiographischen Roman »Frabato« eindrucksvoll, wie durch Anwendung von kaltem Wasser sein Leben gerettet wurde, als er infolge dieses magischen Angriffs ohnmächtig zu werden drohte. Frabato (steht für Franz Bardon) befand sich zu dieser Zeit bei einem Freund; beide waren in einer lebhaften Unterhaltung begriffen, als Bardon sehr plötzlich ein schweres Unbehagen überfiel.

»Als ihm innerhalb kurzer Zeit am ganzen Körper der Schweiß ausbrach, kam ihm sein ungewöhnlicher Zustand zu Bewußtsein. Unruhig ging er im Zimmer auf und ab und versuchte, die Ursache der ungewöhnlichen Hitze zu ergründen. Nie zuvor hatte er etwas Ähnliches erlebt. Selbst im Raume stieg jetzt die Temperatur, wodurch auch der Freund in Mitleidenschaft gezogen wurde. Rasch hatte Frabato festgestellt, daß die Ursache der Hitze nicht in seinem physischen Körper lag. Seine Armbanduhr und sein Ring brannten wie Feuer auf der Haut. Jetzt gab es keine Zweifel mehr, hier versuchte eine fremde Macht, ihn vernichtend zu treffen. Dieser Macht wollte er sich entgegenstellen, doch die Hitze hatte den Körper bereits so stark durchdrungen, daß er sich nicht mehr konzentrieren konnte. Hilflos ließ er sich in einem Sessel nieder. ... In Frabatos Adern siedete förmlich das Blut, und obwohl er sich wehrte, konnte er geistig nicht mehr wirksam in seinen Körper eingreifen. In dieser verzweifelten Situation bat Frabato Gott um Hilfe und Eingebung. Er war überzeugt, daß er diese Hilfe erhalten würde, falls es ihm nicht bestimmt war, seine Inkarnation in dieser Stunde zu beenden. ... Plötzlich vernahm Frabato in seinem Innern eine Stimme, die ihm zurief: ›Mit Wasser arbeiten!‹ Er öffnete die Lippen und flüsterte: ›Wasser, viel Wasser!‹ Sein Freund stürzte hinaus, ergriff einen Eimer und füllte ihn. Schnell brachte er ihn zu Frabato, der apathisch seine linke Hand hineintauchte. Im gleichen Augenblick fühlte er sich erleichtert, und nach einigen Minuten waren Klarheit und Kraft seiner Gedanken zurückgekehrt. Da das Wasser immer wärmer wurde, bereitete der Freund einen zweiten Eimer

vor. So wurde die Hitze über längere Zeit in das Wasser abgeleitet, denn der Angriff der Loge hielt unvermindert an. Da die vernichtenden Strahlen jetzt wirkungslos durch seinen Körper flossen, fühlte Frabato sich bald wieder stark genug, seine Hellsichtigkeit in Anspruch zu nehmen. Er ermittelte die Loge und ihre Angreifer und beobachtete sie auf hellsichtigem Wege, bis sie nach einer Stunde endlich den magischen Kreis auflösten.«[18]

Dieses Beispiel demonstriert eindrücklich, wie auch die Wirkungen von Effekten durch Wasser abgeleitet werden können, die auf der Übertragung durch geistige Energien beruhen, hier im Sinne einer bewußten magischen Beeinflussung.

Die meisten Objekte, die einem Entodungsvorgang unterzogen werden sollen, sind nicht bewußt mit negativen Energien versehen worden. Eine bewußte Aktion ist auch nicht erforderlich, um ein Objekt mit negativen Energien oder zumindest doch mit Energien, die sich vielleicht auf einen neuen Träger (zum Beispiel eines Schmuckstückes) negativ auswirken können, zu versehen. Allein die geistige Einstellung eines Besitzers zu einem Objekt, sein Umgang mit ihm, die Art der Beachtung, die er ihm schenkt, die Pflege usw., das sind alles Faktoren, die ein geistiges Potential darstellen, das bei längerem Körperkontakt in einen Gegenstand übergeht und ihm damit bestimmte Eigenschaften aufzwingt, die den ursprünglichen Besitzer nicht beeinflussen (es sind ja seine eigenen Energien), einem neuen Eigentümer aber Probleme bereiten können, da sie mit seinem Energiefeld nicht in Übereinstimmung zu bringen sind. Damit wird verständlich, wie sich zum Beispiel die geistige Haltung des Trägers auf ein Schmuckstück auswirken kann, das später vielleicht von einer anderen Person gekauft und getragen wird. Es geht hier also nicht um die oberflächlich anhaftenden Energien, sondern um eine geistige Information, die auf ein Objekt übertragen werden kann beziehungsweise übertragen wird und die nur mit Hilfe gewisser Anwendungstechniken wieder entfernt werden kann. An dieser Stelle scheitern für den Laien viele volkstümliche Entodungsverfahren, wenn er selbst nicht in der Lage sein sollte, den Reinigungsprozeß mit mentalen Kräften zu unterstützen.

[18] Bardon: »*Frabato*«, S. 36 ff.

Entzug einzelner Wellenlängen mittels radionischer Systeme

Hierbei handelt es sich um eine Reinigungs- beziehungsweise Aufladetechnik, deren Anwendung dem Fachmann vorbehalten bleibt. Radionische Systeme werden in erster Linie eingesetzt, um geistige Potentiale im Sinne gewisser Informationen entweder auf ein Objekt zu übertragen oder ganz allgemein eine Information innerhalb eines energetischen Potentials zu verankern. Damit soll ausgesagt werden, daß radionische Systeme auch dazu eingesetzt werden, energetische Strukturen im Schwingungsumfeld der Menschen zu verändern, zum Beispiel durch Aufpfropfen von Energien auf die uns heute alltäglich treffenden Strahlungssysteme wie Kassenscanner, Telekommunikation, Satellitentechnologie usw. Auf diese Anwendung möchte ich nicht näher eingehen, weil die meisten Menschen zur Feststellung dieser Energien über keine Detektionsmöglichkeiten verfügen, also weder radiästhetisch arbeiten noch das erforderliche Körpergefühl dafür aufbauen können. Zu dem Zweck, Objekte zu reinigen, werden radionische Systeme in der Regel nicht verwendet. Einige Naturheilkundler setzen radionische Systeme gern zu Diagnosestellung ein sowie in der Therapie, wenn es darum geht, die Schwingungen von Medikamenten (Homöopathika) zu übertragen. Dem Diagnostiker und Therapeuten steht dazu eine Vielzahl von Gerätesystemen zur Verfügung, die heute weitgehend mit Computerunterstützung arbeiten und recht teuer sind. Für den »Hausgebrauch« sind diese Systeme weniger zu empfehlen.

Dann gibt es Geräte, die nach bekannten physikalischen Prinzipien arbeiten und die aus diesem Grunde eigentlich nicht zu den Radionikgeräten zu rechnen sind, obgleich sich auch mit ihnen radionische Prozesse verwirklichen lassen. Das sind Geräte, die ich unter dem Begriff der Frequenzgeneratoren zusammenfassen möchte. Meist handelt es sich um Boxen von etwa der Größe einer Zigarettenschachtel, die auf Knopfdruck hin spezielle Wellenlängen aussenden, die im Bereich von Organfrequenzen liegen. Bei etwas teureren Geräten können in gewissen Bereichen die Wellenlängen selbst vorgegeben werden. Diese Systeme werden zu therapeutischen Zwecken oder zur allgemeinen Vitalisierung verwendet. Mit diesen Systemen kann auch sehr schön zum Beispiel ein Glas Wasser mit bestimmten Frequenzen aufgeladen werden, oder es können dem Wasser oder anderen Objekten bestimmte Wellenlängen entzogen werden. Es gibt aber auch Geräte, die über das von physikalischer Seite her vorgegebene Frequenzspektrum weitere Energien im induktiven und kapazitiven Bereich übertragen. Normalerweise werden diese Geräte nicht zur energetischen Reinigung oder Entodung eingesetzt. Wenn ich hier dennoch ausführlicher davon sprechen möchte, so deshalb, weil ich mit diesen Geräten besondere Erfahrungen gemacht habe, von denen ich berichten möchte, weil bei ihrer praktischen Handhabung Probleme auftreten können, auf die der Hersteller nicht hinweist und die dem Anwender meist nicht bewußt werden, die aber zu gesundheitlichen Problemen führen können.

Ich war an den Forschungsarbeiten zur Entwicklung eines solchen Gerätes beteiligt. Ein Prototyp dieses Therapiegerätes zur Vitalisierung eines Menschen sollte an einer Person getestet werden, nachdem ich durch Voruntersuchungen dessen positive Funktionsweise durch Übertragung der Energien auf ein Glas Wasser dokumentieren konnte. Der Arzt, Dr. S., stellte sich für den Versuch zur Verfügung, da er selbst mit diesem Gerät arbeiten wollte. Das Energiefeld von Dr. S. wurde vermessen, um eine Vergleichsmöglichkeit zu haben. Dann schaltete Dr. S. das Gerät ein und hielt es sich vor den Körper. Es waren etwa 10 Minuten Anwendungsdauer vorgesehen; danach sollte das Energiefeld erneut vermessen werden, um den Effekt zu dokumentieren. Noch vor Beendigung der ersten Einwirkungsperiode des Gerätes begann Dr. S., sich unwohl zu fühlen, kalter Schweiß brach ihm aus, und ihm wurde schwindlig. Der Versuch wurde vorzeitig abgebrochen und das Energiefeld des Arztes sofort vermessen. Dabei zeigte sich, daß sein Energiefeld nicht wie beabsichtigt energetisiert worden war, sondern komplett zusammenbrach. Mit Hilfe magnetopathischer Operation gelang es mir glücklicherweise sehr schnell, sein Energiefeld wieder zu stabilisieren, so daß er sich nach wenigen Minuten wieder wohlfühlte.

Was war hier passiert? Der Vorversuch an einem Glas Wasser war doch sehr positiv verlaufen. Wir erkannten an diesem Beispiel, daß die meisten technischen Geräte aufgrund ihrer bautechnischen Konstruktion eine zum Teil sehr ausgeprägte Richtungsorientierung in bezug auf die in ihnen umgesetzten Energien aufwiesen. Das hieß in diesem konkreten Fall, daß die Energie des Gerätes in eine Vorzugsrichtung abgegeben wurde, während auf der Gegenseite ein energetischer Sog entstand. Technische Geräte haben ja im allgemeinen verschiedene Anschlüsse (Eingänge und Ausgänge). Ebenso kann sich das hier vorgestellt werden: das Gerät saugte sozusagen auf der einen Seite die Energie an, die auf der anderen Seite ausgegeben wurde. Das hat etwas mit der Eigenpolung des Gerätes zu tun, Pluspol als gebende Seite und Minuspol als nehmende Seite.

Diese Effekte können herausgefunden werden, indem man die Wirkung solcher Geräte an allen vier Seiten untersucht oder besser noch an allen sechs Flächen des Gehäuses. In diesem Fall konnte die Baukonstruktion des Gerätes so geändert werde, daß dieser Effekt nicht mehr auftrat und das neue Gerät an allen sechs Oberflächen positive Energien ausstrahlte.

Ich erwähne dieses Beispiel, um aufzuzeigen, daß es nicht immer gleichgültig ist, wie man ein solches Therapiegerät an den Körper hält. Bei manchen Geräten muß eine bestimmte Seite dem Körper zugewandt sein, bei anderen nicht. Es ist wichtig, sich mit dieser Frage zu beschäftigen und gegebenenfalls den Hersteller danach zu fragen.

Absaugen von Energien durch Orgon-Rohre

Der Begriff der »Orgon-Energien« wurde von Wilhelm Reich geprägt und bezeichnet eine universell vorhandene Lebenskraft. In »Orgon« steckt das Wort »organisch«. Esoterische Warenhäuser bieten Orgonstrahler unterschiedlicher Typen an, die vom Bauprinzip her dafür vorgesehen sind, Energien auf etwas zu übertragen oder in etwas einzutragen. Die käuflichen Orgonstrahler werden von Naturheilkundlern meist dazu verwendet, um gewisse Substanzschwingungen (Medikamente oder homöopathisierte Schadstoffe) auf Wasser oder andere Trägermaterialien zu übertragen, die der Patient dann einnimmt. Zum Abziehen von Energien werden diese Systeme in der Regel nicht verwendet, obgleich dies möglich ist, denn Übertragen bedeutet ja, daß auf einer Seite etwas abgegeben und auf der anderen etwas aufgenommen wird. Die Spitze dieser Geräte ist die gebende Seite, der rückwärtige Teil, meist mit einem Kabel verbunden, ist die nehmende Seite, mit der also auch hier ungute Energien aus beliebigen Objekten entfernt werden könnten. Allerdings sollte man aufpassen, wohin die Energien gehen, die an der Spitze des Gerätes abgegeben werden. Wenn dort ein Anschluß vorhanden ist, können die abgesaugten Energien über diesen zum Beispiel in Wasser eingeleitet werden, das dann weggegossen wird.

Kundige stellen sich Geräte dieser Art selbst her, indem sie zum Beispiel ein Messingrohr abwechselnd mit Schichten eines elektrischen Isolators und eines elektrischen Leiters (vorzugsweise Eisen, Eisendrahtnetz) umwickeln. Es gibt hierfür Bauanleitungen und sogar fertige Bausätze zu kaufen. Wie diese Geräte für die jeweiligen Zwecke richtig eingesetzt werden, darüber schweigen die Verkäufer der Bausätze. Mir scheint, diese Technologie ist so geheim, daß selbst die Hersteller dieser Systeme nicht wissen, wie man damit richtig arbeitet.

Ob ein solches Orgonrohr als Shooter (Geber) beziehungsweise Booster (Verstärker) eingesetzt wird oder als energetische Saugvorrichtung, hängt zunächst einmal von der energetischen Polung des Rohres im gebrauchsfertigen Zustand ab. Das Rohr ist von Natur aus polarisiert, es hat eine Plus- und eine Minus-Seite. Daraus ergibt sich automatisch die Anwendung: die Plus-Seite zum Objekt bedeutet, daß dieses aufgeladen wird; hält man die Minus-Seite zum Objekt, kann hier etwas abgezogen werden. Man muß sich nur darüber im klaren sein, daß sich bei der Anwendung stets beide Effekte einstellen: ein Geben auf der einen und ein Nehmen auf der anderen Seite des Rohres. Das Absaugen von Energien gelingt rascher, wenn der Pluspol des Orgonrohres mit einer größeren Wassermenge verbunden wird (Wassereimer oder fließendes Wasser). Das Wasser nimmt dann die abgezogenen Energien auf. Also immer ein Geben und Nehmen.

Was die Bauart der Geräte selbst betrifft, so hat die Länge der Rohre eine Bedeutung für die Trägerwelle, auf der mit diesem Gerät gearbeitet wird, ebenso ihr Durchmesser. Wechselt man die Schichtfolgen von innen Metall und außen Isolator (bekanntes Prinzip) auf innen Isolator und außen Metall, so erhält man ein invers arbeitendes System, mit dem auch kapazitive (elektrische, geistige) Energien bearbeitet werden können. Darüber hinaus gibt es Möglichkeiten, die in ein Objekt übertragenen Energien mittels dieser Systeme dauerhaft zu verankern.

Das Arbeiten mit selbstgebauten Orgonstrahlern ist nicht ungefährlich. Es ist leicht möglich, damit in Objekten ein energetisches Defizit zu erzeugen, das gesundheitlich bedenklicher ist als die schlechte Strahlung, die man entfernen wollte. Am Menschen angewandt, kann das zu starke Absaugen von Energien zu Schwindel und Ohnmacht führen. Die mit solchen Systemen erzeugten Energiedefizite werden nur sehr langsam von selbst wieder aufgefüllt. Es ist verantwortungslos, mit diesen Systemen zu arbeiten, wenn man die durch sie erzeugten Wirkungen nicht kontrollieren kann.

Lagerung von Objekten an einem »positiven« Kraftort

Hier kommen wir wieder zu einer Methode, die von jedermann angewendet werden kann, im allgemeinen auch ohne negative Einwirkungen befürchten zu müssen. Die einzige Voraussetzung zur erfolgversprechenden Arbeit ist allerdings die Kenntnis von einem solchen positiven Kraftort. Die klassischen Stätten für diese Positivierungsmethode sind alte Kultplätze. Wer solche in freier Natur kennt, kann sie nutzen, nicht nur, um Objekte zu reinigen oder zu positivieren, sondern auch für sich selbst, zum Wohlbefinden, zur Kraftaufnahme, zur Heilung. Viele dieser Kraftplätze sind in christlichen Kulturen mit Kirchen überbaut worden, was sich nicht in jedem Fall als positiv auf die Plätze ausgewirkt hat, da diese hiermit unter Umständen dem Wirken der Naturgeister entzogen oder in anderer Weise energetisch verändert wurden. Die alten Germanen suchten die Kraftorte stets in freier Natur auf, vorzugsweise im Wald. Veränderungen des natürlichen Ortes hätten als Sakrileg gegolten und Bestrafungen nach sich gezogen. Einige solcher Plätze waren unseren Altvorderen noch als Runen-Übungsplätze bekannt, an denen kosmische Energien aufgenommen werden konnten.

Da viele dieser alten Kultplätze mit Kirchen überbaut wurden, ist zuweilen auch noch das Wissen von der Bedeutung der Örtlichkeit vorhanden. Es sind aber weniger die heute genutzten Pfarrkirchen, die in dieser Hinsicht von Bedeutung wären, als vielmehr die alten Wallfahrtskirchen, zu denen noch immer Wallfahrten stattfinden. Es existieren aber auch viele kleine Kapellen in der Einsamkeit der Natur, die ebenfalls die Anforderungen erfüllen, die an einen Kraftort gestellt werden. Auch existieren solche positiven Kraftplätze in der näheren Umgebung eines jeden Wohnortes; man muß sie nur aufzufinden wissen.

Während meiner Exkursionen zu Wallfahrtskirchen und Kapellen beobachtete ich immer wieder, daß in kleineren, abseits gelegenen und stets offenen Kapellen zum Beispiel Medikamente auf den Altar gelegt wurden oder Halbedelsteine, einfacher Schmuck usw. mit der Intention, diese Objekte einerseits von unguten Energien zu reinigen und sie andererseits energetisch aufzuladen. Das ist eine Methode, die sehr gut funktioniert und von jedermann mit der entsprechenden Ehrfurcht vor der Heiligkeit des Ortes durchgeführt werden kann. Es reicht, die Objekte dort über Nacht liegenzulassen. Wenn dieser Prozeß mental unterstützt wird, genügen auch wenige Minuten. Natürlich ist auch das Kraftpotential des Ortes für die Wirkungsgeschwindigkeit entscheidend.

Das Reinigen und Aufladen funktioniert bei praktisch allen Objekten, sogar bei technischen Gegenständen wie Fotoapparat, Kamera, Handy usw. Allerdings verlieren diese strombetriebenen Geräte die guten Eigenschaften wieder sehr schnell. Mein Lehrmeister hatte einmal sein Fernglas an einem solchen Ort aufgeladen, an dem noch zusätzlich besondere Energien anzutreffen waren. Wenn ich dann damit ein weit entferntes Objekt anschaute, hatte ich das Gefühl, direkt vor diesem in der Luft zu schweben.

Es muß nicht immer der Altarbereich sein, der für solche Zwecke geeignet ist. Vielfach ist dieser Bereich ja auch abgesperrt. Es gibt dann immer noch genügend starke Plätze in der Kirche, die ebenso gute Eigenschaften haben. Sie liegen meist (aber durchaus nicht immer) irgendwo auf der Mittellinie des Kirchenschiffs. Die Altarbereiche als aufladende Pole werden übrigens schon in den alten Zauberbüchern erwähnt. Man empfiehlt dort, Amulette und dergleichen heimlich unter das Altartuch zu legen, damit der Priester darüber die Messe lesen möge. Das funktioniert aber auch ohne Priester. Auf jeden Fall ist das eine Methode, die nicht zu empfehlen ist. Ich hätte bei solchen Heimlichkeiten immer das Gefühl, den heiligen Ort zu verunehren. Auch wenn jemand Objekte in einer abgelegenen Waldkapelle positivieren möchte, sollte er vorher sein Gefühl befragen, ob er das tun darf. Es ist hierbei zu bedenken, daß starke Kraftplätze in steter Verbindung mit geistigen Kräften oder Wesenheiten stehen, die dem Menschen ins Gewissen schauen und unlautere Absichten schon früher erkennen als der Betreffende selbst. Im ungünstigsten Fall kann es leicht passieren, daß sich die Kräfte in das Gegenteil des Gewünschten verkehren und die Objekte mit negativen Energien aufladen. In diesem Zusammenhang ist darauf hinzuweisen, daß sich auch in Kirchen »gute« Plätze und »schlechte« Plätze sehr eng nebeneinander befinden können, denn beides sind lediglich unterschiedliche Polaritäten ein und derselben Energieform. Das Erkennen des Platzes ist hier ebenso wichtig wie die anschließend durchgeführte Erfolgskontrolle.

Einen in Hinsicht auf das Aufladen von Objekten besonders interessanten Platz fand ich in der ehemaligen Taufkapelle der Wallfahrtskirche in Wilparting am Irschenberg. Sie ist sehr schön von der Autobahn München-Salzburg aus zu sehen. Von außen scheint es eine achteckige Kapelle zu sein, wie bei Taufkapellen üblich. Innen hat man das Gefühl, es handelt sich um eine Rundkirche. Beides ist nur teilweise richtig. Es ist die einzige mir bekannte Kirche, die von außen betrachtet eine Achteckkirche und deren Innenraum ellipsenförmig ist. Eine Ellipse weist zwei Brennpunkte auf, einen nehmenden und einen gebenden Punkt. Hier kann man Objekte reinigen, kann Objekte aufladen oder kann Energien von einem Punkt zum anderen übertragen.

Nicht nur gute und schlechte Plätze bestimmen die Art der Energien, die übertragen werden, sondern auch das persönliche Energiefeld des Experimentators nimmt hierauf Einfluß. Ich zitiere aus dem Erfahrungsbereich meines Umfeldes: Ich habe Kontakt zu Heilpraktikern, die ihren Patienten teilweise selbst potenzierte Homöopathika mitgeben. Diese werden natürlich ohne Konservierungsstoffe hergestellt, mitunter wird noch nicht einmal Alkohol zur Konservierung eingesetzt (zum Beispiel bei Leberkranken oder bei Kindern). Hier konnte ich nun beobachten, daß bei manchen Personen die wässrigen Lösungen bereits nach wenigen Tagen verdarben (sie rochen dann muffig), bei anderen aber über Wochen hinweg frisch blieben. Es gibt dafür zwei Erklärungen: Zum einen hat der Platz, auf den das Medikament gestellt wird, einen großen Einfluß. Ist es ein stark negativ wirkender Platz, so wird das Medikament allmählich seine positiven Energieeigenschaften verlieren und dann die negativen Energien aufnehmen und speichern, was zu rascherem Verderb führt. Es handelt sich hier um ein Kräftegleichgewicht. Ist das Produkt sehr stark positiv aufgeladen, dauert der Prozeß länger, insbesondere dann, wenn der negativ wirkende Platz schwach ist. Hat das Medikament weniger starke positive Energien, wird es energetisch rascher »umkippen«, um so schneller, je stärker die negative Wirkung des Platzes ist. In ähnlicher Weise wirkt nun auch die Eigenschwingung des Anwenders auf das Medikament. Die Einwirkung hat in diesem Fall aber weniger mit einem äußeren Kraftfeld zu tun, mit der Strahlung von Objekten, sondern es handelt sich mehr um die Wirkung geistiger Energien. Wenn der Anwender das Medikament mißtrauisch betrachtet, an seine Wirkung nicht glaubt, es geringschätzig behandelt usw., dann überträgt sich sein geistiges Kraftpotential auf das Medikament (weil es ihm »zugeordnet« wurde) und »informiert« das Homöopathikum erneut. Dabei kommt es zu einer Veränderung der strukturierenden Energiepotentiale in der wässrigen Lösung mit der Folge einer Neustrukturierung des Energiefeldes. Die Neustrukturierung des Energiefeldes im Medikament erfolgt nach den geistigen Vorgaben des Anwenders, ihm selbst vielleicht gar nicht bewußt. Aber die Folge davon ist dann die, daß das Medikament nicht mehr wirkt und auch an einem guten Platz zum raschen Verderb neigt.

Energetisch wirkende Untersetzer und verwandte Systeme

Um an die zuletzt genannte Methode anzuknüpfen: Es gibt im Haushalt natürlich eine Reihe von Objekten, mit denen man nicht gut in eine Kirche gehen kann, um sie zu reinigen beziehungsweise aufzuladen. Man denke da nur an seine Nahrungsmittel, an das Trinkwasser usw. Auch ist es natürlich viel bequemer, zu Hause selbst etwas zu haben, was der Wirkung eines positiven Kraftplatzes entspricht. Wie kann man sich also selbst einen »Kraftort« ins Haus holen?

Zu diesem Zweck gibt es im Handel eine große Anzahl von Platten, Karten, Scheiben, Untersetzern, Töpfen, Schalen, Rührstäben, Anhängern, Aufklebern und vergleichbaren Objekten. Fast jedes Material kann in einer relativ dauerhaften Weise so informiert werden, daß damit andere Objekte gereinigt und aufgeladen, also positiviert werden können. Wie man vorgeht, daß eine Aufladung an andere Objekte über lange Zeit hinweg abgegeben wird, das soll an anderer Stelle besprochen werden. Viele der handelsüblichen Systeme habe ich selbst untersucht. Folgende Fragestellungen waren mir dabei hilfreich:

- Wie lange bleibt das System funktionsfähig?
- Wie stark ist die reinigende beziehungsweise aufladende Funktion?
- Wie schnell geht die Aufladung vonstatten?
- Welche Arten von Energien werden übertragen?
- Welchen Erfolg hat die Aufladung am Objekt?
- Wie wirkt sich das System im Wohnumfeld aus?

Es gibt zwei grundsätzliche Arten von »Untersetzern«: solche, die aufgrund ihrer Konstruktionsmerkmale eine permanente Aktivierungsfähigkeit gewährleisten, und Systeme, die ihrerseits durch irgendeine Methode aktiviert wurden und diese Aktivierung dann weitergeben. Zu der ersten Gruppe gehört zum Beispiel die sogenannte »Purpurplatte«, die aufgrund gewisser Beschichtungsverfahren eine dauerhafte Wirkungsweise gewährleistet, sofern die hauchdünne Beschichtung nicht zerstört wird. Dazu gehören aber auch Steinplatten aus rechtsdrehendem Material, Kalkgestein oder besser Urgestein, die durch den Vorgang der Gesteinsbildung gewisse Strahlungsinformationen erhalten haben, welche die Steine dauerhaft imprägnieren. Diese Art von Untersetzern bleibt praktisch ein Leben lang in gleicher Weise funktionsfähig. Die Geschwindigkeit, mit der sie Objekte reinigen beziehungsweise aufladen können, ist jedoch gering, so daß man Objekte schon die Nacht über auf ihnen liegen lassen muß, um ein brauchbares Ergebnis zu erzielen. Für die Mitnahme zum Beispiel in Gaststätten, um dort seine Speisen und Getränke zu reinigen, sind solche Systeme aufgrund ihrer langsamen Wirkungsweise nicht geeignet. Die Art der Energien, die hier übertragen werden, ist oft recht begrenzt, meist dominiert die Energie der »Lebenskraft«, allerdings auch nur in ihrer induktiven Form. Die Aufladung der Objekte durch solche Platten ist relativ gering, aber ausreichend; die Reinigungswirkung erfolgt langsam, ist aber zuverlässig. Bei der Aufbewahrung im Haus machen Gegenstände dieser Art in der Regel keine Probleme, da ihre aufladende Fähigkeit recht begrenzt ist.

Zur zweiten Gruppe gehören Systeme, in denen Materialien durch »technische« Verfahren energetisch verändert wurden. Dabei bilden sich Objekte mit einer besonders starken energetischen Ausstrahlung, die dann weitergegeben wird. Dazu gehören beispielsweise Untersetzer aus Keramik, aus Metall, aus beschichteten Metallfolien, dazu zählen Metallscheibchen, Holzbrettchen, in Kunstharz eingeschmolzene Scheibchen, in Glas eingeschmolzene Materialien, Rührstäbe, Keramikpresslinge unterschiedlichster Formen, Keramikpulver oder Quarzmehl usw.

Bezüglich der Stabilität der Aufladung gibt es große Unterschiede. Ich traf Systeme an, die bereits ein Jahr nach dem Kauf nicht mehr funktionsfähig waren, und andere Materialien, deren Energiegehalt jahrelang unverändert blieb. Die Unterschiede liegen einerseits in der Aufladbarkeit des Materials (Holz und Keramik sind allgemein keine guten Energiespeicher), andererseits aber auch in der Art und Weise, wie die Aufladung durchgeführt wird. Die reinigende beziehungsweise aufladende Funktion erfolgt bei diesen Systemen im allgemeinen in einem Zeitraum zwischen einer halben oder wenigen Stunden. Das hat aber auch mit der Masse des Objektes zu tun, das auf den Untersetzer gestellt wird. Ein Flasche Wasser braucht natürlich länger als ein Glas Wasser.

Auch bei der Art der Energien, die übertagen werden, fand ich große Unterschiede. Induktive Energien wurden von allen Systemen übertragen, zusätzliche kapazitive Energien schon seltener. Auch dies hängt mit der Art und Weise zusammen, in der die Aufladung der Systeme erfolgt ist. Bezüglich der Wellenlängen der Energien, die hier übertragen werden, existieren ebenfalls große Unterschiede. Nicht mit jedem System kann aus einem Leitungswasser ein Heilwasser gemacht werden.

Bei manchen Personen, die mit solchen Systemen arbeiten, gibt es eine gewisse Euphorie, möglichst alle Dinge des täglichen Lebens rechtsdrehend zu machen und mit positiven Wellenlängen zu informieren. Wenn die Stärke der Aufladung relativ schwach ist, kann dagegen auch nichts eingewendet werden. Relativ schwach heißt in diesem Fall, die Strahlungsreichweite der Aufladung sollte unter 70 Zentimeter liegen, also im Bereich natürlicher biologischer Intensitäten. Mit einer Reihe von Systemen lassen sich aber induktive Aufladungen erzielen, die radial zwischen 10 und 15 Meter weit reichen, bezüglich der kapazitiven Energien sogar erheblich weiter. Diese hohen Intensitäten beeinflussen permanent das körpereigene Energiefeld, wenn die Produkte im Wohnbereich oder im Haus aufbewahrt werden. Empfindliche Personen spüren dann sehr rasch die Übererregung in den Räumlichkeiten, werden nervös, unruhig, können sich nicht mehr konzentrieren, Gegenstände fallen aus den Händen, Zittern und Schlafstörungen stellen sich ein. Hinzu kommt, daß mehrere positiv aufgeladene Objekte untereinander in Resonanz treten und zwischen sich eigene Schwingungsfelder aufbauen. Stellt man beispielsweise zwei aufgeladene Flaschen Wasser in beliebigem Abstand (natürlich im Bereich der Strahlungsreichweiten) nebeneinander, so bildet sich durch Resonanzphänomene in der Mitte zwischen den Flaschen ein starkes negatives Kraftfeld aus. In diesem Bereich ist dann die energetische Situation erheblich belastender als zuvor. Das gilt im Prinzip für alle aufgeladenen Objekte, gleich welcher Art und unabhängig von der Aufladungsmethode, und auch für jedes Wasser, das natürlicherseits eine intensive Eigenstrahlung aufweist.

An dieser Stelle möchte ich etwas ausführlicher darlegen, wie der Reinigungsvorgang beziehungsweise der Aufladungsvorgang über die genannten Systeme zeitlich abläuft und welche Veränderungen im Objekt dabei vorgehen. Der Leser möge dadurch ein besseres Verständnis erlangen für die Prozesse, die sich hier abspielen, und dadurch besser in der Lage sein, die beabsichtigten Prozesse so zu steuern, wie es erforderlich scheint. Ich konstruiere ein Beispiel, anhand dessen sich jeder Ruten- oder Pendelkundige über die Richtigkeit meiner Aussagen überzeugen kann:

Eine Flasche Wein soll untersucht werden bezüglich der Belastungen, die ihr Inhalt aufweist. Dabei wird vielfach folgendes festgestellt: Das wässrige System des Weines ist linksdrehend mit einer gewissen Strahlungsreichweite. Die Flasche ist mit einem Strichcode markiert und wurde über den Kassenscanner gezogen. Die durch diesen Prozeß übertragenen Energien sind induktiv und kapazitiv linksdrehend; die Reichweite dieser Strahlung beträgt mehrere Meter. Der Wein enthält Spuren von Pflanzenschutzmitteln; die Reichweite mag etwa 80 Zentimeter betragen. Das soll genügen. Eine Probe von dem Wein kann noch abgefüllt werden für einen späteren Geschmacksvergleich.

Nun stellen wir die Weinflasche auf das aufladende System und untersuchen den Inhalt in gewissen Zeitabständen, zunächst nur in bezug auf die induktiven Energien. Dabei ist festzustellen, daß die Reichweite der linksdrehenden Strahlungen im Laufe der Zeit immer mehr abnimmt, bis bezüglich dieser Energien nur noch geringe Strahlungsreichweiten vorliegen. Im Detail zeigen sich bei diesem Umwandlungsvorgang folgende Effekte: Hatten die belastenden Energien zuvor kurze Reichweiten, geht der reinigende Prozeß schneller vor sich, waren diese Energien sehr stark, dauert es entsprechend länger. Im weiteren Zeitverlauf beginnen die ersten Energien nun, in rechtsdrehender Form aufzutreten, während die restlichen linksdrehenden Energien vollständig verschwinden. Dann werden die rechtsdrehenden Energien immer stärker, je nachdem, wie lange die Flasche auf dem Untersetzer stehen bleibt. Irgendwann ist ein Maximum erreicht, längeres Stehenlassen bringt dann keinen Gewinn mehr. Vergleicht man die Prozeßdauer der Reinigung mit der Geschwindigkeit der Aufladung, so ist festzustellen, daß der Reinigungsvorgang stets eine längere Zeit beansprucht als der Aufladungsvorgang. Ist keine Reinigung erforderlich, weil der Wein (oder auch andere Produkte) schon gute energetische Grundlagen aufweist, geht der zusätzliche Aufladungsprozeß natürlich entsprechend schneller vor sich.

Bezüglich der kapazitiven Energien läuft der Prozeß etwas anders ab. Die kapazitiven rechtsdrehenden Energien erscheinen im Produkt bereits nach wenigen Sekunden (in zunächst schwacher Form), also schon bevor die negativen Energien entfernt worden sind. Die kapazitiven Energien erreichen auch sehr viel schneller höhere Intensitäten als die induktiven. Vorraussetzung ist allerdings, daß das System überhaupt kapazitive Energien zu übertragen vermag. Daß diese so rasch übertragen werden, hängt mit der Art und Weise zusammen, in der die Veränderungen im Objekt stattfinden. Die kapazitiven Energien vermitteln von der geistigen Seite her eine Information, die sich dann in der Materie umsetzt. Deshalb geht die kapazitive Aufladung praktisch ohne Zeitverlust vonstatten. Die induktiven Energien basieren auf einer Neustrukturierung des Wassergefüges im aufzuladenden System. Das ist ein physikalischer Prozeß, der eine gewisse Zeit in Anspruch nimmt, ähnlich einer chemischen Reaktion.

Sind nun Reinigung und Aufladung vollzogen, so zeigt ein Geschmackstest, daß der nun rechtsdrehende und aufgeladene Wein deutlich milder und angenehmer schmeckt als der unbehandelte. So ist es auch mit Wasser und mit andern Lebensmitteln, sie werden wohlschmeckender und bekömmlicher. Wer an Unverträglichkeiten von Speisen oder Arzneimitteln leidet, wird feststellen, daß die Nebenwirkungen zurückgehen oder ganz verschwinden, wenn die Produkte vorher mit dieser Methode gereinigt und aufgeladen wurden.

Eine relativ neue Errungenschaft in Hinsicht auf praktische Positivierungssysteme sind Kärtchen im Format einer Visitenkarte, die mit einem Mikrochip versehen sind, ähnlich wie bei Bankkarten. Nicht immer muß dieser Mikrochip sichtbar sein. Er kann zwischen Kartonlagen verborgen sein, die in Folie einschweißt werden, er kann mit einem Firmenaufdruck überdeckt oder auf andere Art und Weise verborgen werden. Mit dieser Art von Positivierungssystemen habe ich persönlich die allerbesten Erfahrungen gemacht. Soweit ich das bislang beurteilen kann, bleiben die in diesem Chip gespeicherten Informationen über viele Jahre hinweg permanent aktiv, ohne in der Intensität ihrer Wirkung nachzulassen. Mit Karten beziehungsweise Untersetzern, die mit einem solchen Chip bestückt sind, können leicht Aufladungen erzielt werden mit einer Reichweite von über zehn Metern. Die Aufladung geht rasch vonstatten: Der Reinigungsvorgang ist meist schon nach wenigen Minuten beendet, die Aufladezeit ist natürlich auch hier abhängig von der Masse des Aufzuladenden. Für ein Glas Wasser beispielsweise sind 10 Minuten ausreichend, 20 Minuten bei einer Wasserflasche. Um die praktische Anwendbarkeit im Restaurant zu simulieren, stellte ich eine große Tasse mit heißer Suppe auf eine solche Karte; nach fünf Minuten war die Suppe gereinigt und mit induktiven Energien leicht aufgeladen. Soweit ich solche Karten erproben konnte, übertrugen sie stets auch kapazitive Energien. Im Fall der Suppentasse waren diese bereits nach zwei Minuten in der heißen Suppe nachzuweisen.

Ich lege wert auf den Hinweis, daß dieses System (wohl aufgrund der hohen Informationsgeschwindigkeit) sogar heiße und kohlensäurehaltige Flüssigkeiten rasch zu positivieren vermag, was ungewöhnlich ist, denn hohe Temperatur und zerplatzende Kohlensäureblasen löschen immer wieder die neu formierten Wasserstrukturen aus. Aber mit diesem System gelingt es, auch kohlensäurehaltige Getränke zu positivieren. Die Untersuchungen an den positivierten Produkten zeigten, daß praktisch alle »heiligen« oder »guten« Wellenlängen übertragen wurden, die mir von meinen Untersuchungen an heiligen Wässern bekannt waren. Mit Hilfe dieser Karten läßt sich offenbar ein sehr gutes Heilwasser herstellen in der energetischen Qualität, wie natürliche heilige Quellen sie aufweisen. Es gibt aber auch Grenzen. So war es mir mit dieser Methode nicht möglich, eine Wasserqualität herzustellen, die den sogenannten Lichtwässern entspricht, die an Wallfahrtsorten vielfach mit Wunderheilungen in Zusammenhang gebracht werden. Die natürlichen Lichtwässer bauen eine Resonanz zu kosmischen Energien auf, die selbst positivierten Wässer nicht.

Zwei negative Eigenschaften der Chipkärtchen sind zu nennen: Da die Aufladungen sehr rasch erfolgen und bei den aufgeladenen Produkten hohe Strahlungsintensitäten erreicht werden, besteht die Gefahr, daß zu viele Objekte im Raum zu stark energetisiert werden. Hier ist ein wenig Aufmerksamkeit und behutsames Vorgehen von seiten des Anwenders erforderlich. Ein zweiter Aspekt betrifft das Chipmaterial selbst, das speziell dotierte Halbleitermaterialien enthält. Hier sind Metalle vorhanden, die teilweise als toxisch gelten, wenn sie in Spuren in die Nahrung gelangen, was hier natürlich nicht möglich ist, denn niemand wird den Chip selbst aufessen wollen. Die Eigenschwingungen der Materialien (zum Beispiel konnte ich Antimon nachweisen) teilen sich allerdings dem mit diesem System positivierten Produkt mit. Die Strahlungsintensitäten dieser Substanzen lagen mit maximal 30 Zentimeter Reichweite aber in einem unbedeutenden Bereich. Ergänzend wäre hinzuzufügen, daß zum Beispiel gerade das Antimon in der Homöopathie der Anthroposophischen Medizin gern eingesetzt wird, um die Wechselbeziehungen zwischen Leib und Seele eines Menschen zu stärken. Auch gehe ich davon aus, daß die substantiellen Metallspuren, die wir aufgrund metallischer Zahnmaterialien in unserem Körper haben, wesentlich belastender für uns sind, als die bloßen Substanzschwingungen. Im großen und ganzen gesehen scheinen mir diese Chipkärtchen zur Zeit das praktikabelste Positivierungssystem darzustellen. Auch preislich sind sie mit 40,00 bis etwa 100,00 Euro durchaus erschwinglich.

Das Arbeiten mit Magneten

Es gibt mehrere Möglichkeiten, mit Magneten zu arbeiten, um Objekte zu positivieren. Von unserem Schulwissen her bedeutet magnetisieren, in einem Objekt sogenannte Elementarmagnete, also magnetisierbare Molekularteilchen nach dem aufgezwungenen Magnetfeld auszurichten. Wenn auf diese Weise Stoffe magnetisiert werden, die aus Eisen, Kobalt oder Nickel bestehen, so werden diese Metalle nach der Bearbeitung selbst magnetisch, was mit einem Kompaß nachgeprüft werden kann. Die zur Veranschaulichung heute in den Schulen gelehrte Erklärungsmethode der Orientierung von »Elementarmagneten« durch Magnetisierung ist so sicherlich unvollständig. Vielleicht handelt es sich beim Magnetisierungsvorgang eher um einen Prozeß, der auf das Material über eine Art Feldeffekt ein Orientierungsprogramm überträgt, das in jedem Bruchstück des Metalls wirksam bleibt und eine *erneute* Polaritätenverteilung bewirkt. Werden auf die gleiche Weise (durch Bestreichen mit einem Magneten) Objekte magnetisiert, die keine ferromagnetischen Substanzen enthalten (zum Beispiel ein Papierstreifen oder ein Bleistift), so ist ein Magnetisierungsnachweis mit dem Kompaß nicht möglich. Die Objekte scheinen also nicht magnetisiert worden zu sein, weil sie nicht magnetisch sind. Die Untersuchung dieser Objekte mit einem Pendel oder mit anderen radiästhetischen Techniken zeigt jedoch, daß die dergestalt »magnetisierten« Objekte ebenfalls eine starke Polarität aufweisen. Diese Art der mit dem Kompass (wohl aber mit dem Pendel) nicht nachweisbaren Magnetisierung wird im radiästhetischen Sprachgebrauch ebenfalls als Magnetisierung bezeichnet.

Es werden also durch Magneten bestimmte Kräfte auf Objekte übertragen, die nichts mit dem Ferromagnetismus zu tun haben, aber dennoch von großer Wirksamkeit sein können. Franz Anton Mesmer (1734-1815) therapierte zunächst mit echten Magneten, bis er feststellte, daß er durch Bestreichen mit seinen Händen die gleichen Effekte erzielen konnte. Heute ist das therapeutische Arbeiten mit Heilpflastern, die Magnete enthalten, wieder sehr »in Mode gekommen«, insbesondere bei Schmerzzuständen. Wir können also festhalten, daß Objekte jeglicher Art durch Bestreichen mit Magneten energetische Änderungen erfahren, die sich in positivem oder negativem Sinne auf äußere Kraftfelder (zum Beispiel die Strahlung in Wohnräumen) sowie auf gesundheitliche Befindlichkeiten von Mensch, Tier und Pflanze auswirken können. – Wie Objekte durch echte Magnete aufgeladen werden können, möchte ich an einem Beispiel erläutern; wie der Magnetismus in anderen Lebensbereichen genutzt werden kann, soll später besprochen werden.

Ich erhielt ein Nahrungsergänzungsmittel zur radiästhetischen Untersuchung, das bei der Auslieferung an den Kunden mit einer kleinen Magnetscheibe versehen war. Der Magnet war außen so an die Flasche angebracht worden, daß sein magnetischer Nordpol der Flüssigkeit zugewandt war, also der Nordpol zum Flascheninhalt und der Südpol nach außen zeigte. Der Nordpol eines Magneten erweist sich bei radiästhetischer Untersuchung als energetisch linksdrehend und Yin, der Südpol als rechtsdrehend und Yang. Die Untersuchung des Nahrungsergänzungsmittels zeigte, daß die Flüssigkeit stark mit (im gesundheitlichen Sinne eher belastend wirkenden) linksdrehenden Energien aufgeladen war. Es lagen Energien vor, wie sie allgemein in einem heiligen Wasser vorkommen, aber alle Wellenlängen zeigten linksdrehende Zirkularpolarisation mit Reichweiten von fünf bis sechs Metern. Es handelte sich hierbei um ein reines Naturprodukt, das ohne Kontakt mit dem Magneten mit Sicherheit eine starke und lebenspositive rechtsdrehende Ausstrahlung gehabt hätte. Das Anbringen des Magneten mit der Nordpolseite zur Flasche kann wohl damit begründet werden, daß die an diesem Pol abgestrahlte Energie die Entwicklung von Bakterien hemmt, so daß das Produkt länger lagerfähig wird. Der Hersteller gab in diesem Zusammenhang allerdings eine andere, weniger plausible Begründung an.

Diese Beobachtung nahm ich zum Anlaß, das Verhalten eines Magneten auf Flüssigkeiten bezüglich der Fragestellung zu untersuchen, ob durch Lagerung von zum Beispiel Nahrungsmitteln auf einem Magneten positive Energien übertragen werden konnten. Dazu wurde ein Glas Wasser über Nacht auf einen der Pole des Magneten gestellt und die Energien in diesem Wasser am folgenden Tag ohne den Magneten untersucht. Es wurde folgendes Ergebnis erzielt: Wasser, das auf dem Nordpol des Magneten gelagert wurde, bekam eine linksdrehende Ausstrahlung mit Yin-Polarität bei einer Strahlungsreichweite von fünf bis sechs Metern. Selbst rechtsdrehendes, heiliges Wasser mit Strahlungsreichweiten von ursprünglich über 10 Metern verlor durch den Nordpol des Magneten diese guten Eigenschaften. Wasser, das auf dem Südpol des Magneten gelagert wurde, bekam eine rechtsdrehende Ausstrahlung mit Yang-Polarität bei einer Strahlungsreichweite von ebenfalls fünf bis sechs Metern.

In naturheilkundlichen Schriften, die sich mit der Wirkung von Magneten befassen, wird empfohlen, je nach Anwendungsbedarf ein Glas Wasser entweder auf den Nordpol des Magneten zu stellen (mit positiver Wirkung zum Beispiel bei Entzündungen und bakteriellen Belastungen) oder auf den Südpol zur allgemeinen Vitalitätssteigerung. Werde ein Glas Wasser auf beide Magnetpole gestellt (durch Aneinanderreihung mehrerer Magnetplättchen) oder nacheinander mit beiden Magnetpolen behandelt, so solle dieses Wasser für einen magnetischen Ausgleich im Organismus besonders vorteilhaft wirken. Es sollen also die Kräfte beider Magnetpole in diesem Wasser gespeichert sein. Diese letzte Aussage kann ich nicht bestätigen. Mit meinen Nachweismethoden fand ich stets nur die Kräfte des Nordpols oder die Kräfte des Südpols in dem behandelten Wasser. Bei Ausgleich der Kräfte war das Wasser als energetisch tot zu bewerten und nicht als von beiden Polen aktiviert. Aus diesem Grund kann ich die angeblichen Vorteile dieser Methode nicht belegen. Anderseits ist aber durch die Entkalkungsmethode von Wasserleitungen (aber auch durch medizinische Tests und Pflanzenversuche), bei welcher mit bipolaren Magnetfeldern gearbeitet wird, bekannt, daß hier magnetische Wirkungen im Wasser stattfinden, die zumindest im Wasser gelöste Substanzen beeinflussen. Mit meinen Untersuchungsmethoden gelang es allerdings nicht, bipolare Magneteffekte im Wasser nachzuweisen.

Die Experimente mit dem Wasser verdeutlichen, daß eine Vielzahl der hier festgestellten Energien (Wellenlängen) durch den Magneten übertragen worden sind, denn das Wasser wies diese Energien ursprünglich nicht auf (mit Ausnahme des heiligen Wassers). Woher diese speziellen Energien kamen, konnte im Fall des Magneten an der Flasche mit dem Nahrungsergänzungsmittel nicht geklärt werden. Normalerweise überträgt ein industriell hergestellter Magnet nicht die Heilenergien, die hier vorgefunden wurden. Es ist deshalb anzunehmen, daß der Magnet vor seinem Einsatz in irgendeiner Weise behandelt worden ist, um die speziellen Energien in diesen zu bringen. Ich habe ja hier selbst eine Reihe von Methoden vorgestellt und führe weitere an, die dazu geeignet sind. Auf jeden Fall kann ein Magnet mit bestimmten Energien dotiert werden, die er dann auf die damit magnetisierten Produkte überträgt, entweder in rechtsdrehender (mittels seines Südpols) oder in linksdrehender Form (mittels seines Nordpols).

Neben der Lagerung von Produkten auf einem Scheibenmagneten gibt es aber noch andere Möglichkeiten, mit Magneten zu arbeiten. Die meisten Magnete, die im Handel erhältlich sind, sind Stabmagnete, bei denen die Pole also mehr oder weniger weit entfernt liegen. Diese Magnete liegen gut in der Hand, so daß sie zum Magnetisieren von Objekten durch Bestreichen ideal zu verwenden sind. Wenn man zum Beispiel einen Bleistift oder Kugelschreiber oder ein anderes stabförmiges Schreibinstrument mit dem Magneten so bestreicht, daß man mit seinem Nordpol vom Kopf des Stiftes zur Spitze hin streicht, so induziert dieser Vorgang an der Spitze des Stiftes einen rechtsdrehenden Südpol. Schreibt man mit diesem Stift, so ist das Schriftbild rechtsdrehend und hat eine sehr angenehme Ausstrahlung – ideal für Liebesbriefe und besser als E-Mail. Und wenn man zuvor dem Stabmagneten noch besondere Energien vermittelt hat, ist der Effekt noch angenehmer. Auch die Stärke der Ausstrahlung kann mit dieser Methode festgelegt werden. Je näher man den Magneten an den Stift heranführt, um so stärker ist nachher dessen Ausstrahlung. Durch entsprechend dicke Abstandshalter zwischen Magnet und Stift oder Objekt allgemein kann sogar die Wellenlänge bestimmt werden, die hauptsächlich übertragen werden soll, denn die Wellenlänge der Strahlung ist von der Stärke der Magnetisierung abhängig.

Um kleinere Gegenstände zu magnetisieren, existiert eine sehr elegante Methode, die mit Ringmagneten arbeitet. Zwei Ringmagnete werden gegenpolig aufeinandergesetzt. Zwischen die Magnete werden mehr oder weniger dicke Kartonlagen geschoben, die die Ringmagnete in einem gewissen Abstand (einige Zentimeter) auseinanderhalten. Für kleinere Ringmagnete eignen sich hier einfache Bierdeckel. Die Kartonlagen sind in der Mitte gemäß der Größe des Ringes ausgeschnitten, so daß man Gegenstände hindurchwerfen kann. Durch den mehr oder weniger großen Abstand der Magnete zueinander kann so die zu übertragende Wellenlänge eingestellt werden. Der Effekt kann mit radiästhetischen Methoden überprüft werden (Technik zum Scannen der Wellenlänge). Der Abstand der Ringmagnete zueinander kann zum Beispiel so gewählt werden, daß die Magnetkombination die »universelle kosmische Heilkraft« dauerhaft auf Objekte überträgt. Was es mit dieser besonderen Energie auf sich hat, soll an späterer Stelle erläutert werden, wenn über die Entstehung der Materie aus kosmischer Energie gesprochen wird. Welcher Abstand der Magnetringe zueinander im Einzelfall zu nehmen ist, das muß ausprobiert werden, denn die Stärke der übertragenen Magnetisierung ist nicht nur vom Abstand der Magnete zueinander abhängig, sondern auch von der Stärke der Magnetisierung der Magnete selbst.

Um die speziellen Energien der Magnetringe zu übertragen und damit beliebige Objekte zu magnetisieren, werden die Objekte in freiem Fall (das ist wichtig) durch die Ringe hindurchgeworfen. Die Intensität der Ausstrahlung des dergestalt magnetisierten Objektes kann erhöht werden, wenn es mehrfach in gleicher räumlicher Orientierung durch die Magnetringe geworfen wird. Die gleichbleibende räumliche Orientierung ist dabei ganz wichtig, weil sonst die Magnetisierungsrichtung im Objekt wieder verändert würde. Zuvor sollte unbedingt überlegt werden, welcher Teil des Objektes rechtsdrehend werden soll und in welcher Orientierung das Objekt nun durch die Magnetringe zu werfen ist, da Magnete stets zwei Pole induzieren, die sich nun an den Enden des Objektes befinden. Die magnetisierten Objekte weisen daher stets zwei gegensätzliche Pole auf. Vor der Magnetisierung muß also überlegt werden, welcher Pol an welcher Seite eines Objektes gebildet werden soll. Auch ist zu bedenken, daß ein mittels Magnet polarisiertes Objekt eine viel intensivere Ausstrahlung aufweist als zuvor, und zwar im positiven (rechtsdrehenden) wie im negativen (linksdrehenden) Sinne.

System aus zwei Ringmagneten in definiertem Abstand. Werden Gegenstände hindurchgeworfen, werden diese an einem Ende rechtsdrehend, am anderen linksdrehend. Die Abstände der Magnete sind so eingestellt, daß dauerhafte Übertragungen erfolgen. Oben befindet sich der Nordpol, unten der Südpol der Magnete.

Flüssigkeiten lassen sich nicht einheitlich mit der Methode der Ringmagnete und auch nicht gut durch Bestreichen mit Magneten polarisieren. Hierfür ist es besser, diese auf einen der Magnetpole (Scheibenmagnet) zu stellen beziehungsweise zu lagern. Bei der Magnetisierung von Flüssigkeiten treten keine gegenteiligen Pole auf; die Flüssigkeit wird entweder rechtsdrehend oder linksdrehend, möglicherweise energetisch neutral, aber niemals bipolar.

Entoden und Beoden durch Arbeiten mit »geheiligten« Kerzen

Auf das Aktivieren von Kerzen und das Arbeiten mit diesen habe ich bereits an anderer Stelle hingewiesen, insbesondere im Zusammenhang mit der Wirkung geheiligter Kerzen als Wetterkerzen.[19] An dieser Stelle möchte ich auf die Anwendung der Kerzen zur Reinigung und Positivierung von Objekten gezielter eingehen. Vorab muß ich auch in diesem Fall darauf hinweisen, daß sowohl das Aktivieren von Kerzen als auch die Arbeit damit nach eigener Erfahrung nicht jedermann zugänglich zu sein scheint. Deshalb ist auf eine Überprüfung der Ergebnisse besonders zu achten. Wer nicht über die entsprechenden Fähigkeiten zur Überprüfung der Ergebnisse verfügt oder selbst nicht in der Lage ist, Kerzen zu aktivieren, möge andere Methoden zur Positivierung verwenden.

Bislang hatte ich lediglich darauf hingewiesen, daß der Kundige sich selbst die Kerzen an positiven Kraftorten aufladen kann, wie sie zum Beispiel in Wallfahrtskirchen zu finden sind. Wer dies kann, möge bei diesem Verfahren bleiben, denn die Kerzen nehmen hier ein interessanteres und vielleicht auch wirksameres Wellenlängenspektrum auf, als bei anderen Aufladungsmethoden. Erst kürzlich habe ich mir eine lediglich bleistiftdünne Kerze innerhalb einiger Sekunden an der Grabtumba der Heiligen Marinus und Anians in Wilparting aufgeladen sowie die Kräfte des Altares in die Kerze gezogen. Diese kleine Kerze hatte plötzlich eine Strahlungsreichweite von über 10 Metern – mit den speziellen Energien, die hier in dieser Kirche anzutreffen waren. Das sind Ergebnisse, die so elegant mit keiner anderen mir bekannten Methode zu erzielen sind.

Der Anwender sollte zunächst überlegen, wofür er eine aufgeladene Kerze verwenden möchte: zu Heilzwecken an anderen Personen, zur Positivierung

[19] Siegfried Grabowski: *»Der Heilstrom«*, S. 343 ff., und *»Die Magie der Kirche«*, S. 134 ff. sowie *»Die Heilkraft der Wallfahrtsorte«*.

des Raumes zum Beispiel im Zusammenhang mit einer Meditation, zur »Heiligung« von Andachtsgegenständen oder um Objekte des täglichen Gebrauchs zu reinigen und zu positivieren. Eine Kerze kann natürlich auch aufgeladen werden, indem man sie zum Beispiel auf einer Chipkarte aktiviert, wie im vorangegangenen Abschnitt aufgezeigt wurde. Natürlich kann man auch mit dieser Kerze die Schwingung im Raum besser gestalten, andere Gegenstände reinigen usw., doch erscheint es mir sinnvoller und praktischer zu sein, die an heiligen Orten aufgeladene Kerze spirituellen Anwendungszielen vorzubehalten; sie ist dazu sicherlich geeigneter, als eine anderweitig aufgeladene Kerze. Um das Grundprinzip der Reinigung und Positivierung auch an diesem Beispiel zu erläutern, zeige ich auf, wie praktisch vorgegangen wird.

Die brennende Kerze an sich verfügt bereits über ein großes positives Kraftpotential, denn vom physikalischen Prinzip her gesehen stellt die Flamme der Kerze einen Multiwellen-Resonator dar, das heißt die Kerzenflamme sendet sehr viele Wellenlängen in hohen Intensitäten aus bezüglich der radiästhetischen Meßmethode. Hinzu kommt, daß die Flamme das Element Feuer repräsentiert, also auch auf der geistigen Ebene wirksam ist. Für spezielle Anwendungszwecke wird die Kerze aber erst dann optimal wirksam, wenn sie in ihrem Material die speziellen Wellenlängen aufgenommen hat, für die sie in der Anwendung herangezogen werden soll. Wenn man damit also auf der spirituellen Ebene Erfolge erzielen will, muß man die Kerze zuvor auch mit diesen Energien imprägnieren, die sie nur dann auch abgeben kann.

Um eine Kerze mit heiligen Wellenlängen zu imprägnieren, kann ich sie natürlich über Nacht oder länger an einem guten Ort liegen lassen. Damit werde ich aber niemals ein so gutes Ergebnis erzielen, wie mit einer Mentaltechnik mit Hilfe der brennenden Kerze. In der Praxis suche ich mir zunächst die Stellen eines Kraftortes, die mir für meine Belange wichtig erscheinen, zünde die Kerze an und bringe sie mit den ausgewählten Objekten in kurzen Kontakt, wozu einige Sekunden ausreichend sind. Dabei stelle ich mir vor, wie die Kraft vom Objekt beziehungsweise Ort in die Kerze fließt. Mit mentaler Kraft kann ich hier sogar Selektionen durchführen, damit bei einem energetisch gemischten Ort zum Beispiel nur die positiven (rechtsdrehenden) Energien in die Kerze gelangen. Auch kann ich eine nicht gut lokalisierbare Strahlung einfangen, indem ich die Kerze beispielsweise kurz in Richtung des Altares halte. Dann sind auch die hier vorkommenden Kräfte komplett in der Kerze nachzuweisen. Auf diese Weise lade ich also meine Kerze für den weiteren Gebrauch auf. Die Aufladung der Kerze hält im allgemeinen einige Jahre; lagert sie an schlechten Plätzen, kann die Energie auch schneller verloren gehen. Es ist aber möglich, eine einmal selbst aktivierte Kerze, die an Energie verloren hat, mit Hilfe eines Bildes vom entsprechenden Platz oder Altar wieder erneut zu aktivieren.

Ich bleibe bei der Anwendung der aufgeladenen Kerze zur Aktivierung von Devotionalien. Ein Freund schenkte mir zwei industriell hergestellte und bemalte Engeltonfiguren. Bezüglich des Materials waren hier wie zu erwarten keine in unserem Sinne guten Substanzen verwendet worden. Die Figuren hatten also in vielen Wellenlängenbereichen eine linksdrehende Ausstrahlung. Wenn ich ein solches Objekt in meiner Wohnung stehen habe oder es sogar vielleicht für spirituelle Zwecke als Andachtsgegenstand benutzen möchte, so ist es verständlich, daß ich kein Objekt verwenden möchte, dessen negative Materialausstrahlung ich vielleicht sogar bewußt fühle. Darüber hinaus nutzt mir ein Engel nichts, dessen Ausstrahlung mich nicht im Geiste berührt und mich deshalb nicht mit den kosmischen Energien der Engel in Kontakt kommen läßt. Denn es verhält sich in der Tat so, daß die Ausstrahlung eines Objektes in uns Resonanzen eröffnet, die es uns ermöglichen, mit den entsprechenden kosmischen oder göttlichen Energien in Kontakt zu kommen, für die der Engel hier ein Symbol darstellt.

Mein Freund besaß eine schwarze Kerze, die er sich selbst am Blutschrein der Wallfahrtskirche von Walldürn aufgeladen hatte. Normalerweise würde man jetzt die Kerze anzünden und in Kontakt mit jeder Engelsfigur bringen, wünschend, daß aus der jeweiligen Figur die negativen Energien entweichen und die positiven Energien der Kerze einziehen. Das ist ein Prozeß, der in wenigen Sekunden beendet ist. Auch die Intensität der Aufladung der Figur kann bei diesem Prozeß mental gesteuert werden. Mein Freund wählte ein anderes Verfahren, das zur Reinigung von mehreren Objekten gleichzeitig geeignet ist. Er nahm eine Glasglocke (Käseglocke) und stülpte sie über die Engelsfiguren. Auf die Glasglocke hielt er kurz die brennende Kerze. Es hat also keine direkte Berührung der Figur mit der Kerze stattgefunden. Dennoch waren die Figuren nun mit allen heiligen Energien versehen, die zuvor auch die Kerze innehatte. Ich weiß nicht, wie lange dieser Vorgang zurückliegt, es mögen etwa fünf Jahre sein oder auch länger. Ich habe einen der Engel immer noch, und die ihm zugeführten Energien sind heute in gleicher Weise vorhanden, wie unmittelbar nach der Aufladung.

Unser Lehrmeister in der Radiästhesie, Reinhard Schneider, hatte uns vor langer Zeit einmal demonstriert, wie auch größere Mengen von Gegenständen auf rationelle Weise von belastenden Energien befreit werden können. Die Seminarteilnehmer holten alle ihre Sachen hervor, die sie gereinigt und positiviert haben wollten und legten sie auf seinen Tisch. Das war ein kleiner Berg von unterschiedlichsten Objekten. Herr Schneider nahm eine aluminiumbeschichtete Folie (eine Rettungsdecke), die wir aufgrund anderer Experimente benutzt hatten, und legte diese über die Gegenstände. Dann vollzog er das Ritual mit der brennenden Kerze, die er in diesem Fall allerdings etwas länger an die Folie hielt. Sicher hat er diesen Vorgang auch noch mental unterstützt, denn danach war jeder mit dem Ergebnis zufrieden. Ich erwähne den Vorgang der mentalen Unterstützung ganz bewußt, denn mir ist nicht ganz klar, wie gut dieses Positivierungsverfahren funktioniert, wenn ein in diesen Dingen Unerfahrener allein dieses Kerzenritual vollzieht, also nicht im Beisein eines Befähigten. Ich habe es erlebt, daß es Personen gibt, die keine Kerze aufladen konnten und schließe daraus, daß eine solche Person auch mit einer geweihten Kerze keine positiven Resultate erzielen kann.

Modifizieren von Energien durch Graphiken und Symbole

Auf diese Methode stieß ich durch Artikel in Zeitschriften. Die Autoren bildeten zum Beispiel konzentrische Kreise, ineinandergeschachtelte Dreiecke, Labyrinthe, Spiralen usw ab, alles überschaubare graphische Strukturen, keine magischen Symbole, keine Engelszeichen, keine Mandalas, keine Planetenzeichen oder ähnliche Dinge. Darauf solle man nun eine Flasche mit Wasser stellen, Nahrungsmittel oder andere Objekte, die gereinigt werden sollen. Ich habe mir Kopien von diesen Zeichnungen angefertigt und diese vergrößert, um damit besser praktisch arbeiten zu können.

Ich habe versucht, zwischen Graphiken und Symbolen zu unterscheiden. Im Sinne von Graphiken verstehe ich Zeichnungen, die wohl eine Reihe von Strukturelementen enthalten können, aber normalerweise nicht im Sinne eines Symbols verstanden werden. Ein Symbol ist ja sozusagen ein Stellvertreter für eine höhere Ordnung oder Kraft. Über das Symbol soll eine Verbindung zu der höheren Ordnung hergestellt werden. Die Graphik dagegen ist aus sich selbst heraus wirksam. Es sind die Linien und deren Anordnungen, die als Antennen für Mikrowellenstrahlung angesehen werden können und wohl auch aus diesem Prinzip heraus wirksam sind. Die Grenzen zwischen Graphik und Symbol sind allerdings fließend. So kann ein Dreieck beispielsweise als graphische Zeichnung angesehen werden oder als Symbol für die Heilige Dreifaltigkeit.

Im Sinne einer Graphik habe ich folgende Zeichnungen auf ihre entodende beziehungsweise positivierende Wirkung hin untersucht: Ein System von sieben ineinandergeschachtelten Kreisen, ein System von Dreiecken nach Patrick Flanegan, einen Zauberknoten, einen Salomonischen Knoten, die Hagal-Rune, das Jerusalemkreuz, ein Pentagramm und ein Hexagramm, eine Zeichnung der molekularen Struktur des Atoms Germanium. Für den Übergang in den Bereich der Symbole untersuchte ich die Wirkung des christlichen Glaubenssymbols JHS, das Henkelkreuz (Ankh), die Zeichnung eines Planetentalers, ein Symbol für die sieben Erzengel, einen Druck der Benediktusmedaille sowie das Bild eines Engels. Auf Symbole aus »magischen« Disziplinen habe ich bewußt verzichtet. Solche sind aufgrund übernatürlicher Eingebung entworfen worden und bedürfen einer Vermittlung zur Kraftquelle durch medial veranlagte Personen, um wirksam zu sein.

Ich habe auf die Zeichnungen ein Glas mit linksdrehendem Leitungswasser gestellt (ca. 60 Zentimeter Strahlungsreichweite) sowie in einer zweiten Versuchsreihe ein heiliges Wasser mit induktiven und kapazitiven Anteilen

Graphiken als Unterlagen zum experimentellen Entoden und Beoden eines Glases mit Wasser: Kreise, Dreiecke, Zauberknoten, Salomonischer Knoten, Hagal-Rune, Jerusalemkreuz, Pentagramm, Hexagramm, Germanium-Molekül.

(ca. 9 Meter Strahlungsreichweite). In allen genannten Fällen habe ich folgende Beobachtung gemacht: Nach zwei bis fünf Stunden waren die Energien dem Wasser entzogen worden, unabhängig davon, ob es sich um linksdrehende oder rechtsdrehende Energien handelte, und unabhängig von den induktiven oder kapazitiven Eigenschaften. Daraus folgt, daß diese Systeme zur energetischen Reinigung von Objekten durchaus geeignet sind. Nach dem Reinigungsvorgang waren die Wasserproben allerdings energetisch tot, das heißt, sie enthielten weder positive noch negative Energien. Auch das Stehenlassen der Proben über Nacht brachte keinerlei Änderungen im System, bewirkte also keinerlei aufladende Eigenschaften. Unter diesen Umständen scheint es mir wenig sinnvoll, diese Art von Reinigungsverfahren für Nahrungsmittel beziehungsweise Getränke anzuwenden, wohl aber für Objekte, die lediglich technischen Zwecken diesen.

Für die Strukturen mit symbolhaftem Charakter erhielt ich folgende Ergebnisse: Eine energetische Reinigung der Wasserprobe erfolgte innerhalb von etwa zwei Stunden bei allen Symbolen. In dieser Hinsicht unterscheiden sich die Symbole nicht von den Zeichnungen. Bezüglich der Aufladbarkeit der Wasserprobe mit rechtsdrehenden Energien beim Stehenlassen der Probe über Nacht auf dem Symbol wurden in einigen Fällen positive Ergebnisse erzielt.

Das Glaubenssymbol JHS: Hier erfolgte *keine* Aufladung der Probe, weder mit induktiven noch mit kapazitiven Energien. Doch möchte ich anhand dieser Zeichnung beziehungsweise dieses Symbols auf eine Besonderheit aufmerksam machen, die uns im christlichen Kulturkreis immer wieder begegnet. Es geht um den Strahlenkranz: Wir finden hier geradlinige Strahlen sowie Zacken in Wellenform in wechselnder Abfolge. Diese alternierenden Strahlenstrukturen finden sich sehr häufig an Heiligenbildern sowie an Geräten, die für die heilige Messe benötigt werden, wo sie ein Kreuz umstrahlen oder die heilige Hostie in einer Monstranz. Anhand dieser »Originale« lassen sich radiästhetische Untersuchungen an den unterschiedlichen Strahlenformen anstellen. Die geradlinigen Strahlen senden induktive Energien aus, wirken also direkt auf die Physis des Menschen; die gewellten Zakken vermitteln eine kapazitive Ausstrahlung, die sich in erster Linie dem Geist des Menschen mitteilt, seinem Gemüt. Diese Zackenform vermittelt das Gefühl der Heiligkeit des Ortes.

Das Henkelkreuz (Ankh): Nach Stehenlassen der Wasserprobe über Nacht auf dem Symbol waren eine Reihe von als heilig geltenden Energien (göttliche Universalkraft, Gottes Segen, Lebenskraft) in Form induktiver und kapaziti-

ver Energien mit einer Strahlungsreichweite zwischen 1,3 und 1,5 Metern nachweisbar. Bezüglich der Wasserwellenlänge wurde keine Aufladung erzielt.

Der Planetentaler: Hierbei handelt es sich um die Zeichnung einer Art Münze, die offenbar einmal als Glücksbringer gegossen wurde, da sie die Zeichen der Planeten enthält, die in besonderer Weise das Schicksal des Menschen beeinflussen. Der »Taler« trägt die Umschrift: *Dieser Taler ist v* [von] *denen 7 Mineralien präpariert.* Die Wasserprobe erhielt auf diesem Taler keine Aufladung, obgleich hier die Energien der 7 Planetenmetalle zu erwarten gewesen wären. Daraus ist zu folgern, daß es sich bei den Zeichen für die Planeten nicht um wirkliche Symbole handelt, die stellvertretend für die Energien der Planeten stehen, wie es zum Beispiel Fotos getan hätten oder die Siegel der planetaren Regenten. Die »Symbole« sind lediglich Zeichen, die die Stelle von Schriftzeichen vertreten. Jeder weiß zwar, was damit gemeint ist, doch kann anhand dieser Zeichen keine Rückverbindung zu den Energien der Planten hergestellt werden.

Auf eine Besonderheit soll im Zusammenhang mit diesem Planetentaler jedoch hingewiesen werden. Es geht um die Materialmischung des originalen Talers. Diese Glücksmünze sollte ja ihren Träger in eine energetische Verbindung mit den dargestellten Planeten bringen, was sich positiv auf das Lebensschicksal des Trägers auswirken sollte. Um eine solche Resonanz zwischen dem Planetentaler beziehungsweise dessen Träger mit den jeweiligen Planeten zu ermöglichen, mußte ein Material verwendet werden, das wesentliche Wellenlängen der Planeten beinhaltete. Es geht hier um die sieben Planetenmetalle: Gold (Au) für Sonne, Silber (Ag) für den Mond, Quecksilber (Hg) für Merkur, Zinn (Sn) für Jupiter, Eisen (Fe) für Mars, Kupfer (Cu) für Venus und Blei (Pb) für Saturn. Zu diesem Zweck wurde eine Metall-Legierung hergestellt, die alle sieben genannten Metalle zumindest in Spuren enthält. Dieses Metall konnte dann geprägt werden, oder dünne Platten daraus dienten zum Einritzen magischer Symbole, wenn es darum ging, sich die Hilfe der planetaren Regenten zu sichern. So ist es in alten Büchern über Magie beschrieben. Leider hatte ich noch keine Gelegenheit, eine solche alte Materialmischung zu untersuchen. Die einzelnen Planetenmetalle (in homöopathisierter Form) verwende ich jedoch gern, wenn es darum geht, an Kultorten die planetaren Kräfte zu ermitteln, die dort wirken.

Erzengelsymbol (Siebenstern): Dieses brachte ein Teilnehmer in unseren radiästhetischen Arbeitskreis mit. Es enthält die Namen der sieben Erzengel und undefinierbare Zeichnungen, die Blumensträußen ähneln, offenbar aber keine echten magischen Symbole für die Erzengel darstellen. Die Quelle dieser Zeichnung ist mir nicht bekannt. Wir haben damals mit diesem Siebenstern Aufladungsexperimente durchgeführt, dazu allerdings die Zeichnung selbst aktiviert. Zur Zeit meines Experiments wies der Siebenstern keine Aufladung mehr auf, was sich auch in dem Versuchsergebnis ausdrückte. Die energetische Reinigung der Probe mit dem Leitungswasser dauerte drei Stunden. Es erfolgte keinerlei Aufladung der Probe, auch nicht mit den kapazitiven Energien der Engel, die dieser Stern darstellen sollte.

Die Benediktusmedaille: Das hier als Unterlage verwendete Symbol basiert auf einer vergrößerten Kopie einer Zeichnung aus einem Prospekt eines Devotionalienladens. Das Bild ist in keiner Weise irgendwie aktiviert oder aufgeladen worden. Bereits nach zwei Stunden, als die Wasserprobe von negativen Energien gereinigt war, traten die ersten positiven Energien in induktiver und kapazitiver Form auf. Nach Stehenlassen der Wasserprobe über Nacht auf diesem Bild waren alle wesentlichen heiligen Energien in induktiver und kapazitiver Form mit einer Strahlungsreichweite zwischen 1,2 und 1,7 Metern in der Wasserprobe enthalten. Lediglich die Wellenlänge für Wasser wies 40 Zentimeter Strahlungsreichweite rechtsdrehend auf. Das ist die Wirkung, wie man sie von einem echten Symbol erwartet. Welche Kräfte hier allerdings durch die Medaille wirksam wurden, entzieht sich meiner Untersuchungsmöglichkeit.

Bild eines Engels (Foto von Heide May-Rauterkus): Verwendet wurde ein digital aufgenommenes Foto von einer bemalten Wand im Innern einer Kirche. Auch hier dauerte die Reinigung der Wasserprobe zwei Stunden, begleitet vom ersten Auftreten positiver Energien. Nachdem das Wasser über Nacht auf dem Bild gestanden hatte, waren neben der Energie der Engel auch die wesentlichen heiligen Wellenlängen mit einer Strahlungsreichweite von 1,5 Metern in der Probe nachweisbar, induktiv und kapazitiv. Bezüglich der Wasserwellenlänge erfolgte keine Aufladung.

Die Bedeutung geistiger Kräfte bei Entladungs- und Aufladungsverfahren

Die Wechselwirkung zwischen Geist und Materie ist eine zwingende Voraussetzung für viele hier angeführte Untersuchungs- und Positivierungsverfahren. Mit der näheren Beleuchtung dieses Phänomens soll beim Leser ein besseres Verständnis auch für Selbstheilungsvorgänge erzielt werden, wie sie durch Einnahme vom Wasser heiliger Quellen oder durch Aufnahme energetisch aufgewerteter Nahrungsmittel mitunter spontan erfolgen. In diesem Zusammenhang soll besonders auf den Aspekt des »Glaubens« hingewiesen werden im Sinne eines Vorstellungsvermögens, welches als geistiges Kraftpotential die Entwicklung zellulärer Prozesse in Lebewesen im heilenden und ordnenden Sinne beeinflußt. Zunächst sollen die Beispiele noch einmal herausgearbeitet werden, in denen bei Untersuchungstechniken oder im Sinne heilswirksamer Mechanismen die Wechselwirkungen zwischen geistigen Kräften und materiellen Energien oder Strukturen bereits angesprochen wurden.

Im Kapitel über die spirituelle Reinigung von Objekten und deren Positivierung wurde eine Reihe von Arbeitsverfahren vorgestellt. Die Arbeitsverfahren bedienen sich teilweise »technischer« Methoden, teilweise kamen mental unterstützte Verfahren zur Anwendung. Nicht in allen Fällen konnte geklärt werden, ob die Übertragung der Energien rein mechanisch (technisch) erfolgte oder ob mentale Prozesse hier unterstützend mitgewirkt haben.

Mehr oder weniger rein technisch erfolgen Energieübertragungen durch folgende Methoden: Absaugen von Energien oder Aufladen mit Energien mittels orgonotischer Systeme (Orgon-Rohre und vergleichbare Übertragungssysteme), Lagerung der Objekte auf dem Südpol eines Scheibenmagneten, Lagerung der Objekte auf positivierend wirkenden Untersetzern oder an einem positiven Kraftort (besondere Erdstrahlungszone, Platz in einer Kirche usw.). In den letzten Beispielen (Untersetzer, Kraftort) liegen bereits Mischphänomene zwischen technischen und mentalen Prozessen vor, denn die Beobachtung zeigt, daß die Aufladung von Objekten bei mentaler Unterstützung wesentlich rascher erfolgen kann als ohne bewußte Konzentration auf den Übertragungsakt.

Der Energieübertragung mittels Zeichen und Symbolen liegen bereits gemischte Wirkungsprinzipien zugrunde, resultierend aus technisch verursachter Strahlung (Symbol als Antenne für Mikrowellenstrahlung), einer Symbolwirkung über ihre »Antennenfunktion« für die Ankopplung an höhere geistige Prinzipien sowie durch mental-energetische Effekte, die über die Willens- und Glaubenskraft gesteuert werden. In analoger Weise wirken gemischte Kräfte, wenn in bestimmten Schichtebenen gearbeitet wird, in denen spezielle Energieformen anzutreffen sind, aber generell auch beim Arbeiten mit radionisch wirkenden Systemen jeglicher Art.

Weitgehend vom Einsatz mentaler Kräfte sind folgende Verfahren abhängig: Entoden durch Abreiben mit Kochsalz, Entfernung negativer Energien durch Abspülen mit kaltem Wasser, Übertragung von Energien (Abziehen oder Positivieren) mittels Kerzen, Energieübertragung durch mentale Konzentration ohne weitere Hilfsmittel (über die Hand, über den Blick), Positivierung oder Hilfeleistung anderer Art durch Anrufung kosmischer Kräfte oder Wesenheiten.

Anhand von Beispielen habe ich dargestellt, daß durch die Aktivierung persönlicher mentaler Kräfte nachweisbare Einwirkung (Energieübertragung oder Reinigung) auf Materie erfolgen kann. Manche Verfahren, für die mentale Kräfte benötigt werden, gelingen nahezu jedem Menschen mehr oder weniger gut, bei anderen sind besondere persönliche Fähigkeiten erforderlich. Welche Voraussetzungen kann jeder Mensch erfüllen, der seine mentalen Kräfte aktivieren möchte?

Eine wesentliche Voraussetzung zur Anwendung einer Mentaltechnik ist der unerschütterbare Glaube an das Gelingen einer Handlung. Was bedeutet in diesem Fall das Wort »Glaube«? Es bedeutet, absolut sicher zu sein, daß sich ein mental fixierter Vorstellungskomplex verwirklichen muß. Dabei liegt das Hindernis bei den meisten Menschen nicht am fehlenden Glauben an die Realisierung einer Sache, sondern an der mangelnden Konkretisierung eines Vorstellungsbildes. Ob ich eine Energieübertragung vornehmen möchte oder ob sich ein lange gehegter Wunsch in meinem Leben erfüllen soll, ist unbedeutend. Wichtig ist, das angestrebte Ziel in seinem Vorstellungsbild als realisiert anzusehen und dieses Bild für einige Sekunden aufrechtzuerhalten, ohne gedanklich davon abzuschweifen. Wenn ich dieses Bild gedanklich halten kann und überzeugt bin, daß es sich im Rahmen der auf der Erde wirkenden Gesetzlichkeiten realisieren läßt (Glaube), dann kann ich im allgemeinen schon davon ausgehen, daß die kosmischen Kräfte mit der Realisierung meines Wunsches begonnen haben.

Was passiert beim Prozeß des Wünschens im Detail? Zunächst muß ich mir darüber im klaren sein, welches Ziel ich erreichen möchte, wenn mittels mentaler Unterstützung eine Entodung oder Energieübertragung vorgenommen werden soll. In der Regel geht es bei der Entodung ja darum, aus einem Objekt die Energien zu entfernen, die belastend wirken können. Positive Energien sollten im Objekt verbleiben. Wenn ich zum Beispiel einen Schutzstein täglich tragen möchte, so habe ich ihn vielleicht mit besonderen positiven Energien programmiert, die ich benötige oder mir zumindest wünsche (zum Beispiel unter medizinischen Gesichtspunkten). Der mentale Prozeß zur Unterstützung des Entodungsvorganges hilft mir nun dabei, die negativen

Energien aus dem Objekte zu entfernen (zum Beispiel bei der täglichen Reinigung), wogegen die positiven Energien im Objekt verbleiben. Treffe ich diese Unterscheidung nicht, so werden beim Entodungsvorgang alle Energien entfernt, die nicht direkt für das Objekt substanztypisch sind. Die Selektion der Energien ist also ein wichtiger Punkt. Für Wünsche anderer Art gelten die gleichen Voraussetzungen: Ich muß wissen, was ich wirklich erreichen will, auf welche Weise ich es erreichen möchte und wann und in welcher Form der Vorgang abgeschlossen sein sollte.

Vor dem Beginn der mental unterstützten Operationen muß überlegt werden, welches Verfahren der Entodung (wenn wir einmal bei diesem Beispiel bleiben wollen) im vorliegenden Fall sinnvoll erscheint und ob ich von meinen Kenntnissen und meinem Können her überhaupt in der Lage bin, den Prozeß, den ich unterstützen möchte, durchzuführen. Gerade für den Anfänger in diesen Praktiken ist es außerordentlich hilfreich, wenn er in der Lage ist, negative Energien an einem Objekt einwandfrei festzustellen und das Ergebnis seiner Bemühungen nachzuprüfen. Nur dieses Vorgehen gibt dem Operateur die absolute Sicherheit, seine Fähigkeiten auch erfolgreich einsetzen zu können.

Es ist hilfreich, sich den gewünschten Prozeß in einem Vorstellungsbild oder in einem ablaufenden Film zu veranschaulichen. Wenn ich zum Beispiel einen Heilstein unter fließendem Wasser reinige, so stelle ich mir persönlich dabei vor, wie eine Art feiner Nebel das Objekt verläßt und in das Wasser übergeht. Halte ich meine Konzentration in diesem Sinne eine kurze Zeit aufrecht, scheint sich das Bild zu verselbständigen. Der Nebel ist plötzlich verschwunden, und ich weiß, daß der Prozeß nun beendet ist. Wenn ich mit der Hand oder mittels einer Kerze ein Objekt aufladen möchte, so stelle ich mir ebenfalls vor, wie ein Fluidum meiner Hand oder der Kerze entströmt und auf das Zielobjekt übertragen wird. Ich wähle die Art der Energien in meinem Geiste aus (in einer Form, in der ich sie auch überprüfen kann) und häufe sozusagen ein Energiepaket auf das andere. Wünsche ich eine bestimmte Intensität, so stelle ich mir gleichzeitig vor, wie ich die Strahlungsintensität festlege. Auf diese Weise erhalte ich auf rein mentalem Wege eine absolut sichere Kontrolle über die Intensitäten, die ich übertrage. Wünsche ich mir einen Meter Strahlungsreichweite, so messe ich in einigen Zeitabständen mental die Reichweite der Strahlung, bis ich das gewünschte Ergebnis erziele. Auf diese Weise weiß ich sehr rasch, wann ich den Übertragungsprozeß beenden kann.

Wie realisiert sich nun mein Wunsch? Wie gelange ich von einem geistigen Modell zu einem realen Ergebnis? Bei der Übertragung von Energien mit der Hand, über den Blick oder rein über das Vorstellungsvermögen setze ich eine rein geistige Kraft ein, das Ergebnis ist aber eine in einem Objekt fixierte

Energie, die ich messen kann, also Realität. Es muß angenommen werden, daß mein geistiges Vorstellungsbild ein geordnetes Kraftpotential darstellt, ein strukturiertes Energiefeld, das sich auf irgendeine Weise so umformt, daß daraus meßbare elektromagnetische Energien entstehen. Letztendlich ist dieser Vorgang eine kleine Simulation des Schöpfungsprozesses: Am Anfang steht ein Bild (ein Vorstellungs- oder Ergebniskomplex) als Resultat eines mentalen Prozesses. Dieses Bild ist durch eine gewisse Ordnung (der Gedanken) entstanden. Dabei bildet sich eine mentale Imprägnation, eine Information, im Bereich der uns umgebenden Schöpfungsenergien. Die Bibel spricht hier von einem Wort, das am Anfang des Schöpfungsprozesses steht. Diese mentale Imprägnation zwingt die universelle kosmische Energie zu einer Aktion, die letztendlich, als Folge energetischer Übergangsprozesse, in einer materiellen Struktur endet. Die Steuerung dieses Vorganges liegt in unserer eigenen Hand. Der Geist kann aufbauen oder zerstören. Was sich hier im Kleinen abspielt, ist der gleiche Prozeß, der auch im Kosmos stattfindet.

Teil 4:

Biologische Wirkungen aufgeladener Objekte

Messen und Erfühlen von Belastungen

Wie weit Objekte des täglichen Bedarfs oder Umgangs überhaupt energetisch gereinigt oder aufgeladen werden sollten, ist eine nur individuell zu beantwortende Frage. Manche Menschen sind so unempfindlich, daß sie energetische Belastungen scheinbar ebenso wenig spüren wie positive Energien, andere Personen dagegen »hören die Flöhe husten« und geraten bereits bei geringfügigen Belastungen in hysterisch anmutende Zustände. Was für die eine Gruppe von Menschen an verbessernden Maßnahmen nicht erforderlich scheint, ist für die andere zu einer zwingenden Notwendigkeit geworden, um in unserer belasteten Umwelt überleben zu können. Wer nicht selbst betroffen ist, kann sich nicht vorstellen, wie stark das energetische Umfeld unser Leben und unsere Gesundheit beeinflußt.

Zunächst möchte ich kurz darauf eingehen, welche Methoden uns überhaupt zur Verfügung stehen, um Belastungen beziehungsweise ihre Wirkungen zu erkennen.

Radiästhetische Untersuchungstechniken

Wer keine Belastungen spürt, fühlt auch nicht das Verlangen, sich mit bestimmten Untersuchungstechniken auseinanderzusetzen. Dem Interessierten jedoch oder dem ohnehin Fühligen stehen eine Reihe von Kontroll- und Untersuchungstechniken zur Verfügung, um positive und negative Energien erkennen und beurteilen zu können. In erster Linie sind hier die Methoden der Radiästhesie zu nennen, das »Rutengehen«, bei dem je nach »Schule« die unterschiedlichsten Instrumente zur Anwendung kommen. Doch gibt es in diesem Bereich nur wenige Rutensysteme beziehungsweise Untersuchungstechniken, die eine wellenlängenspezifische Selektion der Energien und damit auch deren einzelne Bewertung zulassen. Auch die unterschiedlichen »Pendelschulen« stellen verschiedene Instrumente zur Verfügung. Doch wird in diesen Schulen im allgemeinen nicht gelehrt, wie auch mit Hilfe des Pendels spezifische Wellenlängen (Abstimmtechnik) und Energieformen unterschieden werden können. Zu den Pendeltechniken gehört auch das Arbeiten mit den sogenannten »Schwingstäben«. Das sind im Gegensatz zum üblichen, in der Vertikale angewandten Pendel die sogenannten »Horizontalpendel«, denn mit ihnen wird in horizontaler Ebene gearbeitet. Das richtige Arbeiten mit Pendeln jeglicher Art ist wesentlich schwieriger als das Arbeiten mit einem Rutensystem, was mit den besonderen Strahlungscharakteristika der zu untersuchenden Objekte zusammenhängt und mit der Empfangscharakteristik des verwendeten Instrumentes. Nur weil ein Pendel leichter zum Ausschlag zu bringen ist als eine Gabelrute oder Lecherantenne, ist es noch lange nicht leichter, damit auch brauchbare und richtige Aussagen zu erhalten.

Körpertestungen

Hier geht es um Methoden, bei denen bestimmte Körperreaktionen eine Aussage darüber treffen sollen, ob die Energie eines bestimmten Objektes dem körperlichen Regulationssystem förderlich ist oder hemmend wirkt. Diese Verfahren werden besonders gern für medizinische Fragestellungen eingesetzt, weil sie eine gewisse »Mitarbeit« oder »Mitreaktion« des zu Behandelnden erfordern und die Ergebnisse recht eindrucksvoll erscheinen. Hier sollen insbesondere die unterschiedlichen Arten der Körpertestungen (kinesiologische Testungen) genannt werden und die Verfahren, die auf Messungen der elektrischen Hautleitfähigkeit (Elektroakupunktur) beruhen. Obwohl gerade bei den kinesiologischen Testungen teils eindeutig wirkende Körperreaktionen erfolgen, ist die Sicherheit, hier ein richtiges Ergebnis zu erhalten, auch nicht größer als bei radiästhetischen Verfahren. Grundsätzlich ist auch hier anzumerken, daß diese Verfahren nur in bezug auf die Personen zur Anwendung kommen müssen, die selbst keine ausreichend hohe Sensibilität zur Beurteilung ihnen zuträglicher oder abträglicher Energien entwikkelt haben. Aber das betrifft heute den größten Teil der Menschheit, weil sich das körpereigene Regulationssystem infolge noch immer steigender energetischer Umweltbelastungen erschöpft und aufgrund dieser Regulationsstörung entweder überhaupt nicht mehr reagiert (Unempfindlichkeit, Regulationsblockade) oder überreagiert.

Gefühlsreaktionen

Wer insbesondere durch jahrelang angewandte Rutentechniken einen hohen Grad an Empfindlichkeit erlangt hat, spürt am eigenen Leibe anhand bestimmter Gefühlsreaktionen, ob eine belastende oder wohltuende Energiequelle in der Nähe ist, und er kann aus diesem Gefühl heraus sehr rasch Objekte energetisch beurteilen, ohne irgendwelche Untersuchungstechniken anwenden zu müssen. Eine solche Sensibilität kann sich aber auch als Folge schwerer chronischer Erkrankungen einstellen, die aufgrund einer Fehlreaktion der Chakren mit einem starken Energieverlust einhergehen oder mit bestimmten Schädigungen des Nervensystems. Das Training der Gefühlsreaktionen fängt schon beim Rutengehen oder Pendeln an. Es ist ja eigentlich nicht das Instrument selbst, welches auf eine Strahlung reagiert, sondern es ist der Mensch. Wenn der Mensch die Strahlung fühlt, benötigt er kein Instrument. Benutzt er häufig ein Instrument, so stellt sich die Fühligkeit automatisch ein. Bei der Rutenarbeit geht es mir persönlich so, daß ich die Energien im Bereich des Solarplexus spüre im Sinne einer Verkrampfung und in den Beinen in Form eines Energieverlustes. Mein Lehrmeister wiederum sagte mir, er spüre die Energien besonders im Kopfe. So hat offenbar jeder Mensch seine eigenen »Reaktionszentren«, die beim Rutengehen automatisch trainiert werden oder die trainiert werden können. Wenn ich unabhängig von einer radiästhetischen Testung die Energie eines Objektes beurteilen möchte, so nehme ich den Gegenstand in die linke Hand, worauf sich sofort bestimmte Gefühlssensationen einstellen, die sich jedoch etwas anders anfühlen als bei den instrumentellen Untersuchungstechniken.

Kürzlich schenkte mir eine Bekannte einen kleinen Halbedelstein in Form eines Trommelsteines, weil ich ihr erzählt hatte, daß ich gern so einen Stein hätte. Ich nahm den Stein in die linke Hand und spürte sofort ein unangenehmes Kribbeln über die Hand den Unterarm hinaufziehen, das sich immer mehr ausbreitete und verstärkte. Begleitend stellte sich ein unangenehmes Gefühl im Oberbauch ein. Die radiästhetische Untersuchung zeigte dann, daß dieser Stein starke belastende Energien ausstrahlte. Ganz anders empfinde ich die Gefühle, wenn ich ein Objekt mit starken positiven Energien in die Hand nehme. Dann breitet sich ein warmes Strömungsgefühl im Arm aus, und am ganzen Körper spüre ich einen entspannenden warmen Energiestrom, der vom Kopf ausgeht und sich den ganzen Wirbelsäulenbereich bis zu den Fußspitzen hin ausdehnt. Damit stellt sich in den Unterschenkeln das Gefühl einer »Erdung« ein, über die Spannungen abfließen, ohne einen Energieverlust zu bewirken. Auf diese Weise kann ich ein auf mich positiv wirkendes Objekt sicherer und leichter herausfinden als über eine radiästhetische Technik. Voraussetzung für dieses Erfühlen ist allerdings ein gewisser Zustand der Ruhe und Konzentration. Dieses Erfühlen gelingt sogar auf einem »schlechten« Platz, sofern es möglich ist, eine gewisse Konzentration auf das Objekt eine Zeitlang aufrechtzuerhalten.

Mentale Untersuchungstechniken

Eine weitere Steigerung des Erfühlens von Objektstrahlungen ist die Mentaltestung. Bei dieser Untersuchungstechnik wird ein unterschwellig auftretendes Körpergefühl über eine eintrainierte Körperreaktion zum Ausdruck gebracht. Die ausgelöste Körperreaktion kann ein Schnipsen mit den Fingern sein, eine von Fremden unbemerkte Finger- oder Handreaktion, ein Heben des Armes, ein Zucken des Augenlieds, ein Wimpernschlag oder anderes mehr. Die individuelle Reaktion stellt sich nicht von selbst ein, sie muß trainiert werden. Im Grunde genommen ist es aber die gleiche Reaktions- und Wirkungsweise wie bei der Rutentechnik: eine kaum spürbare Körperempfindung wird über eine eingeübte Körperaktion zur Aussage gebracht. Ein wesentlicher Vorteil der Mentaltechnik liegt darin, daß die meisten Körperreaktionen von anwesenden Beobachtern unbemerkt verlaufen. Das ist sehr praktisch, wenn es darum geht, zum Beispiel in Kirchen Untersuchungen durchzuführen oder auch nur im Lebensmittelgeschäft bei der Auswahl weniger belasteter Waren. Für mich persönlich ist es sehr wichtig, auf diese Weise im Geschäft radioaktiv bestrahlte Waren von unbestrahlten unterscheiden zu können.

Das bewußte Aufnehmen von Objektstrahlungen zum Erzielen einer Körperreaktion geschieht vorzugsweise über die Sinnesorgane, wobei den Augen eine besondere Bedeutung zukommt. Aber auch der Tatsinn, das Gehör und der Geschmack sind bedeutende Eingangspforten für Strahlungsenergien. Die eine Fragestellung beantwortende Körperreaktion ist für den Unerfahrenen mit großer Vorsicht zu bewerten, weil die oft unbestimmte Gefühlssensation nicht mit der gewünschten Körperreaktion einhergeht. Das heißt für die Praxis, daß Reaktionen zum Beispiel durch Schnipsen bei starken Strahlungseindrücken falsch positiv erfolgen. Es kommt also zur gegenteiligen Reaktion. Das liegt daran, daß der Organismus auf starke Strahlung rascher und direkter reagiert als auf eine kompliziert zu fassende Körperempfindung. Deshalb erfolgen in der Mentaltechnik gerade bei weniger geübten Personen leicht falsche Aussagen. Ist die Objektstrahlung des zu untersuchenden Gegenstandes gering, so resultieren bei Anwendung der Mentaltechnik offenbar eher richtige Aussagen. Aufgrund dieser Schwierigkeiten und Unwägbarkeiten sollte die Mentaltechnik auch nur als eine orientierende Untersuchungstechnik eingesetzt und durch eine reale Rutentechnik ergänzt werden.

Eine weitere Besonderheit der Mentaltechnik ist das Beantworten von Fragen ohne ein zugrunde liegendes reales Objekt. Ein geschriebener Name kann ausreichen, um mit einer Person in Resonanz zu kommen und über sie Aussagen auf bestimmte Fragestellungen zu erhalten. Mittels Mentaltechnik ist es auch relativ leicht zu ermitteln, wieviel Verspätung eine Person hat, die man erwartet, wo sie sich gerade befindet usw. Oft sind solche Fähigkeiten eingesetzt worden, um vermißte Personen aufzufinden. Ich erwähne diese Methode hier deshalb, weil auch die Beantwortung einer mentalen Fragestellung letztendlich eine auslösende Reaktion eines Körperempfindens darstellt, allerdings schon auf einem sehr hohen Niveau und mehr in den seelisch-geistigen Bereich führend.

Intuitives Wissen

Die höchste Empfindungsstufe der Körperwahrnehmung ist das intuitive Wissen um die Eigenschaften eines Objektes oder einer Angelegenheit, ohne auf eine Gefühlsreaktion zu achten, sie nicht bewußt zu empfinden und sie auch nicht zu erwarten. In der Praxis stellt sich das für den Geübten so dar, daß er um die Eigenschaften eines Objektes weiß, das er gesehen hat oder das er kennt, obgleich er es also nicht sieht und es sich auch nicht in seiner Nähe befindet. Das ist schon eine eigenartige Angelegenheit: man erhält eine Antwort, ohne eine Frage gestellt zu haben. So stellt es sich jedenfalls dar. Dieses Phänomen beweist aber letztendlich, daß der Mensch mit allen Dingen und geistigen Energien auf dieser Erde, insbesondere in seinem Umfeld, in einem ständigen Rapport lebt. Eine Energie wirkt auf die andere ein, es ist ein immerwährender dynamischer Regulationsprozeß. Da wir ein Teil des Ganzen sind, haben wir prinzipiell auch die Möglichkeit, alles in unser Bewußtsein hineinzuheben, dessen wir gewahr werden möchten. Der Schlüssel dazu ist der noch nicht ins Bewußtsein gehobene Gedanke oder vielmehr der intuitive und unbewußte Wunsch, sich mit einem Objekt, einer Person, einem Gedanken usw. zu befassen. Die Welt und ihr Wissen stehen uns offen, auch unser eigenes Schicksal; wir müssen nur im Buch des Lebens zu lesen verstehen.

Gefahren beim Reinigen und Aufladen von Objekten

Daß energetisch belastete Gegenstände Auswirkungen auf unser Wohlbefinden zeigen können, wird niemand bestreiten, der selber ein wenig fühlig geworden ist. Auch wer solche Belastungen nicht spürt, wird doch von seinem Verstand her dem Argument zugänglich sein, daß solche Belastungen doch besser gemieden werden sollten. Gegen das sinnvolle Reinigen belasteter Objekte wird also wohl niemand etwas einzuwenden haben. Um so überraschender mag deshalb die Aussage klingen, daß entsprechende Reinigungstechniken durchaus mit Vorsicht zu handhaben sind. Wie bereits weiter oben angegeben, kann der Reinigungs- und Aufladungsprozeß in drei Stufen beschrieben werden: der reine Entodungsvorgang, der reine Aufladungsvorgang und das kombinierte Verfahren, bei dem Entodung und Aufladung in einem dynamischen Prozeß zum Teil nacheinander, zum Teil aber auch parallel zueinander erfolgen.

Warum kommt es zu Gefährdungen durch belastete Objekte?

Durch den Prozeß der Materialisierung aus geistig-energetischen »Strukturen« haben sich die Erde und alle Lebewesen und Materialien auf ihr entwickelt. Mit dem Prozeß der Verstofflichung kam ein Zustand in die Welt, der auf der geistigen Ebene nicht existierte, nämlich die Polarisierung, das Ausbilden energetischer Pole in allen Objekten, aber auch in unseren Denkstrukturen. Jegliche Materie, die unserer Erde entnommen werden kann, und auch die Erde selbst, besteht aus polarisiertem Material mit substanzeigener Strahlungscharakteristik. Befinden sich die Substanzen in ihrer natürlichen Umgebung, so sind die Kräfte in einen dynamischen Regulationsprozeß eingebunden, der im allgemeinen wenig belastende Auswirkungen auf die Lebewesen zeigt, wenn man von einigen besonders belasteten Örtlichkeiten einmal absieht. Wird nun ein Mineral der Erde entnommen, beispielsweise ein Stein als Baumaterial, und in irgendeiner Weise physikalisch oder chemisch verändert, so ändert sich damit auch die Ausstrahlung des Materials, und was in der Natur einen hinreichenden Abstand zum Menschen hatte, gelangt nun in seine unmittelbare Nähe, hat Körperkontakt usw. Viele synthetische Materialien, die also in der Natur nicht vorkommen, befinden sich heute in unserem unmittelbaren Umfeld. Unser Regulationsvermögen ist auf diese Substanzen nicht eingestellt. Die ersten Kunststoffe zum Beispiel, die entwickelt wurden, waren rechtsdrehend, da sie aus natürlichen Ausgangsmaterialien bestanden, die nur in geringer Weise chemisch verändert wurden. Heute sind praktisch alle Kunststoffe, hauptsächlich aufgrund der verwendeten vollsynthetischen Farbkomponenten, linksdrehend mit hoher Strahlungsintensität und auch vom Wellenlängenspektrum her stark belastend. Materialien sind im wesentlichen also deshalb belastet und belastend, weil es keine natürlichen Materialien mehr sind oder weil diese aus ihrer natürlichen Ordnung entfernt wurden. Ein Quellwasser aus der Natur, auch wenn es linksdrehend ist, ist doch niemals so mit negativen Energien belastet wie das Wasser, das nach diversen Aufbereitungsprozessen aus unseren Leitungen kommt. Die schädigende Wirkung von Kristalldrusen und Erzgängen in der Natur ist lokal eng begrenzt. Holen wir die Kristalle aus der Erde und stellen sie in unserer Wohnung auf, so setzen wir uns damit einer Wirkung aus, die sich weit stärker auf unsere Gesundheit auswirken muß, als wenn wir sie in der Natur belassen hätten. Es ist also durchaus verständlich und legitim, wenn wir versuchen, Gegenstände, die wir in unserem Lebensumfeld benötigen, durch energetische Reinigung und Positivierung verträglicher zu gestalten.

Der Reinigungsprozeß (Entodung) und seine Gefahren

Erforderlich ist eine Entodung von belasteten Objekten in der Regel erst dann, wenn ihre Strahlungsreichweiten die Reichweite der normalen Körperausstrahlung deutlich überschreiten. Es geht also hier um Reichweiten belastender Strahlungen, die etwa 60 bis 100 Zentimeter überschreiten. Das mag für Objekte gelten, mit denen wir uns umgeben, also keinen ständigen Körperkontakt haben. Die Strahlung gefärbter Kunststoffe beispielsweise liegt in der Größenordnung von 1,5 Metern, die von den meisten linksdrehenden Mineralwässern und Leitungswässern bei etwa 60 bis 100 Zentimeter und zum Teil deutlich darüber. Bei Kristallen oder technischen Gegenständen werden dagegen leicht Strahlungsreichweiten von mehreren Metern erzielt. Dazu kommen spezifische Arten von belastenden Wellenlängen, die sich unterschiedlich auf den Organismus auswirken, auf die aber hier nicht eingegangen werden soll. Die einzelnen Verfahren zur Entodung wurden im dritten Teil dieser Arbeit angegeben. Die meisten sind ausreichend wirksam und gefahrlos. Meist lassen sie geringfügige negative Energien im Objekt zurück, die nicht mehr schädigend wirken. Das ist gut so, weil dann der ursprüngliche Charakter des Materials nicht verändert wird und keine ungewohnten energetischen Einflüsse auf unsere Körperenergien erfolgen.

Von den angegebenen Entodungstechniken ist es eigentlich nur eine Methode, die potentielle Gefahren in sich birgt: das Absaugen von Energien mittels orgonotischer Systeme. Das betrifft in erster Linie aber nur die selbstgefertigten Systeme, bei denen eine große Anzahl von wechselnden Lagen eines Leiters und Isolators vorhanden ist, denn je mehr Lagen ein Orgon-Rohr aufweist, um so stärker ist die Wirkung und um so rascher kann der gewünschte Effekt erzielt werden. Allein das Halten des in aktivem Zustand (»Erdung« in Wasser) befindlichen Rohres vermag über die Seitenbereiche des Rohres dem Anwender so viel Kraft zu entziehen, daß ihm schwindlig wird. Der den Organismus schwächende Energieverlust wird nur sehr langsam wieder von selbst ausgeglichen. Deshalb sollten solche Systeme nur in der Weise angewandt werden, daß sie in ein Stativ eingespannt werden. Dadurch hat man auch beide Hände frei, um den Effekt radiästhetisch zu überprüfen. Die Wirkungsweise dieser Systeme ist so, daß der Reaktionsabstand (Strahlungsreichweite) der belastenden Energie im zu reinigenden Objekt immer kleiner wird und schließlich die Energie ganz verschwindet. Was danach passiert, entzieht sich der Kenntnis vieler Experimentatoren. Der Entzug geht nämlich über den Nullpunkt hinaus. Dabei wird eine »negative Energie« im Objekt erzeugt, eine Art Energieloch. Dieses Energieloch ist über die Wellenlänge der Substanz Formaldehyd nachweisbar. Die Nachweisreaktion ist aber anders als bei den sonstigen radiästhetischen Testungen: Geringe Intensitäten an Nullenergie haben einen sehr großen (weiten) Reaktionsabstand, bei hohen (den gefährlicheren) Intensitäten wird der Reaktionsabstand sehr klein. Wenn die Nullenergie im Objekt also sehr stark akkumuliert ist, bekommt man radiästhetisch fast keine Aussage mehr.

Dieser Zustand ist gefährlich, weil das Objekt nun dem Menschen Energie entzieht und sogar für bestimmte auszehrende Erkrankungen verantwortlich gemacht wird. Nach meinem persönlichen Erfahrungen benötigen solche Objekte mehrere Wochen, bis sich ihr Energiezustand wieder normalisiert hat. Fühlbar ist der Zustand der Nullenergie in Form einer starken Kälte, die vom Objekt ausgeht.

Am Menschen sollte dieses energieentziehende System nur von sehr erfahrenen und verantwortungsbewußten Therapeuten eingesetzt werden und nur unter laufender Kontrolle des energetischen Zustandes des Hilfesuchenden. In diesem Fall können sehr positive Effekte erzielt werden, wenn es darum geht, fremde geistige Beeinflussungen aus dem Körper des Betroffenen zu ziehen. Dabei ist es stets sinnvoll, ein eher schwach wirkendes System einzusetzen und dafür eine längere Einwirkungsdauer in Kauf zu nehmen.

Warum ist eine Aufladung von Objekten erwünscht?

Ob Objekte nur gereinigt oder gleichzeitig positiviert werden sollen, hängt oft vom Verwendungszweck ab. Bei einem Handy beispielsweise, bei einem Fotoapparat oder anderen elektronischen Geräten ist neben der energetischen Reinigung eine zusätzliche Aufladung mit positiven Energien schon deshalb erwünscht, weil diese Geräte im allgemeinen innerhalb von mehreren Tagen die gute Energie wieder verlieren. Sie sind so stark in andere energetische Prozesse eingebunden (Aufladung am Netz, Strahlungs-Wechselwirkungen), daß die positive Energie nicht dauerhaft wirksam bleibt. Anders verhält es sich bei Objekten, die am Körper getragen werden, die gesundheitlichen oder meditativen Zwecken dienen. In diesen Fällen erfüllt eine Aufladung mit besonderen Energien den Zweck, lebenspositive Energien permanent auf den Organismus zu übertragen und damit unser Wohlbefinden zu sichern. Bei der aufgeladenen Meditationskerze oder anderen Objekten, die spirituellen Zielen dienen, kommt der Effekt hinzu, daß durch die eingebrachten »heiligen« Wellenlängen über Resonanzprozesse ein Kontakt zu höheren Energieformen ermöglicht wird, zu Engeln der Heilung, zu geistigen Helfern usw. Wer es selber erlebt hat, wie eine aufgeladene Kerze beim Abbrennen die gesamte Wohnraumatmosphäre entspannt und beruhigt, wird die Wirkung positivierter Objekte generell zu schätzen wissen. Gerade im Ruhebereich, im Schlafzimmer usw. ist es wünschenswert, sich mit positiven Energien zu umgeben, um sich im Gegensatz zum übrigen Tagesablauf hier erholen und regenerieren zu können. Auch Nahrungsmittel schmecken besser und sind bekömmlicher, wenn sie gereinigt und positiviert werden. Insbesondere bei Getränken ist dieser Effekt sehr gut zu spüren. Nach Aussage mehrerer mir bekannter Personen werden auch Arzneimittel besser vertragen, wenn sie zuvor gereinigt und positiviert worden sind.

Der Aufladungsprozeß (Beodung) und seine Gefahren

Ein Aufladungsprozeß von Objekten sollte besser nicht ohne eine vorhergehende Entodung vorgenommen werden, denn es ist möglich, auch energetisch belasteten Objekten extra noch positive Energien hinzuzufügen. Das ergibt natürlich wenig Sinn, weil die den Organismus belastenden Energien dann im System verbleiben und weiterhin wirksam sind. Negative Energien sind nicht einfach dadurch auszulöschen, daß positive hinzufügt werden. Darüber hinaus zeigt mir die Beobachtung, daß nach dem Aufladen von Objekten, die noch negative Energien beinhalten, auch die negativen Energien im Zusammenhang mit der Positivierung eine Intensitätssteigerung erfahren und damit die aufgeladenen Objekte noch gefährlicher erscheinen lassen als vor der Aufladung.

Die meisten Positivierungsverfahren wirken glücklicherweise so, daß entweder zunächst die negativen Energien verschwinden und dann die positiven sich langsam aufbauen, oder sie wirken so, daß die negativen Energien zurückgehen und bereits in diesem Stadium die positiven zu wirken beginnen. Beide Arten von Verfahren sind gewissermaßen gleichberechtigt, da sie beide das gleiche Endziel erreichen: die Befreiung von negativen Energien und die Aufladung mit positiven Energien.

In keinem Fall tritt bei diesen Verfahren eine Nullenergie auf, so daß es für das Positivierungsverfahren keine zeitliche Begrenzung gibt. Eine zeitliche Begrenzung des Prozesses ist nur dann erwünscht, wenn die Aufladung bei einer gewissen Strahlungsintensität gestoppt werden soll, was in manchen Fällen durchaus wünschenswert ist, um nicht zu viele hoch aufgeladene Objekte in seinem Wohnumfeld zu haben. Jedes Positivierungssystem hat nach oben hin eine gewisse Grenze, über die hinaus keine Aufladung mehr erfolgt. Mitunter können dabei aber Strahlungsreichweiten von weit über 10 Metern erzeugt werden, was in vielen Fällen aufgrund physiologischer Begleiterscheinungen ebenfalls nicht erwünscht ist. Allerdings erfolgt bei »starken« Systemen die Aufladung in kürzerer Zeit als bei »schwachen« Systemen. Oftmals ist aber gerade schwächeren Systemen der Vorzug zu geben, weil man auf ihnen die zu positivierenden Objekte ungeprüft über Nacht stehenlassen kann und damit in jedem Fall ein gutes Ergebnis erzielt. Die möglichen potentiellen Gefahren durch zu viele aufgeladene Objekte im Raum basieren auf folgenden Gegebenheiten:

Störungseffekte durch eine zu hohe Aufladung

Wenn ein aufgeladenes Objekt eine radiale Strahlungsreichweite von etwa 10 Metern erreicht, so ist damit praktisch ein ganzes Haus »bestrahlt« oder zumindest doch der gesamte Wohnbereich. Was auf den ersten Blick wünschenswert erscheint und als angenehm empfunden wird, kann sich mit der Zeit als belastend herausstellen, insbesondere wenn sich die »Strahlenquelle« in der Nähe der Person befindet, die sich in dieser Wohnung lange Zeit aufhält. Das aufgeladene Objekt kommt hier praktisch an jedem Ort mit unserem Körper in Resonanz. Ist die Strahlung so stark, daß sie das menschliche Energiefeld weit überstrahlt, so kommt es allmählich zu einem auf Regulation beruhenden Abwehrverhalten des Organismus gegenüber der Strahlungsquelle. Das heißt, daß das aufgeladene Objekt nach einiger Zeit »Probleme macht«, als unangenehm oder störend empfunden wird. Ist das Objekt in der Nähe des Schlafplatzes, kann dieses zu Schlafstörungen führen, zu einem oberflächlichen Schlaf mit vielen und intensiven Träumen oder zu Schlaflosigkeit. Letztendlich können Erregungszustände auftreten, Herzklopfen, Herzrhythmusstörungen, Hitzewallungen und Schwindelgefühl. In diesen Fällen ist die Belastung im zu reinigenden Objekt »überkompensiert« worden mit entsprechenden negativen Folgen bei dauerhafter Einwirkung auf den Menschen. Dem kann leicht entgegengewirkt werden, wenn durch entsprechende Austestungen darauf geachtet wird, den Reaktionsabstand aufgeladener Objekte so gering zu halten, daß die Strahlungsreichweite etwa einen Meter nicht überschreitet.

Resonanzverhalten bei aufgeladenen Objekten untereinander

Stehen mehrere stark aufgeladene Objekte so nah zusammen, daß ihre radialen Ausstrahlungen sich überschneiden, so kommt es zu einem Resonanzverhalten der Objekte untereinander. Die Strahlen überlappen sich und bilden an der Berührungsstelle neue, hochverstärkte Resonanzzonen, in denen teilweise Auslöschungen erfolgen, teilweise Verstärkungen und teilweise Änderungen der Zirkularpolarisation der Strahlung. Dabei ist die Resonanzstrahlung immer stärker als die der einzelnen Objekte. Wenn wir bedenken, daß aufgeladene Objekte leicht Strahlungsreichweiten von radial 10 Metern erreichen, so können wir uns gut vorstellen, wie kompliziert und unübersichtlich sich das Resonanzverhalten gestaltet, wenn sich zahlreiche aufgeladene Objekte in unserem Umfeld befinden.

Zunächst sind die neuen Strahlungseffekte nicht bewußt spürbar, doch nach und nach erschöpft sich das Regulationsverhalten des Organismus, was zu einer höheren Empfindlichkeit führt mit nun bewußt werdenden Störungseinflüssen, die den Charakter einer starken Aufladung haben können oder den eines Energieentzugs. Bedenken wir, daß jeder Strahlungseinfluß auf unseren Körper, der stärker oder anders ist als unser natürliches Umfeld, durch Regulationsprozesse ausgeglichen werden muß. Das kann eine Regulation sein, die das Energiefeld des Körpers in den Bereich von Heilungen führt durch Aufbrechen von Regulationsblockaden, es kann sich aber auch so gestalten, daß ein körperlicher Energieverlust eintritt, der, obgleich unbemerkt, längerfristig zu chronischen Erkrankungen führen kann.

Probleme aufgrund unglücklicher Positionierung der Objekte

Hoch aufgeladene Objekte informieren mit ihrer Eigenstrahlung die Strahlungen im Raum. Das betrifft die natürlichen Strahlungen (Bodenstrahlung, kosmische Strahlung) ebenso wie technisch erzeugte Strahlungen (zum Beispiel aus dem Stromnetz). Wäre das nicht der Fall, so ergäbe die Aufladung ja keinen Sinn. Einerseits teilt sich also die Objektstrahlung der Umgebungsstrahlung mit, andererseits wirkt die Umgebungsstrahlung auf das Objekt. Liegt eine starke belastende Umgebungsstrahlung vor, so vermag sie das aufgeladene Objekt weiter zu aktivieren, was zu unerträglichen Strahlungszuständen führen kann.

Mit natürlichen rechtsdrehenden Heilerden sowie mit aufgeladenen Quarzmehlen habe ich in meinem eigenen Wohnbereich jahrelange Erfahrungen gesammelt, die mir die möglichen Probleme eindrucksvoll vor Augen geführt haben. Gern werden diese Produkte ja eingesetzt, um Bodenstrahlungen im Raum zu neutralisieren. Das gelingt aber nur in den seltensten Fällen wirklich so, daß auch nach längerer Wirkungsdauer keinerlei Probleme auftreten. Wird ein aufgeladenes Objekt an eine beliebige Stelle auf den Fußboden gestellt und kommt es dort in den Einflußbereich einer Wasserader oder anderen starken Bodenstrahlung zu stehen, so geht die Objektstrahlung in die Wasserader über und beeinflußt ihren gesamten Wirkungsbereich derartig, daß ein längerer Aufenthalt in der Wohnung unmöglich werden kann. An Schlaf ist dann schon gar nicht zu denken. Werden zur Kompensation dieser Störeffekte nun weitere aufgeladene Objekte an anderen Stellen positioniert, so kann die Wohnraumatmosphäre so weit gestört werden, daß der Raum wirklich unbewohnbar wird. Zwei, drei kleine Dosen mit aufgeladenen Pulvern können hier unvorstellbare Effekte hervorrufen. Diese überproportionalen Aufladungen erhöhen drastisch die eigene Empfindlichkeit, weil sie den Organismus schwächen. Mir ist es bei meinen Experimenten wirklich oft so gegangen, daß ich mich in meiner Wohnung nicht mehr aufhalten konnte und erst nach längerem Spaziergang im Freien oder Übernachtung bei Bekannten wieder genügend Kraft bekam, um das energetische Chaos zu beseitigen.

Diese nachteiligen Effekte beim Arbeiten mit hoch aufgeladenen Objekten werden leider auch von empfindlichen Personen nicht sofort gespürt. Zunächst ändert sich durch das positivierte Objekt allmählich die Bodenstrahlung in einem angenehmen Sinne, weil in die Strahlung positive Energien einfließen. Das kann einen Tag gut gehen oder auch drei Tage lang. Allmählich verstärkt sich aber die Strahlungsbelastung im Raum aufgrund der veränderten Bodenstrahlung immer mehr. Es kommt zu einem Gefühl, als ob man in Flammen stände oder in einem starken Elektrofeld. Andererseits kann Schwindel bis hin zur Ohmacht auftreten. Oder es »reißt einem die Beine unter dem Körper weg«.

Worauf die negativen Effekte letztendlich begründet sind, habe ich nie genau herausfinden können. Selbst die genaueste Plazierung von Objekten auf der Wasseradermitte machte stets nach einigen Stunden bis wenigen Tagen große Probleme. Die Bodenstrahlung erwies sich in diesen Fällen stets stärker als zuvor. Sie wurde sogar so stark, daß ein zuverlässiges Messen im Raum mit der Rute nicht mehr möglich war.

Deutlich günstiger gestaltet sich die Situation, wenn die aufgeladenen Objekte nicht auf den Fußboden gestellt werden, sondern etwas höher. In diesem Fall wirkt die Objektstrahlung nicht so stark auf die Bodenstrahlung. Die optimale Höhe und die genaue Plazierung müssen allerdings in jedem Einzelfall individuell ausprobiert werden. Ich spreche hier nicht unbedingt davon, die Objekte zur Verbesserung der Bodenstrahlung einzusetzen. Es kann sich um rein zufällige Effekte handeln. Auf diese Zusammenhänge bin ich erst gekommen, als es mir einmal gesundheitlich sehr schlecht ging. Ich hatte mir regelmäßig einige Flaschen eines stark rechtsdrehenden Mineralwassers gekauft, Strahlungsreichweite um die 10 Meter. Die Wasserflaschen habe ich stets unterhalb der Spüle auf dem Bodenbrett aufbewahrt, etwa 10 Zentimeter über dem Fußboden. Mein Bett stand in etwa 8-10 Metern Abstand zu diesen Flaschen. Wochenlang habe ich dadurch keinerlei Beeinflussung gespürt. Erst als ich massive Schlafstörungen bekam (für die ich immer nach anderen Lösungen suchte) und des Morgens im Bett den Kopf nicht mehr anheben konnte, ohne daß es mir schwarz vor den Augen wurde, bin ich auf den Zusammenhang mit dem Wasser gekommen. Ich entfernte die Flaschen und konnte sofort wieder normal schlafen und ohne Bewußtseinstrübung aufstehen. Es kann sich kaum jemand vorstellen, wieviel Leid durch solche Prozesse ausgelöst werden kann, deren Ursachen praktisch unauffindbar sind. Die gleichen Wasserflaschen nur einen Meter höher gestellt machten überhaupt keine Probleme mehr.

Eine ähnliche Gefahrenquelle entsteht, wenn stark rechtsdrehendes Wasser oder stark aufgeladene Objekte Kontakt zum Stromkreis bekommen, indem sie beispielsweise auf einem Stromkabel stehen, auf einem Gerät, das über ein Erdungskabel mit der Potentialausgleichsschiene des Stromnetzes in Verbindung steht oder Kontakt zu einer Wandfläche hat, in der gerade an dieser Stelle unter dem Putz ein Stromkabel verlegt ist. In diesen Fällen gehen die starken Informationen auf das gesamte Stromnetz. Das wird zunächst als sehr angenehm empfunden. Es tritt das Gefühl einer Entspannung ein, als ob eine Last von einem abfalle, man bekommt das Gefühl, wieder tief durchatmen zu können und beginnt zu seufzen. In der ersten Nacht mag man vielleicht noch gut schlafen, vielleicht auch noch in den folgenden Nächten. Doch allmählich spürt man bei allem Wohlgefühl im Bett, daß man nicht mehr einschlafen kann oder daß man nach wenigen Stunden Schlaf erwacht und bis zum Morgen wach bleibt. Der Schlaf wird oberflächlicher, die Träume häufiger, intensiver und bedrängender. Wer findet dafür die Ursache, wenn der Zusammenhang mit dem aufgeladenen Objekt oder Wasser an der Stromleitung nicht erkannt wird?

Einen Fall ähnlicher Art erlebte ich bei einer Hausuntersuchung: Im Flur der Wohnung begannen mir die Knie zu zittern, nicht vor Schwäche, sondern aufgrund einer Art von Übererregung. Das lokale Kraftfeld strahlte bis weit in den Wohnbereich hinein. Aufgrund der Bodenstrahlung gab es für diesen Effekt keine Erklärung. Ich peilte aus größerer Entfernung mit der Rute bezüglich der Fragestellung, woher die Belastung käme. Im Flur stand ein kleiner Zimmerspringbrunnen, der in Betrieb war, auf einem kleinen Tischchen. Ich fragte die Bewohner, was für ein Wasser sie dort verwendet hätten. Ja, das wäre das Wasser von der Heilquelle, die sich unweit des Wohngebietes befand. Das war die Lösung. Nach Ziehen des Netzsteckers, also nach dem Unterbrechen der leitfähigen Verbindung zum Stromnetz war die Belastung verschwunden. Das Wasser hatte eine Strahlungsreichweite von etwa acht Metern. Ich empfahl den Leuten daraufhin, lieber normales Leitungswasser zu nehmen. Es bestand ja hier der Wunsch, sich durch Verwendung des heiligen Wassers etwas Gutes zu tun und die Wohnraumatmosphäre aufzubessern. Erreicht wurde allerdings das Gegenteil.

Belastungsempfindungen aufgrund individueller Disposition

Es ist schwierig, bezüglich der möglichen Belastungen durch aufgeladene Gegenstände allgemein verbindliche Aussagen zu machen, weil die Reaktionen der Menschen auf diese Energiefelder extrem unterschiedlich sind. Ich habe Personen kennengelernt, die ein Strahlungsobjekt von etwa 10 Metern Reichweite nicht dauerhaft in ihrer Wohnung haben konnten, obgleich der Schlafplatz mehr als 10 Meter davon entfernt war. In anderen Fällen konnten Personen ein solches Objekt mit ins Bett nehmen, ohne irgendeine Beeinflussung zu spüren. Nach meinen Erfahrungen sind es meistens Frauen, die diesbezüglich empfindlicher reagieren, aber meist auch alte und durch chronische Erkrankungen geschwächte Menschen, insbesondere wenn die Leiden im Zusammenhang mit dem Nervensystem stehen. Je schwächer die energetische Basis des Körpers ist, um so empfindlicher reagiert der Mensch im allgemeinen.

Ein anderer Grund für besondere Empfindlichkeiten liegt in einem gestörten biologischen Regulationssystem, was offenbar mit einer gestörten Regulationsfähigkeit der Chakren zusammenhängt. Ist zum Beispiel das Chakra des Solarplexus permanent geöffnet, so besteht kaum eine Regulationsmöglichkeit gegenüber energetischen Fremdeinwirkungen. Die medizinischen Ursachen liegen aber hier nicht in diesem Chakra selbst, sondern in einer mangelnden Funktion anderer (in diesem Fall der »darunter« liegenden) Chakren. Das offen gestellte Chakra übernimmt dabei teilweise die Funktionen der anderen Chakren mit. Letztendlich liegen die Ursachen unzureichender Chakren-Regulation immer auf tiefer liegenden geistig-seelischen Ebenen im Zusammenhang mit der charakterlichen Prägung in der Kindheit und mit dem Karma.

Es ist aber nicht nur so, daß energetische Überladungen als belastend empfunden werden; auch plötzlicher Entzug von eigentlich unerwünschten Energien kann als belastend empfunden werden, wenn jemand sich lange an die Energien gewöhnt hat. Im Zusammenhang mit einer Wohnungsuntersuchung baute ich einen Netzfreischalter ein, der das hier störende Elektrofeld automatisch ausschaltete, wenn kein Strombedarf bestand. Bereits nach der ersten Nacht rief mich die Frau des Hauses an, ich solle das Gerät sofort wieder entfernen, weil die ganze Atmosphäre im Wohnraum jetzt »wie tot« sei. Die Frau litt an beginnender Multipler Sklerose, was offenbar eine besondere Sensibilität bei ihr hervorrief, denn sie reagierte übersensibel zum Beispiel auch auf Arzneimittel. Ich entfernte den Netzfreischalter wieder, womit sie dann zufrieden war, und empfahl die Wohnung zu wechseln, da sie auch sehr empfindlich auf eine Wasserader reagierte. Tatsächlich fand sie daraufhin eine Wohnung ohne Wasseradern, was im Berliner Raum sehr selten ist.

Ein energetischer Heiler und Hellseher erklärte mir den Zusammenhang von Chakra-Schäden und intensiven radiästhetischen Arbeiten. Als Aurasichtiger stellte er bei bestimmten Personen gravierende Schäden im Kraftfeld der Aura fest, die therapeutisch nicht mehr zu kompensieren waren. Dabei handelte es sich um Personen, die aufgrund mentaler Arbeitstechniken häufig in intensivem Kontakt mit außerkörperlichen Energien standen. Das seien nach seiner Aussage insbesondere Personen, die sich mit mentalen Pendeltechniken (geistiges Pendeln) befassen.

Um mit einem Pendel oder einem anderen radiästhetischen Instrument Aussagen treffen zu können, existieren zwei Verfahrenstechniken, die sich allerdings nicht sauber voneinander trennen lassen. Das ist einmal die sogenannte physikalische Radiästhesie, die sich im elektromagnetischen Wellenlängenspektrum bewegt, und zum anderen die mentale Radiästhesie, die geistige Energien zur Hilfe nimmt. Obgleich auch das Pendel nach physikalischen Prinzipien einsetzbar ist, wird es vorzugsweise zu mentalen Abfragen verwendet. Letztere sind Zugriffe auf geistige Kraftfelder, um eine Resonanz herzustellen zwischen dem eigenen Geist und universellen Energiestrukturen. Um dieses zu ermöglichen und sinnvolle Aussagen auf Fragestellungen zu erhalten, muß die natürliche geistige Sperrschicht, die unsere Aura darstellt, durchbrochen werden. Damit öffnet sich ein »Informationskanal« ins Jenseitige, der mit der Häufigkeit seiner Nutzung immer weiter und offener wird bis hin zu einer weitgehenden Zerstörung der natürlichen Auraschicht. Dieser Fall muß nicht eintreten. Er tritt aber immer dann auf, wenn aufgrund diverser mental-energetischer Entwicklungsprozesse des Menschen bereits bedeutende regulatorische Störungen in der Funktion der Chakren aufgetreten sind. Personen mit gestörten Chakrafunktionen sollten sich deshalb besser nicht mit mentalen Abfragetechniken beschäftigen. Es können irreversible Schäden entstehen, die ein normales Leben und Empfinden nahezu unmöglich machen.

Wer besonders empfindlich auf energetische Prozesse reagiert und gar darunter leidet, hat kaum Möglichkeiten, seine Sensibilität zu dämpfen. Ein leerer Magen, insbesondere im Zusammenhang mit Fastenzeiten, erhöht die Empfindlichkeit beträchtlich. In diesen Fällen vermag reichhaltige Nahrungsaufnahme, insbesondere von tierischer Nahrung, die unangenehmen Empfindungen ein wenig zu dämpfen. Alkohol und Schmerzmittel dämpfen nur sehr bedingt, Tranquilizer schon etwas besser. Narkotika scheinen gänzlich unempfindlich zu machen. Doch das sind alles keine Lösungen. Auch dämpfen diese Mittel die Empfindungen nur in der Zeitspanne der bewußten Wahrnehmung. Nach dem Erlöschen ihrer Wirkung zeigt sich am Empfinden, daß die Störungsquellen weiterhin gewirkt haben, auch wenn die Sensibilität zunächst nicht ins Bewußtsein gedrungen ist. Es gelingt zwar, mit Hilfe betäubender Mittel schneller einzuschlafen und länger durchzuschlafen, doch zeigt sich beim Erwachen deutlich, daß die Störungsquelle in der Zeit des Schlafes nicht unwirksam geblieben ist. Oft zeigt schon plötzliches Erwachen in der Nacht im Zusammenhang mit körperlichen Sensationen wie Pulsrasen usw. an, daß die dämpfenden Mittel im Grunde wirkungslos geblieben sind. In meinem Bekanntenkreis von Rutengängern habe ich bislang keine Person kennengelernt, die ihre Hypersensibilität mit welchen Maßnahmen auch immer wirklich in den Griff bekommen hat. Um so wichtiger ist es für ohnehin empfindliche Personen, eine Hypersensibilität gar nicht erst aufkommen zu lassen und drakonische Maßnahmen zur Veränderung des energetischen Umfeldes lieber zu lassen.

Erfahrungen mit Kristallstrahlungen

Viele Personen schmücken ihren Wohnbereich mit Halbedelsteinen, mit Kristalldrusen, mit Kristallen und Mineralien generell. Die meisten dieser Mineralien und Kristalle weisen eine linksdrehende Abstrahlung auf, nur selten sind sie rechtsdrehend. Größere Ansammlungen von Mineralien im Wohnbereich sind in jedem Fall problematisch. Ein Grund dafür ist die alles durchdringende und scharf gebündelte Strahlung vieler Kristalle, speziell der Quarzite. Ein weiterer Grund ist das Resonanzverhalten der Kristalle untereinander: Werden zwei Kristalle nebeneinander in beliebigem Abstand gelagert, so bildet sich zwischen ihnen eine scharf gebündelte Resonanzstrahlung aus. Auch bei rechtsdrehenden Kristallen ist diese Resonanzstrahlung linksdrehend. Werden mehrere Kristalle im Wohnbereich aufbewahrt, entsteht ein komplexes System von Überlagerungen und Resonanzeffekten mit nicht mehr kontrollierbaren Strahlungseffekten und Wirkungen auf den Organismus. In der Regel wird die Wohnraumatmosphäre durch die Kristalle stark aufgeladen, was für die regulatorischen Prozesse im Organismus nicht von Vorteil ist. Dabei ist es gleichgültig, ob es sich um eine rechtsdrehende oder linksdrehende Strahlung handelt. Aufgrund der starken Polarisationseffekte der Kristalle entsteht immer ein Gemisch aus rechtsdrehenden und linksdrehenden Strahlungseffekten.

Besonders reichhaltige Ansammlungen von Kristallen finden wir in Geschäften, die Kristalle verkaufen. Entsprechend zeigen sich hier auch die extremsten energetischen Wirkungen. Am Tage sind die Wirkungen allerdings anders zu bewerten als in der Nacht, da tagsüber stärkere Regulationsprozesse im Organismus ablaufen, die viele physiologische Effekte zu kompensieren vermögen. In der Nacht dagegen ist der Mensch diesen Einflüssen relativ schutzlos ausgeliefert. Aus diesem Grund ist auch generell davon abzuraten, über Kristallläden zu wohnen oder zu schlafen. Ein Erfahrungsbericht, den ich dem internen Forum (www.fichtelmann-live.de) des Heilpraktikers Dr. H.-G. Fichtelmann entnahm, mag die physiologischen Effekte in Steinläden und Steinmuseen demonstrieren:

»Mein Mann und ich betrachteten diese eindrucksvollen Steine. Es war ein Meer von Steinen aus der ganzen Welt; so prachtvolle Steine hatte ich noch nie gesehen. Doch nach einiger Zeit wurde mir ganz komisch, und als ich einen Stein hochheben wollte, um ihn genauer betrachten zu können, konnte ich die Arme kaum heben. Ich sagte zu meinem Mann: ›Ich gehe schon mal nach draußen an die frische Luft.‹ Kaum war ich draußen, kam er nach. Er sagte: ›Sag mal, war dir da drinnen auch so komisch? Ich kann meine Hände kaum noch heben, seit ich ein paar Steine in der Hand hatte.‹«

Dieses Beispiel zeigt mustergültig, wie aufgrund einer komplexen Kristallstrahlung ein sehr rasch eintretender Kräfteverfall eintreten kann, basierend auf einem Energieentzug. Meine persönlichen Erfahrungen gehen ebenfalls in diese Richtung, sie zeigen aber auch, daß dieser Energieentzug in einem Steinladen nicht unbedingt im Zusammenhang mit den einzelnen Steinen steht, die in die Hand genommen werden. Wer sich aufmerksam beobachtet, kann feststellen, daß es bestimmte Bereiche im Laden gibt, die belastend auf einen wirken, und andere Bereiche, die sich energetisch neutral zu verhalten scheinen oder sogar aufbauend wirken. Eine pauschale Negativierung der Kristalleffekte ist deshalb nicht angebracht.

Einen Gegenbeweis erfuhr ich bei einem Besuch in der Umgebung von Salzburg. Es handelte sich um die Wohnung eines jungen Ehepaares, das viel in der Welt umherreiste. Wohnzimmer und Schlafzimmer waren vollgepackt mit Kristallen, Mineralien und anderen Trophäen ihrer Reisen. Da sie meine skeptische Haltung zu Kristallen im Wohnbereich kannten, baten sie mich, ihre Räumlichkeiten näher anzusehen beziehungsweise »anzufühlen«. Beide Personen schliefen hier nach ihrer Aussage ausgezeichnet, obgleich sogar beide Nachttische mit Kristallen und anderen Mineralien vollgepackt waren. Auf Sensibilität »eingestellt« betrat ich die Räume und bewegte mich langsam und aufmerksam durch die Zimmer. An keinem Platz empfand ich irgendwelche belastenden Gefühle. Aufgrund dieser positiven Erfahrung kam ich zu dem Schluß, daß es noch andere Faktoren geben müsse, die Kristalle so weit zu aktivieren vermögen, daß ihre Strahlung sofort fühlbar belastend wirkt.

Wesentliche Faktoren dieser Art fand ich in der Bodenstrahlung, über der sich die Kristalle befanden. Ein harmloser Kristall bekommt sofort eine »bösartige« Strahlungswirkung, wenn er über einer starken Bodenstrahlungszone, einer Wasserader, Verwerfung, Spalte usw. gelagert wird. Ist die Bodenstrahlung stärker als die Strahlung des Steines, so erfährt dieser eine energetische Aufladung, die einerseits seine individuellen Strahlungseffekte aktiviert und andererseits die Energien der Bodenstrahlung mit in seine eigene Strahlung einbezieht. Darüber hinaus verändern sich die einzelnen Strahlungskomponenten des Kristalls sowie der Bodenstrahlung in der Summe. In unserem radiästhetischen Arbeitskreis gelang es uns, mit Hilfe eines auf einer Wasserader plazierten Kristalls eine Strahlenkreuzung hervorzurufen, die mit einer Karzinomnosode[20] angepeilt werden konnte. Die Karzinomwellenlängen waren vorher weder im Kristall noch in der Wasserader nachzuweisen. Aufgrund dieser Erfahrungen glaube ich sagen zu können, daß in vielen Fällen

[20] Ein Testobjekt für radiästhetische Nachweiszwecke, bestehend aus homöopathisierten Krebszellen.

nicht die Ansammlung von Kristallen allein das Übel verursacht, sondern die Lagerung der Steine auf einer schlechten Bodenstrahlungszone. Unter der erwähnten Wohnung in Salzburg befanden sich keine Wasseradern, so daß die Strahlung der Kristalle nicht über ein erträgliches Maß hinausging.

Neben dem genannten Aktivierungseffekt der Kristalle durch Bodenstrahlung muß zur Beurteilung der Kristallstrahlung noch ein spiritueller Effekt Berücksichtigung finden. Gerade in anthroposophischen Kreisen werden Kristalle gern in den Wohnbereich geholt, um mit ihnen die Naturwesenheiten an sich zu ziehen. Erwartet wird davon eine Verbesserung der Wohnraumatmosphäre und vielleicht auch andersartiger Hilfen im Sinne von »Heinzelmännchen«.

Tatsächlich sind gerade Kristalle stark von Naturgeistern besetzt. Deshalb haben die Steine auch ihre besondere Bedeutung und die ihnen zugeordneten Naturgeister ihren speziellen Wirkungskreis in der Natur. Es ist durchaus als Eingriff in die Naturordnung zu sehen, wenn Kristalle von ihrem Ursprungsort entfernt werden. Sollen sie als Heilsteine Verwendung finden oder anderen edlen Zwecken dienen, so ist gegen ein Entfernen der Steine in der Regel nichts einzuwenden, wenn die Steine vorher »gefragt« werden. Das heißt in diesem Fall, innerlich die Frage zu stellen, ob dieser Stein für den Eigenbedarf geeignet ist und mitgenommen werden kann. In der Regel ist über das Gefühl auch rasch eine definitive Aussage zu erhalten. Mit diesem Verfahren ist der Anwender immer auf der sicheren Seite. Ich habe selbst mehrfach Steine (noch nicht einmal Kristalle), die ich ungefragt mitgenommen hatte, wieder an ihren Ursprungsort zurückbringen müssen, weil sie mir nicht nur kein Glück brachten, sondern sogar eine Belastung darstellten. Gerade bei Heilsteinen tun wir gut daran, sie wie ein lebendes Wesen mit eigener Intelligenz zu betrachten und mit entsprechender Ehrfurcht zu behandeln.

Diese Ehrfurcht geht verloren, wenn Mineralien aus dem Stein herausgemeißelt werden, geschliffen, durchbohrt, mit dem Hammer zerschlagen werden. Diese Störungsenergien physischer und psychischer Art werden im Kristallgitter des Steines gespeichert. Das ist für die Verwendung des Steines als Heilstein sicher nicht förderlich. Und wenn diese Steine ins Trinkwasser gelegt werden, um der Werbung entsprechend das Wasser zu energetisieren, dann wird daraus sicher kein Wasser, das dem körperlichen und geistigen Gesundungsprozeß dienlich ist.

Steine speichern die Energien des Ortes, an dem sie gewachsen sind. Ist es ein guter, ein heiliger Ort vielleicht, so kann aus dem Kristall sicherlich ein gesundheitlicher Gewinn gezogen werden. Ist es ein energetisch schlechter Ort, so wird aus diesem Stein wohl niemals ein guter Heilstein werden. Der Käufer weiß meist nichts über die energetischen Eigenschaften der Steine, weil dieses Thema nur in speziellen Büchern behandelt wird. Und wenn er über keine Möglichkeiten verfügt, die Eigenschaften eines Steines zu erfragen, so ist es sicher besser, sich nicht von den Werbeversprechungen einnehmen zu lassen, die allen Anwendern von Steinen Glück und Gesundheit verheißen.

Rosenquarze werden besonders gern verwendet, um Computerstrahlen abzuschirmen, da sie angeblich entstörend wirken sollen. Im allgemeinen ist eher das Gegenteil der Fall. Durch die technische Strahlung werden die ohnehin schon belasteten Steine aktiviert und erzeugen ein chaotisches Kraftfeld, zumal gerade der Rosenquarz stark mit der Strahlung der Handymasten in Resonanz kommt und unter dieser Belastung plötzlich Wellenlängen auszusenden beginnt, auf die Krebsnosoden positiv reagieren.

Anpassungsreaktionen bei der Anwendung von Heilkristallen

Kristalle werden gern als Schmucksteine oder als Heilsteine getragen. Beide Anwendungszwecke können nicht voneinander getrennt werden, denn das Kraftfeld der Steine wirkt in jedem Fall auf die Aura des Menschen, ob nun eine Heilwirkung gesucht wurde oder nicht. Aufgrund der hohen Strahlungsintensitäten der meisten Kristalle zeigen sie deutliche Einwirkungen auf die energetischen Regulationen im Organismus, was zu positiven oder negativen Effekten führen kann.

Vielfach werden Steine auch getragen, um dem Träger Energien zuzufügen und damit energetischen Schwächezuständen entgegenzuwirken. Die Frage nach der Art des richtigen Steines wird oft noch gestellt, selten aber die nach den Intensitätsverhältnissen zwischen der Steinstrahlung und der Aura des Trägers und wohl noch seltener die Frage nach der Zeitdauer, während der ein Stein zu tragen ist. Bei geringen energetischen Defiziten kann ein »starker« Stein schon nach kurzer Zeit einen energetischen Ausgleich bewirken. Wird er länger getragen, so ruft er ein Ungleichgewicht in den regulatorischen Prozessen hervor mit negativen Auswirkungen auf das Befinden.

Um die energetische Wirkung eines Steines oder eines anderen (aufgeladenen) Gegenstandes auf die Gesundheit für sich persönlich zu überprüfen, gab mir eine befreundete Heilpraktikerin folgenden Rat: In ruhigem und entspanntem Zustand wird mit einer Hand der Puls an der Halsschlagader gefühlt. Durch intensives Hineinfühlen wird nach kurzer Zeit der gleichmäßige Rhythmus gespürt und jede Veränderung davon kann wahrgenommen werden. Mit der anderen Hand wird der zu tragende Heilstein[21] oder Schmuckstein an die Stelle des Körpers gehalten, an der er wirken beziehungsweise

[21] Zu Heilzwecken können vorteilhaft sehr kleine Trommelsteine auf Akupunkturpunkte geklebt werden. Die Wirkung ist nicht von der Größe des Steines abhängig, sondern von seinem spezifischen Energiefeld.

getragen werden soll. Dabei achte man sehr sorgfältig auf die Änderungen des Pulsschlages. Wird der Puls langsamer oder ruhiger, ist es der richtige Stein beziehungsweise die richtige Stelle. Geht der Puls rascher oder verstärkt sich seine Schlagintensität, ist der Stein an dieser Stelle ungeeignet. Mit dieser Methode habe ich selbst gute Erfahrungen gemacht. Ist die richtige Stelle gefunden, so kann der Stein mit Heftpflaster fixiert und in Ruhe über eine längere Zeit hinweg seine Wirkung verspürt werden. Doch auch in optimaler Konstellation verändert sich der Effekt nach längerer Einwirkungszeit. Spätestens nach einigen Tagen sollte der Stein wieder entfernt werden. Nach einer Ruhephase von einigen Tagen kann erneut überprüft werden, ob es sinnvoll ist, diesen Stein weiter zu tragen.

Mit dem Tragen von Steinen oder anderen aufgeladenen Objekten direkt auf der Haut habe ich reichhaltige Erfahrungen gesammelt und kann sagen, daß sich in jedem Fall energetische Schwächezustände herausgebildet haben, wenn das betreffende Objekt zu lange getragen wurde. Etwas anders verhält es sich, wenn ein Objekt nur tagsüber und nicht direkt auf der Haut getragen wird. Wenn also zum Beispiel ein Schmuckstück umgehängt wird, ein Stein in der Tasche getragen wird usw., dann ist die Wirkung nicht so intensiv, weil sie zeitlich begrenzt ist.

Die Intensität der Strahlung von Steinen kann sehr unterschiedlich sein, ebenso der persönliche Bedarf bezüglich der Strahlung eines Steines. Wir können zwar leicht herausfinden, ob die Strahlung eines Steines zu uns paßt, doch ist es mit der Dauer seiner Einwirkung schon schwieriger. Manche Steine sind so stark, daß Defizite in der Aura schon nach Sekunden oder Minuten ausgeglichen sind. In diesem Fall ist ein längeres Tragen des Steines oder eines anderen aufgeladenen Objektes schon von Nachteil. Würden wir die Wirkung des Steines auf uns dann nach kurzer Zeit erneut austesten, so würde der Stein negativ auf unsere Aura reagieren. Aus diesen Gründen ist es sinnvoll, nach Steinen zu suchen, die dem Träger dauerhaft helfen können. Wird die Wechselwirkung des Steines mit der Aura dann in gewissen Abständen überprüft mit der Fragestellung: »Paßt er immer noch für mich?«, dann gehen wir kein Risiko einer Fehlregulation ein.

TEIL 5:
Spezielle Leserfragen

Aufgrund meiner Publikationen erreichen mich immer häufiger Leseranfragen, in denen ich gebeten werde, bestimmte Objekte, Systeme, Therapiemethoden, Personen, spirituelle Gruppierungen, Bilder, Schriften usw. mit meiner radiästhetischen Methode zu untersuchen und zu bewerten. Die Fragesteller erwarten durch meine Antwort Klärungen in bestimmten Bereichen, die ihnen nahe gehen, wo sie im Zweifel sind, wo sie Hilfe benötigen. Es wird von mir erwartet, ihnen durch meine Antwort Hilfestellung zu geben für ihr eigenes Verhalten oder in Meinungsfragen. In der Regel beantworte ich diese Fragen nur kurz und glaube, dafür gute Gründe zu haben:

Wenn jemand mit einem Problem konfrontiert wird, das spirituelle Aspekte beinhaltet, so wird hiermit eine Entwicklungsaufgabe an ihn herangetragen, der er sich stellen sollte, wenn er in seiner Entwicklung weiter voranschreiten möchte. Es ist legitim, bei anderen Menschen Hilfe zu suchen, wenn man selbst nicht weiter vorankommt, deshalb wendet der Leser sich ja unter anderem an mich. Wenn ich nun in einem persönlichen Fall meine Meinung kundtue, die ich aufgrund meiner Untersuchungsergebnisse gewonnen habe, so fixiere ich die Gedankengänge des Fragestellers in einer von mir vorgegebenen Richtung, in einer Richtung, die er gerne annimmt, da er selbst unschlüssig ist. Damit beeinflusse ich seine Meinungsbildung und blockiere gleichzeitig seine weitere Auseinandersetzung mit der fraglichen Thematik, an der er selbst wachsen und sich entwickeln könnte. Das heißt, ich nehme eine unerlaubte Beeinflussung seiner geistigen Strukturen vor und behindere damit seine Selbsterkenntnis.

Wenn ich in Einzelfällen dennoch die gewünschten Untersuchungen durchführe (womit noch nicht gesagt ist, daß ich die Fragen auch beantworte), dann handelt es sich oft um Themen, die für mich persönlich von Interesse sind, mit Hilfe derer ich meine eigene Entwicklung voranbringen kann. Oder aber ich beantworte Fragen von Personen, die ich persönlich kenne und wo ich einschätzen kann, daß meine Informationen die eigene Auseinandersetzung mit der gefragten Thematik nicht blockieren.

Es geht hier grundsätzlich nicht darum, daß ein Fragender sich nicht an andere Personen um Hilfe wenden dürfte. Das kann er sicherlich. Doch sollte er sich dann stets dessen bewußt sein, daß ihm hier Hilfe nur auf der intellektuellen Ebene gegeben werden kann, das heißt im Bereich einer menschlichen Logik, die nicht unbedingt einer übergeordneten Logik entsprechen muß, welche die kosmischen Geschicke lenkt. Wir sind schnell damit bei der Hand, etwas zu beurteilen, etwas als gut oder falsch, als göttlich oder dämonisch anzusehen und danach unser Leben einzurichten. Diese Begriffe entsprechen aber nur der menschlichen Logik, in welcher der Mensch nach gut oder schlecht für ihn persönlich urteilt. Objektiv gesehen gehören alle positiven und negativen Aspekte und Schattierungen zu einem übergeordneten Regulationssystem, das die Entwicklung der Welt und der Lebewesen vorantreibt im Sinne einer Individualentwicklung und einer Gesamtentwicklung. Deshalb benötigt der Mensch positive wie negative Aspekte für seine Entwicklung. Woran sollte er sich auch sonst orientieren? Wodurch solle er lernen, wenn er die Pole von Gut und Böse nicht kennenlernen könnte? Was uns zustößt, ist grundsätzlich gut (oder besser richtig), da es im Sinne kosmischer Ordnungsgesetze erfolgt. Es liegt an uns, aus den unterschiedlichen Polaritäten zu lernen, zu lernen im Sinne einer persönlichen spirituellen Entwicklung. Darauf kommt es an und nicht auf eine Meinungsbildung. Wenn man gelernt hat, seiner inneren Stimme zu vertauen, hat man bereits einen Entwicklungsgang durchlaufen, der einen von Fragestellungen an andere Personen relativ unabhängig macht. Dieser Entwicklungsweg wird beispielsweise durch eine zu starke Fixierung auf eine spirituelle Gruppierung blockiert, weil hier fremdes Gedankengut aufgenommen und gern ungeprüft bejaht wird. Das muß nicht so sein, aber die Gefahr ist nach meiner persönlichen Erfahrung mit solchen spirituellen Gruppierungen doch recht groß. Deshalb also meine Vorsicht bei der Weitergabe von Informationen als Antwort auf persönliche Probleme.

Wenn ich nun den Weg wähle, einige Informationen auf dem Wege der Literatur herauszugeben und auf Leseranfragen hiermit zu antworten, dann beschreite ich einen neutralen Weg. Ich löse mich von persönlichen Problemstellungen und gebe anhand von Beispielen allgemeine Informationen weiter. Der Leser kann nun für sich selbst entscheiden, was er annehmen kann und was nicht, was für ihn hilfreich sein kann und was nicht. Er entscheidet selbst, kann vergleichen, bedenken, urteilen, erwägen und wird nicht mit einer vorgefertigten fremden Meinung konfrontiert; seine Selbstentwicklung wird dadurch gefördert und nicht gehemmt.

In diesem Buch möchte ich meine Arbeitsweise und meine Gedankengänge niederlegen, da es für den Leser von Interesse sein dürfte, wie ich mich den gestellten Themen nähere und sie zu beantworten versuche. Der Leser erhält damit zahlreiche Hintergrundinformationen, die zum Teil weit über die Beantwortung der einzelnen Frage hinausgehen und von allgemeinem Interesse sein dürften.

Zur Untersuchung radionischer Therapiesysteme

Eine Heilpraktikerkollegin aus Berlin, Frau L. M., meldete sich bei mir mit einer Anfrage per E-Mail, die äußerst knapp gehalten war und keinerlei Informationen enthielt, wie weit sich bei ihr bereits eine Meinungsbildung entwickelt hatte. Sie wollte sich ein radionisch arbeitendes Therapiesystem zulegen und nannte mir die Namen von drei Gerätetypen mit Hinweisen auf die Internetseiten der Hersteller. Eines der Geräte wollte sie sich kaufen und bat mich um ein Urteil darüber, welches Gerät meiner Meinung nach das bessere sei. Dieses waren exakt meine Informationen, kein Wort mehr oder weniger.

Eines dieser drei Geräte davon kannte ich bereits vom Hörensagen, die anderen beiden waren mir unbekannt. Für eine erste Orientierung rief ich die Internetseiten der Hersteller auf. Die Informationen über die Geräte waren sehr knapp gehalten. Die Bilder der Geräte lud ich mir herunter, um daran meine radiästhetischen Untersuchungen durchzuführen, denn an Bildern läßt es sich fast ebenso gut arbeiten, wie an den Geräten selbst.

Die Untersuchungsergebnisse erwiesen sich in allen Fällen als sehr negativ. Alle Geräte strahlten mit hoher Intensität unter anderem folgende kapazitiven (elektrischen, das Gemüt, das Energiefeld des Menschen beeinflussenden) Energien ab: »böser Geist«, »dämonisches Prinzip«, »Magie«/»Zauberei« und »negative Lebenskraft«. Die Bilder strahlten die Energien bis zu einer Reichweite von 3-4 Metern ab, das war sehr intensiv, wenn man die minderwertige Qualität der Internet-Bilder berücksichtigte.

Worin liegt nun die Problematik beim Arbeiten mit solchen Geräten? Ich teilte mein Untersuchungsergebnis Frau M. mit und fügte sinngemäß folgende Ausführungen bei: Beim Arbeiten mit diesen Geräten werden die im Testbericht des Herstellers genannten Energien auf Medikamente, den Behandler und den Patienten übertragen. Dabei erfolgen Eingriffe in die karmischen Energiestrukturen des Menschen, was ethischen Prinzipien widerspricht oder anders ausgedrückt, was gegen die göttliche Ordnung gerichtet ist beziehungsweise die Naturordnung. Eine Therapie mit Eingriffen dieser Art kann folgende Ergebnisse bringen:

- Dem Patienten geht es nach der Behandlung schlechter als zuvor.
- Es geht ihm besser, aber sein Karma wird aufgeschoben.
- Es geht ihm in der gewünschten Beziehung besser, aber die Erkrankung verlagert sich.
- Das Karma des Patienten verschlechtert sich.
- Der Behandler zieht sich selbst einen karmischen Schaden zu.

Daß die Geräte in oben genanntem Sinne negative Energien abgeben, liegt weniger an der Gerätekonstruktion selbst (es gibt da auch positive Beispiele), als an dem durch die Radionikgeräte geförderten Prinzip, in die karmischen Strukturen des Menschen einzudringen. Krankheit ist ein notwendiger Schutzmechanismus der Seele; sie ist nur sinnvoll aufzulösen, wenn der Hilfesuchende seine Fehler erkennt, bereut und in der wiederholten Situation nicht mehr fehlerhaft handelt. Damit ändern sich sofort sein Karma und damit sein Gesundheitszustand. Wenn durch Manipulationen über Geräte oder durch Geistheiler usw. eine Korrektur der Karmastrukturen durchgeführt wird, gesundet der Mensch, wenn es richtig gemacht wurde, sein Karma aber, das ihn vor seelischem Verfall schützen soll, verlagert sich auf andere Bereiche, um die Seele des Menschen zu retten. In jedem Fall wird durch eine derartige Behandlung die Situation auf lange Sicht gesehen letztendlich schlimmer als zuvor. Der sicherste Schutz vor seelischer Fehlentwicklung ist Krankheit, sind Schicksalsschläge, und wenn das nicht zur Änderung des Menschen führt, der Tod. Aber auch im nächsten Leben bessert sich das Schicksal nicht.

Wenn mit Radionikgeräten keine reproduzierbaren Ergebnisse erzielt werden (was häufiger von Anwendern berichtet wird), so hat das seinen Grund. Beim Arbeiten mit diesen Therapiemethoden werden sofort die Strukturen der energetischen Informationen verändert: im Behandlungsraum, beim Behandler, beim zu Behandelnden, bei allen Objekten, die in diesen Prozeß mit einbezogen werden. Das ist ganz normal. Die Situation verändert sich laufend. Nach kurzer Zeit hat sich die Energiestruktur der Menschen geändert. Damit ändern sich sofort die energetische Diagnosestellung und die erforderliche Therapie.

Unabhängig davon kann nicht jeder Therapeut mit Radionikgeräten wirklich arbeiten. Wer es kann, kann es auch ohne Gerät. Das ändert aber nichts am Prinzip, wenn er karmisch unerlaubte Eingriffe vornimmt, also Eingriffe in das Informationsfeld (Geist) des Menschen. Der Behandler hat in jedem Fall bei seiner höheren Instanz vorher anzufragen, ob er dieses oder jenes tun darf, ohne dem Patienten oder sich selbst zu schaden. Er kann auf der körperlichen, auf der seelischen Ebene und auf der geistigen Ebene therapieren. Nach meinen Erfahrungen aus den Berichten von Heilern darf der Therapeut auf der körperlichen Ebene so gut wie immer arbeiten, auf der seelischen nur teilweise oder gar nicht und auf der geistigen nur in seltenen Fällen. Danach sollte dann das Therapiekonzept ausgerichtet werden und nicht danach, Gesundheit um jenen Preis zu erlangen.

Diese Informationen gab ich Frau M. und erhielt darauf folgende Antwort, die ich hier als Zitat aber nur sinngemäß und gekürzt wiedergebe: *»Ich danke*

Ihnen herzlich für Ihre offenen und ehrlichen Worte. Eben das ist es, was ich gefühlt habe. Ich hatte zwei Träume. Im ersten Traum wurde ich angegriffen im Zusammenhang mit ... [hier ist ein Firmenname genannt], *und im zweiten Traum hatte ich ein Gespräch mit einer Wesenheit, die mich ganz klar davon abgehalten hat* [mit diesen Geräten zu arbeiten].«

Frau M. muß einen guten Schutzgeist haben; ihrem Antwortschreiben ist nichts mehr hinzuzufügen.

Ich möchte die hier angesprochene Problematik der Verlagerung von Krankheiten im Energiefeld des Menschen mit einem Zitat aus einer Schrift des russischen Sehers S. N. Lazarev ergänzen, der in seinem fünfbändigen Werk über »Karma-Diagnostik« zahlreiche Beispiele von angeblich durch Geistheiler oder »Gerätemediziner« Geheilten anführt, welche die verursachende Problematik ihrer Belastung weiterhin in ihrem Energiefeld behalten, was sich noch im gleichen Leben, im Leben ihrer Kinder (Vererbung) oder spätestens in einer erneuten irdischen Inkarnation als eine folgenschwere Belastung erweist, die dann oftmals nicht mehr mit bekannten Methoden therapiert werden kann. Das ist dann das Karma, das »ausgetragen« werden muß ohne Aufschub.

»Ich lernte einen Mann kennen, den ein Wunderheiler von einer schweren Krankheit geheilt hatte – er war an Krücken gegangen, auf die er nach der Heilung nicht mehr angewiesen war. Die Freude des Kranken und seiner Familie war verständlich. Ich sprach mit ihm und spürte, daß seinem Sohn großes Unheil drohte. Ich führte Tests durch und sah, daß der Junge umkommen könnte. Die Ursache lag darin, daß bei dem Mann auf väterlicher Linie ein starkes Programm der Vernichtung der Söhne vererbt worden war, das durch Krankheiten der Beine blockiert gewesen war. Nach der Heilung war das Programm auf die Schicksalsstrukturen des Mannes, auf den Körper und das Schicksal seines Sohnes übertragen worden.«[22]

Wir ersehen daraus, daß es gefährlich ist, die an der Oberfläche sichtbaren Probleme zu beseitigen, ohne ihre tiefere Ursache zu erkennen. Was mit dem »pathologischen Ursachenfeld« geschieht, ist unterschiedlich. Noch etwa bis zum Beginn des 20. Jahrhunderts machte die spirituelle Entwicklung des Menschen keine allzu großen Sprünge. Wurde eine Erkrankung des Körpers ohne Kenntnis der wahren Ursachen beseitigt, so verlagerte sich das Krankheitsbild in der Regel auf andere Organe und führte damit nach einiger Zeit zu Belastungen und Erkrankungen auf einer anderen Organebene. Diese

[22] S. N. Lazarev: *»Karma-Diagnostik«*, Bd. I, S. 122 f.

Vikariationsphänomene (Verschiebungsphänomene) sind in der Medizin bekannt und wurden durch H.-H. Reckeweg 1952 in seiner »Homotoxinlehre« anschaulich beschrieben und belegt. Damit wurde die auf der körperlichen Ebene liegende Krankheitsursache oft noch im gleichen Körper »ausgetragen« und damit ursächlich beseitigt. Natürlich erfolgen diese Verschiebungsphänomene auch heute in der Genese der Krankheiten. Doch die Spirale der Evolution dreht sich immer schneller und schneller, und auch die geistige und spirituelle Entwicklung des Menschen hat bereits eine hohe Geschwindigkeit erreicht. Die Krankheiten verlagern sich vom Körper auf die Seele, also auf das vom Geist steuerbare Energiefeld des Menschen und letztendlich sogar auf den Geist des Menschen, auf sein geistiges Ursachenfeld. Wir erkennen heute Zusammenhänge, von dessen Existenz noch vor etwa 100 Jahren nichts bekannt gewesen ist. Dieses Erkenntnisvermögen zwingt uns, auch die Zusammenhänge zwischen Erkrankung und ihrem energetischen Ursachenfeld näher zu hinterfragen. Tun wir das nicht und gehen wir mit den Erkrankungen um wie bisher, immer und immer wieder die Symptomatik kurierend, so verlagert sich das Ursachenfeld immer stärker auf unsere nachfolgenden Generationen; als ob eine Intelligenz dahinter stände, die erkennt: »Der ändert sich ja doch nicht, also versuchen wir es bei seinen Kindern, seinen Enkelkindern usw., vielleicht sind die aufgeschlossener.« Und wenn auch diese es nicht vermögen, die Ursachen zu erkennen, dann sterben sie mitunter recht früh, nicht nur durch Krankheiten, sondern auch durch Unfälle.

Die therapeutischen Eingriffe, die heute mit radionischen Systemen vorgenommen werden können, vermögen rasche Besserungen auf der körperlichen Ebene zu erzielen, weil die radionischen Systeme vornehmlich auf einer Feldebene arbeiten und nicht im materiellen Bereich des Organismus. Durch diese »Korrektur« der Energiefelder ändert sich die energetische Matrix der Organzellen, die nun wieder gesundes Zellmaterial zur Verfügung stellen können, statt das geschädigte Material zu reproduzieren. Aber dieser Eingriff in das Energiefeld zerstört gleichzeitig die übergeordneten feineren Energiefelder, die ursächlich die Genese der materiellen Strukturen steuern, das geistige Ursachenfeld. Das geistige Ursachenfeld ist ja eine Struktur, die sich in bezug auf die einzelne Person im Laufe von unzähligen Inkarnationen entwickelt hat, ein Feld, in dem Vergangenheit, Gegenwart und Zukunft gleichzeitig gegenwärtig sind – den Sehern erkennbar. Wer hier unsachgemäß eingreift, zerstört das Schicksalsgefüge des Individuums, zerstört seine göttliche Seele.

Wer die Krankheit als etwas Böses »bekämpft«, wird sie langfristig nur von einer auf eine andere Stelle verlagern können. Wenn wir aber verstehen lernen, daß die Krankheit aus einer fehlerhaften geistigen Haltung heraus entstanden ist, so sollte sich uns die Folgerung aufdrängen, daß Krankheit in ihrer materiellen, körpergebundenen Ausdrucksweise den Verfall des Geistes zu bremsen vermag und über »erzwungene« Kompensationsmechanismen auf der materiellen Ebene, die zum Erkennen der geistigen Ursachen führen sollen, eben jene geistigen Ursachen beseitigt. Damit verschwindet die Krankheit von selbst und ohne jeden weiteren therapeutischen Eingriff. Diese Erkenntnis mag uns heute neu und revolutionär erscheinen, weil wir über »wissenschaftliche« Methoden verfügen, die Zusammenhänge zu erkennen, doch die Erkenntnisse sind nicht neu; im europäischen Kulturbereich ist das ältestes theosophisches Wissen.

Zur Bewertung spiritueller Gruppierungen

Von einer Leserin meines Buches *»Der Heilstrom«* erhielt ich über den Verlag einen Leserbrief. Der verschlossene Brief enthielt bereits auf dem Umschlag die Bitte, ich möchte diesen mit meiner Wünschelrute ausmessen, und einen Aufkleber mit Name und Adresse der Fragestellerin. Ich erhalte gelegentlich Briefe mit der Bitte, darin enthaltene Objekte, Personenfotos usw. zu untersuchen. So nahm ich auch in diesem Fall an, der Brief enthalte Material, das ich untersuchen sollte. In der Regel gehe ich auf derartige Wünsche nicht ein, wenn ich unverlangt Material zugeschickt bekomme. Das hat unterschiedliche Gründe: Es geht mitunter um sehr persönliche Dinge. Mir ist es meist nicht gestattet, mit meinen Untersuchungen in die energetischen Strukturen der Menschen einzudringen und ihnen daraufhin Ratschläge zu erteilen. Das wäre eine geistige Beeinflussung. Einige Anfragen kann ich aufgrund mangelnder Fähigkeiten nicht in gewünschtem Maße beantworten. Andere Anfragen würden einen größeren Zeitaufwand für die Untersuchungen beanspruchen. Und ein für mich ganz wichtiger Aspekt: Die Untersuchungen sind für mich recht kräftezehrend, so daß ich ohne ein persönliches Interesse daran gern davon Abstand nehme.

Aus Erfahrung klug geworden, neige ich dazu, Postsendungen mir unbekannter Absender mit größter Vorsicht zu behandeln, was den energetischen Aspekt anbelangt. Auch war mir in diesem Fall nicht klar, ob ich zuerst den geschlossenen Umschlag untersuchen sollte oder ob der Brief zu untersuchendes Material enthielt. Wenn ich den Inhalt einer Sendung nicht kenne, ist meine Untersuchung objektiver, und es öffnet sich mein Energiefeld auch nicht in dem Maße, wie es sich ereignen würde, wenn ich vom Bewußtsein her Informationen über bestimmte Inhalte bekommen würde. Die Austestungen am verschlossenen Briefumschlag brachten folgende Ergebnisse:

dämonisches Prinzip (kapazitiv)	keine Reaktion
Magie / Zauberei (kapazitiv)	keine Reaktion
Engel; guter/böser Geist (kapazitiv)	keine Reaktion
Information Tod (kapazitiv)	keine Reaktion
Information Leben (kapazitiv)	Reichweite über drei Meter, rechtsdrehend
Lebenskraft, Vitalität (induktiv, Yin)	Reichweite über drei Meter, rechtsdrehend
göttliche Universalkraft (induktiv/kapazitiv)	keine Reaktion
Lebenskraft (kapazitiv)	keine Reaktion
geistige Beeinflussung	Reichweite 0,8 Meter, rechtsdrehend
Machtmißbrauch	keine Reaktion

Aus diesen Testergebnissen zog ich folgende Schlußfolgerung: Negative geistige Energien im Sinne einer Beeinflussung meines Energiefeldes waren nicht vorhanden. In diesem Fall konnte ich also ohne weitere Schutzmaßnahmen ungestört weiterarbeiten.

Die Ausstrahlung des Briefes war von weiblichem Charakter. Das konnte zwar aus dem Absendername geschlossen werden, doch ich erwartete ja bestimmtes Material zu untersuchen und nicht die Schrift der Schreiberin. Die positive Lebenskraft-Ausstrahlung war für einen verschlossenen Brief (ohne Kenntnis des Inhaltes) ungewöhnlich intensiv. Das untersuchte Objekt (in seiner Gesamtheit gesehen) hatte keinen direkten Bezug zu göttlichen Energien. – Mit diesen Vorinformationen öffnete ich den Brief. Er enthielt ein Anschreiben, das mit Maschine geschrieben war, zusätzlich einen handschriftlichen Textteil und ein Bild der Absenderin. Sie wünschte mir Informationen zukommen zu lassen zu einem Thema, das in meinem Buch angesprochen wurde. Sie arbeite an ihrem spirituellen Wachstum und habe sich in letzter Zeit mit vier (im Brief genannten) spirituellen Gruppierungen intensiver befaßt. Drei Gruppierungen waren mir zum Teil recht gut bekannt, bezüglich der vierten Gruppierung informierte ich mich über das Internet.

Die Beschäftigung mit spirituellen Themen unter Einflußnahme der hier nicht zu nennenden Gruppierungen prägt natürlich das Energiefeld jener Personen, die sich mit den Zielen der betreffenden Gemeinschaften befassen. In diesem Fall sah ich es als persönliche Forschungsarbeit an, festzustellen, wie weit negative oder positive (nach meinem aktuellen Kenntnisstand) Informationen bereits in das Energiefeld der Fragestellerin eingedrungen waren und sich nach außen hin in ihrer Ausstrahlung manifestiert hatten. Bei meiner

Untersuchung handelt es sich lediglich um eine Testung des äußeren Energiefeldes, wobei keinerlei Beeinflussungen der inneren Energiestrukturen der betreffenden Person erfolgen. Diese Untersuchungen können an unbelebten Objekten in der gleichen Weise vorgenommen werden wie an Tieren, Personen oder Bildern beliebiger Motive und liefern in allen Fällen die gleichen Ergebnisse. Grundsätzlich möchte ich zunächst einmal erläutern, wie ich vorgehe, wenn ich eine mir unbekannte Gruppierung bewerten soll beziehungsweise bewerten möchte, ohne persönliche Kontakte zu dieser Gruppe zu haben, ohne einen Menschen aus dieser zu kennen, ohne hinreichendes Informationsmaterial zu haben. Dabei geht es mir nicht um die aktiven Personen, die dort agieren, sondern lediglich um die Ausstrahlung der Gruppe, der Gemeinschaft insgesamt, der Intention ihrer Lehre usw. Bei unbekannten Gruppen vermeide ich es zunächst, mir nähere Informationen zu verschaffen, damit die energetische Untersuchung nicht beeinflußt wird. Was ich nicht weiß, was ich nicht kenne, das kann ich unbeeinflußter untersuchen.

Zunächst versuche ich, ein Bild (Foto) von der führenden Persönlichkeit der Gruppierung zu erhalten oder wenigstens von einer der führenden beziehungsweise verantwortlichen Personen für die geistige Lehre, für die Intention der Gemeinschaft. Am allerbesten ist ein Bild von einem der Gründungsmitglieder oder von allen zusammen. In der Regel reicht ein Bild, das meist leicht im Internet zu finden ist. Die Lehre beziehungsweise die Intention geht energiemäßig rasch auf alle Personen über, die in der Gemeinschaft sind. Die Gründungsmitglieder sind in spirituellem Sinne voll verantwortlich für die Personen ihrer Gemeinschaft.

Wenn ich kein Bild erhalten kann, versuche ich, einen Briefkopf aus dem Schriftverkehr zu erhalten mit einem Logo, einem Zeichen oder sonst irgendeiner Information, die die Gemeinschaft für sich ausgewählt hat. Daran kann man fast ebenso gut arbeiten wie an einem Bild. Wenn auch in dieser Hinsicht nichts zu erobern ist, dann reicht auch ein Blatt mit schriftlichen Informationen über die Gruppe, ihre Lehre usw. Aber das sollte möglichst von der Gruppe selbst erstellt sein, damit man sicher sein kann, daß ihr Geist in dem Schriftstück präsent ist. Wenn gar nichts vorhanden ist, dann kann auch ein Schriftstück herangezogen werden, das von Kennern dieser Gruppe über sie erstellt wurde, im äußersten Notfall würde auch allein der Name reichen. Aber damit wird die Untersuchung schon immer unsicherer. Eine letzte Möglichkeit gibt es noch: Man kann zu dem Gebäude gehen, das die Gemeinschaft für ihre Zwecke nutzt, und es von außen untersuchen. Das geht aber nur dann, wenn ein bestimmter Bereich nur von dieser Gruppe genutzt wird und von niemandem sonst.

Es standen also vier Gruppierungen zur Diskussion beziehungsweise zur Untersuchung an. Die erste Gruppierung war mir persönlich sehr gut bekannt, hier fand ich viele positive Informationen, wenn auch in letzter Zeit durch hinzukommende Menschengruppen die Gesamtenergie der Gruppe für mich etwas fragwürdiger wurde. Zwei andere Gruppierungen standen für mich auf der Negativliste. Schon vor längerer Zeit hatte ich darüber Untersuchungen angestellt. Das Problem war hier, daß in diesen Gruppierungen gelehrt wird, wie man in die geistigen Strukturen anderer Menschen eindringt und sie beeinflußt. Das halte ich unter ethischen Gesichtspunkten für nicht erlaubt. In diesen Gruppen wird zwar mit Heilung geworben und es erfolgen auch Heilungen, doch ändert das nichts am unerlaubten Prinzip. In solchen Gruppierungen fand ich stets von den Energien der geistigen Beeinflussung her ein »dämonisches« Prinzip. Auch sind mir persönlich durch meine Arbeiten an Heilpraktikerschulen sowie im Rahmen meiner Hausuntersuchungen mehrere Fälle bekannt geworden, in denen die in diesen Gruppen durchgeführten »Heilungen« den mir bekannten Personen sehr geschadet haben. Das ist eine Sache, die nicht sofort bemerkt wird, denn die Reaktionen erfolgen langsam über psychische Veränderungen und werden dann oft nicht mit der betreffenden »Heilung« in Zusammenhang gebracht. Über die speziellen Energien ist aber mit Mitteln der Radiästhesie eine Zuordnung leicht möglich.

Die vierte Gruppierung war mir schon vom Namen her gänzlich unbekannt. Über das Internet beschaffte ich mir zunächst ein Foto des Gründers der Gemeinschaft und besaß damit eine optimale Quelle bezüglich der geistigen Informationen, die an diese Gruppe weitergegeben werden. An diesem Foto führte ich eine radiästhetische Frequenzanalyse durch mit folgenden Ergebnissen:

dämonisches Prinzip (kapazitiv)	Strahlungsreichweite 0,5 Meter, linksdrehend
Magie/Zauberei (kapazitiv)	Strahlungsreichweite 1,5 Meter, linksdrehend
böser Geist (kapazitiv)	Strahlungsreichweite über 3 Meter, linksdrehend
Information Leben beziehungsweise Tod (kapazitiv)	keine Reaktion
Lebenskraft, Vitalität	keine Reaktion
göttliche Universalkraft	Strahlungsreichweite 0,4 Meter, rechtsdrehend
geistige Beeinflussung im negativen Sinne	Strahlungsreichweite über 3 Meter, linksdrehend
Machtmißbrauch (kapazitiv)	Strahlungsreichweite über 3 Meter, linksdrehend

Aus den Testergebnissen ziehe ich für die betreffende spirituelle Gruppierung folgende Schlußfolgerung: Hier werden durchaus hohe geistige Lehren verbreitet. Hinter den Personen, die hier als Lehrer fungieren, stehen aber teilweise geistige Kräfte, die außerhalb der göttlichen Ordnung zu stehen scheinen und die Ausführenden in ihrem Sinne manipulieren. Darin liegt das größte Problem der spirituellen Gruppierungen: ihre Lehren sind vom Prinzip her gut und richtig, aber deren Verkünder unterrichten die Menschen nicht in ausreichender Weise darüber, dieses erworbene Wissen im Sinne der Naturordnung anzuwenden. Die Folge davon ist, daß durch die Lehrer (wohl aus eigener Unkenntnis heraus) Eingriffe in die geistigen Strukturen ihrer Schüler vorgenommen werden. Das ist ein Mißbrauch der eigenen Kräfte und Erkenntnisse und verstößt gegen die göttlichen Entwicklungsgesetze, die auf eigenen Erkenntnissen beruhen sollten, weil nur diese und folgerichtige Denk- und Handlungsweisen eine natürliche Entwicklung des Menschen darstellen. Erzwungenes (Dialektik!) und aufgezwungenes (Einweihungen!) Wissen und Fähigkeiten bereichern die Persönlichkeit eines Menschen nur oberflächlich, indem sie seinem Ego schmeicheln und zu einem Machtmißbrauch führen, wie es aus den Testungen ersichtlich ist. Dahinter stehen vielfach die Unkenntnis höherer Zusammenhänge und ein Drang zum ungeprüften Anwenden der übernommenen (nicht erworbenen) Kenntnisse und Fähigkeiten. Lernt der Schüler nicht, sein eigenes Verhalten zu überprüfen und seine Handlungsweise zu hinterfragen, so ist die Wahrscheinlichkeit recht groß, daß er seine Fähigkeiten in gleicher Weise ungeprüft anwenden wird. Darin besteht die größte Gefahr: in der Beeinflussung der geistigen Strukturen anderer Menschen zu ihrem scheinbaren Heil, ohne die eigene Handlungsweise zu hinterfragen (darf ich das überhaupt?) und ohne die höheren Zusammenhänge zu erkennen, die einen Hilfesuchenden in seine betreffende Situation geführt haben. Hinzu kommt noch der Effekt, daß durch solche Lehrer, die teilweise von negativen geistigen Kräften gesteuert werden (Ergebnis der Austestungen), diese auch auf die Schüler übertragen werden, entweder durch die Lehren selbst oder auf rein mentalem Wege durch die Lehrer. »Du sollst nicht töten«, lautet das Gebot der Bibel; die Beeinflussung der geistigen Strukturen anderer Menschen ist Töten auf der spirituellen Ebene. Gottes Gebote bedeuten auf der geistigen Ebene viel mehr als auf der körperlichen, und die Vergehen dagegen sind auf der geistigen Ebene viel weitreichender.

Doch kommen wir wieder zurück zur Briefschreiberin, die sich in ihrer Ausbildung ja gleich mit vier spirituellen Gruppierungen näher befaßte und aus jeder ihre Lehren gezogen hatte. Drei dieser Gruppierungen hielt ich im Sinne der zuletzt gemachten Ausführungen für gefährlich, in der vierten begannen ebenfalls negative Tendenzen auf die Teilnehmer einzuströmen. Was hatte das für Auswirkungen auf die Persönlichkeit der Briefschreiberin? Es konnte erwartet werden, daß die negativen Tendenzen aus den Gruppierungen bereits auf ihre geistigen Strukturen Einfluß genommen hatten. Das schien nicht der Fall zu sein, wie es die unbeeinflußten Austestungen am noch verschlossenen Brief eindeutig bewiesen. Zusätzlich zu diesen ersten Austestungen, die darlegen sollten, was mich hier erwartete, und die mir die Möglichkeit zu einem persönlichen Schutz geben sollten, hatte ich einige Austestungen an der Handschrift der Briefschreiberin vorgenommen, um zu erkennen, wie sie selbst mit dem Gelernten umging und wie weit die negativen Einflüsse der Gruppierungen bereits in ihre persönliche Energiestruktur eingedrungen waren. Hier die wichtigsten Ergebnisse:

göttliche Universalkraft (kapazitiv)	Reichweite 0,8 Meter, rechtsdrehend
Engel/guter Geist (kapazitiv) rechtsdrehend	Reichweite über 3 Meter,
Lebenskraft/Vitalität (induktiv) rechtsdrehend	Reichweite über 3 Meter,
geistige Beeinflussung/heiliger Geist (kapazitiv)	Reichweite über 3 Meter, rechtsdrehend
Magie / Zauberei (kapazitiv)	nicht nachweisbar

Die Testungen zeigten, daß die Briefschreiberin bislang noch in keiner Weise von den negativen Energien der spirituellen Gruppierungen beeinflußt war. Die hohe Intensität der positiven Energien wies andererseits eindeutig darauf hin, daß in das Energiefeld der Person positive geistige Kräfte Einzug genommen hatten und sie in ethisch richtiger Weise mit ihren Erkenntnissen und Fähigkeiten umzugehen wußte. Es war offenbar so, daß die Briefschreiberin auf diesem Gebiet die einzig richtige Verhaltensweise an den Tag legte, nämlich hören, beobachten, bedenken usw., und die erhaltenen Informationen in ihrem Geiste arbeiten ließ, daraus ihre eigenen Schlüsse zog und die Anwendung des Gelernten mit Hilfe des eigenen Verantwortungsgefühls überprüfte. Um ehrlich zu sein, ich hatte dieses positive Austestungsergebnis nicht erwartet, da ich bislang mehr mit Fällen zu tun gehabt hatte, in denen die übernommenen geistigen Lehren zu einem Machtmißbrauch der Betreffenden geführt hatten, was das unerlaubte Eindringen in die geistigen Strukturen anderer Menschen betraf. Die am angeführten Beispiel der Briefschreiberin erworbenen Ergebnisse zeigten deutlich, daß der eigene Geist sich sehr wohl vor der Übernahme von negativen Informationen aus fragwürdigen Lehren oder Beeinflussungen zu schützen weiß. Es liegt an jedem selbst, ein

Verantwortungsgefühl zu entwickeln, wie mit den erworbenen Kenntnissen und Fähigkeiten umzugehen ist.

Einen interessanten und wegweisenden Aspekt meiner Austestungen an den Schriften der untersuchten spirituellen Gruppierung möchte ich an dieser Stelle noch hervorheben: Die Namen, die sich spirituelle Gruppierungen selbst geben, haben in der Regel einen tiefen Sinn. Im untersuchten Fall handelte es sich um eine Bezeichnung, die den »heiligen Geist« in allen seinen Ausführungsformen repräsentieren sollte. Und exakt diese Energie war es, die *linksdrehend* mit einer Strahlungsreichweite von über drei Metern an den Schrifttexten auszutesten war – also eine negative Beeinflussung der geistigen Strukturen der Menschen auf allerhöchster Ebene. Die Briefschreiberin hatte diese negativen Energien nicht übernommen, die betreffende Ausstrahlung bei ihr war mit vergleichbarer Intensität rechtsdrehend.

Die Ausstrahlung von Bildern bei Digitalaufnahmen

Von Bildern können heilsame Wirkungen ausgehen. Sie können die Strahlungen von Räumen positiv oder negativ verändern, sie können heilsam oder schädigend auf den Menschen einwirken, der sich unter diesen Bildern bewegt. So lassen die Ahnengalerien in alten Dynastien die ganze Macht und Fähigkeiten der Generationen wieder aufleben und in ihren Nachfolgern wirksam werden, aber auch ihr Leid, ihre Krankheiten, ihr Schicksal wirken uneingeschränkt auf ihre Nachfolger und beeinflussen ihre Entscheidungen und ihre Lebensqualität. Rollbilder tibetischer Thangkas beispielsweise können einen Raum soweit positivieren, daß keine schädigenden Energien mehr in ihm nachweisbar sind. Ihre speziellen Energien können aber auch den Schlaf eines Menschen in diesem Raum aufgrund eines stark angehobenen Energiepotentials fast unmöglich werden lassen. Unabhängig vom Energiegehalt beeinflußt die Art ihrer Ausstrahlung das Fühlen und Denken der Menschen. Mit Thangkas holen wir einen anderen Kulturkreis in unsere Räume, die Energien einer anderen Kultur. Das wirkt beeinflussend auf unsere eigene Entwicklung und vermag die eigenen Glaubensstrukturen aufzuweichen, die wir von unseren Eltern und Vorvätern übernommen haben. Hier mischt sich das Erbe ganzer Völker. Ob diese Energien für jeden Menschen gleichermaßen von Vorteil für seine Entwicklung sind, mag angezweifelt werden.

Über die nachweisbare Ausstrahlung von Bildern habe ich bereits an anderen Stellen ausführlich berichtet. Dort bezog ich mich hauptsächlich auf Bilder, die mit analoger Aufnahmetechnik erstellt wurden, also durch klassische Photographie mittels Rollfilm und dessen anschließender Entwicklung im Entwicklerbad sowie Fixierung der Aufnahme im Fixierbad. Kurz zusammengefaßt erklärte ich hier[23] die Wirkung der Bilder etwa folgendermaßen: Die Filmemulsion enthält informierbares (strukturierbares) Material, das durch Einwirkung von Licht, hochfrequenter Strahlung und geistiger Information bei der Belichtung des Materials strukturell geprägt wird. Auf diese Weise werden die aufgenommenen Bildinformationen im Material des Films zunächst gespeichert und beim Vorgang der Entwicklung und Fixierung dauerhaft festgehalten. Bei der Fixierung des Bildes entsteht dann kristallines Material, dessen Struktur die aufgenommenen Informationen repräsentiert. Das Material strahlt nun seinerseits in seiner Funktion als Hochfrequenzantenne bestimmte Wellenlängen ab, die unserem Auge und im Rahmen unserer Untersuchungstechniken elektromagnetische Strahlungsinformationen liefern. Das fixierte Foto wirkt sozusagen als molekulare Sendeantenne.

Dies ist *ein* Aspekt des komplizierten Prozesses der Datenübertragung durch Photographien. Wäre dieser Aspekt allein gültig, dürfte zum Beispiel ein Offsetdruck (Rasterdruck) des Bildes keine Strahlungsinformationen mehr enthalten, da dem Druck die innere Struktur fehlt. Experimente beweisen aber, daß auch Drucke eine Ausstrahlung besitzen, die denen von echten Fotos im Idealfall nur wenig nachsteht. Hier muß ein weiterer Aspekt eine wichtige Rolle spielen, der offenbar auch in der Digitalphotographie zum Ausdruck kommt, denn ein digitales Bild ist dem eines Offsetdruckes sehr verwandt; beide Bilder sind aus Bildpunkten aufgebaut, die untereinander keine strukturelle Vernetzung aufweisen.

Zur Klärung der Fragestellung, ob Offsetdruck und Digitaldruck ebenfalls in der Lage sind, die Energien des wiedergegebenen Bildes auszustrahlen, habe ich eine Reihe von Versuchen durchgeführt, die zum einen überraschende und zum anderen schwer interpretierbare Ergebnisse zeigten. Im wesentlichen kann ausgesagt werden, daß sich der Digitaldruck in seiner energetischen Qualität nur wenig von einem analogen Foto unterscheidet, und auch der Offsetdruck weist kaum einen Energieverlust auf. Eindeutige Ergebnisse konnten allerdings nicht in jedem Fall erzielt werden, so daß ein weiterer Spielraum für Experimente und Diskussionen bleibt. Um dem Leser zumindest eine orientierende Bewertung zu geben, möchte ich unter allem Vorbehalt meine Untersuchungsergebnisse wie folgt zusammenfassen:

Die analoge Aufnahmetechnik, also die klassische Photographie mit Film und Entwicklung, liefert bezüglich der Versuchsergebnisse stets eindeutige und reproduzierbare Ergebnisse. Die Ausstrahlung der Bilder hat induktive

[23] Siegfried Grabowski: *»Der Heilstrom«*, S. 507-549; S. Grabowski: *»Über die bioenergetische Wirksamkeit ›angesprochener‹ Gegenstände«* in DGH-Schriftenreihe, Bd. 2, S. 241-275.

und kapazitive Strahlungseigenschaften; es sind alle Wellenlängen vorhanden, die vom abgebildeten Objekt her erwartet werden können. Die am Bild ermittelten Wellenlängen und ihre Intensitäten stehen stets in einem bestimmten Verhältnis zu den Strahlungsintensitäten des photographierten Originals. Die Untersuchung eines Bildes des Heilers Bruno Gröning (1906-1958) zeigte induktive und kapazitive Strahlungen mit Reichweiten von ein bis zwei Metern. Bilder anderer Motive zeigten bezüglich des Verhältnisses induktiv-kapazitiv vergleichbare Strahlungsintensitäten.

Die Untersuchungen digitaler Ausdrucke zeigen vergleichbare Energiequalitäten und Energiequantitäten wie die echten Fotos, obgleich das digitale Bild bezüglich der Aufnahmetechnik auf völlig anderen Voraussetzungen beruht. Gerade im Bereich der sakralen Kunst finden sich viele Bildobjekte, deren Digitalfotos die originale Ausstrahlung in allen Eigenschaften zu repräsentieren scheinen.

Die Rasterdrucke (Offsetdrucke) zeigen ein rätselhaftes Verhalten. Rein als graphisches Objekt betrachtet, zeigen sie in vielen Fällen überhaupt keine objektspezifische Ausstrahlung, weder induktiv noch kapazitiv. Beginnt der Tester aber, sich mit dem Untersuchungsobjekt zu identifizieren, das Bild auf sich wirken zu lassen, so können plötzlich induktive und kapazitive Ausstrahlungen festgestellt werden, die denen eines echten Fotos vergleichbar sind. Werden sakrale Objekte abgebildet (zum Beispiel Postkarten oder Drucke von Kirchen, Altären, Heiligenfiguren usw.), so geben deren Bilddrucke meist auch die kapazitiven Energien wieder, teilweise sogar mit recht hohen Intensitäten. Im Vergleich mit dem abgebildeten originalen Objekt zeigen Offsetdrucke jedoch starke energetische Mängel: Die induktiven Energien sind in abgeschwächter Form meist vorhanden, die kapazitiven Energien sind am Bild in der Regel nur schwach ausgeprägt oder fehlen vollständig. Auch sind im Druck nicht mehr alle Energien nachzuweisen, die das Original aufweist. Am Bild des (verstorbenen) Heilers Bruno Gröning war auffällig, daß auch der Offsetdruck die gleichen Energien aufwies wie der echte Fotoabzug, auch mit den gleichen Intensitäten.

Die Experimente zeigen, daß der Tester oder der Betrachter eines Bildes Einfluß auf dessen Ausstrahlung zu nehmen vermag. Der unbeachtete Druck ist (im Gegensatz zum Foto) praktisch strahlungslos, unter emotionaler Zuwendung jedoch (zum Beispiel wohlwollendes Betrachten) wird seine verborgene Strahlungskraft aktiviert. Hängt ein solcher Druck an der Wand, ohne daß der Betrachter eine Beziehung zu dem Objekt aufbaut (weil er es nicht kennt und/oder weil es ihn nicht interessiert), so kann er von diesem Bild auch keine Wirkung erwarten. Gedruckte Heiligenbilder werden beispielsweise erst durch hingebungsvolle Betrachtung aktiviert oder durch Gebet. In diesen Fällen wird die auftretende Energie dann auch in den Bildobjekten gespeichert. Die Art des Druckes (Digital- oder Offsetdruck) ist dann nicht mehr entscheidend. Auf der sicheren Seite ist man allerdings nur bei einem echten Foto. Dieses strahlt immer, ob man den Gegenstand des Dargestellten nun kennt oder nicht, ob man das Bild würdigt oder nicht. Ein echtes Foto mit starker Ausstrahlung ist auch durch einen verschlossenen Umschlag hindurch auszutesten, auch mit der Hand kann seine Energie erfühlt werden. Beim Digitalbild oder Druck muß der Betrachter oder der Tester das Bild sehen und das Dargestellte auch bewußt wahrnehmen, um seinen vollen Wirkungsgehalt verfügbar zu machen. Aber auch hier gibt es wieder Ausnahmen.

Die Versuchsergebnisse widerlegen teilweise die eingangs dargestellten Erklärungsversuche zur Ausstrahlung von Bildern, eröffnen aber gleichzeitig eine neue Dimension, indem sie auf die Notwendigkeit der Einbeziehung geistiger Prozesse hinweisen. Die analoge (und mit Abstrichen auch die digitale) Bildtechnik ist sicher und zuverlässig, ist ohne persönliches Dazutun wirksam. Die Offset-Drucktechnik führt zu einer Selektion der Bildbetrachter. Das Wesen des Bildes und seine Heilkraft können mitunter nur die Betrachter erfahren, die in der Lage sind, sich im Bild zu verlieren, ihm ihre geistige Zuwendung zu schenken. Damit ergeben sich neue Perspektiven. Das Bild ist vom universalen Vermittlungsmedium abgerückt, hin zu einem Objekt, das sich der Betrachter erst aufschließen muß, um seine volle Wirkung zu erfahren. So wird der Betrachter gezwungen, seine intuitiven Fähigkeiten zu aktivieren und in eine geistige Welt einzudringen, die jenseits des üblichen Vorstellungsvermögens liegt. Vielleicht ist die Drucktechnik (das scheint auch für die Digitaltechnik zu gelten) eine Botschaft für die Menschen, vom oberflächlichen Erscheinungsbild der Dinge abzurücken und das Wesen der Dinge selbst zu hinterfragen.

Für das ungewöhnliche Verhalten der Bildstrahlung findet sich von wissenschaftlicher Seite her keine Erklärung. Die radiästhetische Untersuchungstechnik kann insofern hier nicht als absoluter Beweis herangezogen werden, da das Rutensystem des Testers nur als Antenne für Strahlung reagiert, der Mensch selbst dagegen das Empfangssystem darstellt. Das menschliche Energiefeld befindet sich stets mit dem zu untersuchenden Objekt sowie mit dem Testsystem selbst in Wechselwirkung, woraus eine gegenseitige Einflußnahme resultiert, die ein objektives Ergebnis letztendlich unmöglich macht.

Betrachten wir den Bereich der naturheilkundlichen Erfahrung, so fällt eine Erklärung der merkwürdigen Zusammenhänge zwischen Bild und Betrachter leichter. Demnach ist jedes Bild – das mag eine Zeichnung sein, ein Gemälde, ein Foto, ein Druck usw. – ein Abbild des dargestellten Objektes und repräsentiert dieses auch in seinem energetischen Gehalt. Das Teil (Bild, Name) steht hier für das Ganze (das Original, das abgebildete Objekt). In magischen Kreisen war man stets bestrebt, sich ein Abbild dessen zu verschaffen, auf das in magischer Weise eingewirkt werden sollte, sei es auf ein Lebewesen oder auf ein Objekt, sei es im wohlwollenden (Heilzauber) oder im böswilligen Sinne (Schadenszauber). Viele Naturheiltherapeuten wählen das Medikament für den Hilfesuchenden dergestalt aus, daß sie eine vorbereitete Liste mit dem Namen von Medikamenten mental abscannen, um die für den Patienten richtige Medizin herauszufinden. Hier steht der Name des Medikamentes für die Substanz. Um dieses Verfahren erfolgreich anwenden zu können, ist es allerdings mehr als hilfreich, wenn der Tester die Medikamente kennt, deren Namen er aufgelistet hat. Erfahrung ist hier ebenso erforderlich wie ein gewisses übernatürliches Wahrnehmungsvermögen. Bei mehreren Therapeuten habe ich feststellen können, daß sie zu Beginn ihrer Praxisarbeit sorgfältig jedes einzelne Medikament auf Nützlichkeit für den Patienten prüfen, unabhängig von der Art der von ihnen verwendeten Meßtechnik. Im Laufe der Jahre konnten die Therapeuten dann dazu übergehen, mit der Hand über die Medikamente zu fahren, um das richtige »herauszufühlen«, wobei eine Resonanzbeziehung gefühlt wird zwischen dem Medikament und dem Energiefeld des Patienten. Im weiteren Verlauf der persönlichen Entwicklung des Therapeuten genügt es dann, die zur Verfügung stehenden Medikamente nur anzusehen. Bei Blickkontakt zum richtigen Medikament durchzieht eine Art Schock den Körper des Therapeuten. Danach kann dazu übergegangen werden, eine Namensliste abzuscannen (mit dem Finger oder einem Bleistift) oder die Namen der möglichen Hilfsmittel im Geiste zu benennen. Da ich als Heilpraktiker selbst mit mehreren Naturheilkundigen Kontakt halte, habe ich mich durch Nachprüfungen immer wieder von den richtigen Testergebnissen der Therapeuten überzeugen können.

Das, was die Therapeuten und Magier können, kann im Prinzip jeder Mensch. Durch Blickkontakt (das Auge ist die wichtigste Einfallpforte auch für das übersinnliche Wahrnehmungsvermögen, wenn es um die Energiefelder von realen Objekten geht) nimmt jeder Mensch das Energiefeld des angeschauten Objektes wahr, auch wenn es ihm nicht bewußt wird. Das Energiefeld des betrachteten Objektes (hier auf die Untersuchung von Bildern bezogen) kommt dadurch in Resonanz zum eigenen menschlichen Energiefeld, woraus sich eine Wechselbeziehung entwickelt – der Mensch bewertet das Bild. In diesem Moment ist er voll in das Energiefeld des Bildes mit einbezogen. Wenn er in diesem Zustand eine Testung mit dem Ruteninstrument durchführt, realisiert sich in ihm das energetische Gefüge des betrachteten Objektes und wird nachweisbar. Kann er keinen Kontakt aufbauen (das ist sehr unwahrscheinlich, mit entsprechender mentaler Programmierung aber möglich), so zeigt seine Testung auch kein Ergebnis. Der Rutengänger bemüht sich stets um eine »neutrale« Einstellung zu seinem Untersuchungsobjekt; kann er sie realisieren, ist sein Ergebnis relativ objektiv, kann er es nicht, so zeigen sich Untersuchungsergebnisse, die nicht reproduzierbar sind. Weder der Rutengänger noch der unbeeinflußte Bildbetrachter können sich der Energievermischung zwischen Objekt und Betrachter entziehen, was viele Ergebnisse erklärt, die unserer denkenden Logik widersprechen.

Mentaltechniken, die auf eigenen bio-energetischen Kräften beruhen

Jeder Mensch besitzt ein eigenes Strahlungsumfeld mit induktiven und kapazitiven Strahlungseigenschaften. Dieses Kraftfeld ist normalerweise recht eng am Körper begrenzt, in der Regel liegt die Reichweite unter einem Meter. Dieses Kraftfeld ist in der Lage, auf Strahlungsfelder anderer Objekte einzuwirken und diese zu verändern. Dazu ist es erforderlich, daß das eigene Kraftfeld so geartet ist, daß es mit dem zu beeinflussenden Kraftfeld in eine Wechselbeziehung, in Resonanz kommt. Zwischen Lebewesen untereinander stellt sich diese Resonanz mehr oder weniger automatisch ein, da wir alle ein vergleichbares Schwingungsumfeld besitzen. Gegenüber »toten« Objekten, Materialien, ist eine spezielle mentale Ausrichtung des eigenen Kraftfeldes erforderlich, um mit ihnen in Resonanz zu kommen und hier Veränderungen zu bewirken. Eine solche Resonanz kann leicht hergestellt werden durch eine gefühlsmäßige, liebevolle Öffnung zum Objekt hin.

Wenn wir mit einem Objekt in Resonanz sind, können wir sein Energiefeld beeinflussen, wenn unsere Strahlungskraft stärker ist als die des Objektes. Eine Verstärkung unseres Kraftfeldes ist durch entsprechende mentale Konzentration leicht möglich. Die körpereigene Strahlungsreichweite kann dadurch leicht auf mehrere Meter aufgeweitet werden. Diese hohe Strahlungskraft ermöglicht es dann, ein Objekt entweder zu entoden, also energetisch zu reinigen, oder es energetisch aufzuladen. In der Regel werden mit der Hand abziehende Bewegungen am Objekt durchgeführt, um dieses zu entoden, oder gebende Bewegungen beziehungsweise Kreisen der Hand usw., um ein Objekt aufzuladen. Diese Verfahren werden mental unterstützt. Der Geübte kann sogar entscheiden, welche Energien oder welche Wellenlängen in das Objekt gebracht oder welche entzogen werden sollen. Auch die Intensität der Einwirkung kann bestimmt werden. Um Objekte auf diese Art zu reinigen oder aufzuladen, bedarf es in der Regel jedoch jahrelanger Übung und Erfahrung. Ein bißchen geht aber bei jedem Menschen.

Mit Hilfe dieser Methode kann der Geübte also beliebige Objekte leicht reinigen oder energetisch aufbessern. Ist die Belastung eines Objektes allerdings hoch, so sind starke Kräfte und eine hohe Konzentration erforderlich, was den eigenen Organismus rasch schwächt. Es ist deshalb sinnvoll, diese Mentaltechnik mit anderen Methoden zu kombinieren, so sie überhaupt angewandt werden soll.

Arbeiten in bestimmten Schichtebenen

Das Entoden oder Beoden mit Hilfe mentaler Techniken gelingt wesentlich rascher und eleganter, wenn man sich bei diesen Verfahren bestimmter energetischer Bereiche in den »Luftschichten« bedient. Zwischen Erde und Ionosphäre bauen sich festgefügte Strahlungszonen auf im Sinne einer Stehenden Welle, deren Prinzip sicher jeder aus der Zeit seiner Kindheit vom Seilspringen her kennt. Befestigt man das Seil an einem Fixpunkt und bewegt das andere Ende des Seiles rasch auf und ab, so läuft eine Welle zum Fixpunkt, wird dort reflektiert und kehrt zurück. Wenn man das elegant anstellt, erhält man auf diese Weise ein anscheinend ruhig stehendes Seil mit wellenförmiger Struktur. Auf die gleiche Art und Weise bildet sich auch zwischen Erde und Ionosphäre eine solche Stehende Welle von bestimmter Wellenlänge und bestimmtem Energiegehalt aus. Diese hat Knotenpunkte und Wellenbäuche, wie man das aus der Physik kennt. Aufbauend auf diesen natürlichen Resonanzzonen finden sich nun in bestimmten Schichthöhen, von der Erdoberfläche gemessen oder vom Fußboden aus, bestimmte Bereiche, in denen man Energien zum Verschwinden bringen oder diese abzapfen kann. Die Technik, mit diesen »Schichtebenen« zu arbeiten, wird im asiatischen Feng Shui gelehrt. Die Schwierigkeit ist, diese Schichtebenen aufzufinden. Dazu bedarf es spezieller radiästhetischer Techniken, die hier nicht angegeben werden können. Auch ist es erforderlich, sich nach bestimmten Himmelsrichtungen zu orientieren, wenn man diese Ebenen finden will. Die beiden Ebenen, von denen ich hier spreche, liegen im Bereich von eineinhalb bis zwei Metern über dem Boden. Sind die richtigen Bereiche aufgefunden, geht das Entoden oder Beoden von Objekten in Sekundenschnelle.

Einbeziehung ausserkörperlicher Wesenheiten in die Mentaltechniken

Manche Menschen haben einen guten Bezug zu Naturgeistern, die sie um Hilfe bitten können, wenn es darum geht, in den natürlichen Energiestrukturen der Erde oder das Luftraumes Änderungen zum Wohle der Menschen durchzuführen. Viele Naturheilkundige arbeiten ebenfalls mit Wesenheiten, die ihnen helfen, bestimmte Energien zu transferieren, die dem Hilfesuchenden zugute kommen sollen. Teilweise handelt es sich dabei ebenfalls um Naturgeister, teilweise aber auch um das überlebende Selbst verstorbener Menschen, die offenbar bereit sind, über medial veranlagte Personen den Lebewesen auf der Erde Hilfen zu gewähren, sei es im gesundheitlichen Bereich oder in unterschiedlichsten Notlagen. Hierzu gehören auch außerkörperliche Wesenheiten nicht-menschlicher Entwicklungsformen wie Engel, Gottheiten, Dämonen oder wie man sie auch immer benennen mag. Man kann diese Wesenheiten anrufen und ihre Wirksamkeit erfahren, auch ohne einen fühlbaren Kontakt zu ihnen aufbauen zu können, zum Beispiel im Gebet, das sich als wirksam erweist. Viele sensitiv veranlagte Personen haben ein Gefühl für die Anwesenheit dieser Geistwesen entwickelt; in diesem Fall sind die Hilfen zuverlässiger und erfolgreicher. Andere Menschen vermögen die Geistwesen zu sehen oder zu hören, wieder andere stellen ihnen den eigenen Körper zur Verfügung, damit sie durch diesen auf der physischen Ebene wirken können, die sogenannten Medien.

Radionisch arbeitende Verstärkersysteme (»Weisser Strahler«)

In unserem elektronisch geprägten Zeitalter ist es naheliegend, zur Verstärkung mentaler Energien moderne Technologien einzusetzen. Daß dies überhaupt möglich ist und funktioniert, beweist zugleich, daß mentale Kräfte mit technischen Systemen in eine Interaktion treten können. So verstand es der Heiler Bruno Gröning, während seiner Vorträge Tonbandgeräte, Fotoapparate und Filmkameras so zu beeinflussen, daß sie entweder überhaupt nicht liefen oder daß bei laufenden Geräten keine Aufzeichnungen erfolgten. Dann sagte er den Reportern: »Jetzt können Sie wieder aufnehmen.« Und die Geräte liefen und zeichneten auf. Mancher Leser mag es selbst schon erfahren haben, daß in ihrer Funktion gestörte technische Geräte nach gutem Zureden und Handauflegen spontan wieder liefen. Bei Uhren ist dieses Phänomen schon lange bekannt, zum Beispiel ihr Stehenbleiben, wenn jemand stirbt.

Wie funktioniert die Kommunikation mit technischen Geräten? Hier scheinen zwei Aspekte von Bedeutung zu sein: die Kommunikation über meßbare Gehirnwellen und die Beeinflussung über mental gesteuerte Ordnungssysteme, die eine bestimmte energetische Flußrichtung im beeinflußbaren System vorgeben. Vielleicht ist auch beides zusammen von Bedeutung. Ich möchte näher erläutern, was ich damit meine:

Das Gehirn sendet im elektromagnetischen Energiespektrum bestimmte Wellenlängen aus, die mit anerkannten physikalischen Methoden gemessen werden können. Auch bei höchster mentaler Konzentration sind diese Energien sehr schwach, gehören aber eindeutig zu den elektromagnetischen Wellen und bilden damit einen Anteil zum Bereich unserer stofflichen Welt. In Experimenten hat man diese Gehirn-Energien verstärken können, um damit zum Beispiel einen Lichtschalter ein- und auszuschalten. Bei diesem einfachen Anwendungsprinzip ist es meines Wissens geblieben. Daraus läßt sich folgern, daß die vom Gehirn ausgesandte Energie im Bereich des elektromagnetischen Strahlungssystems, also im Bereich der direkten stofflichen Einflußnahme, wohl kaum solche Leistungen vollbringen kann, wie sie uns die Beobachtung liefert.

Unser Gehirn beziehungsweise unser gesamter menschlicher Körper verfügt aber noch über eine andere Möglichkeit, sich auf der energetischen Ebene auszudrücken, als über elektromagnetische Wellen. Diese Möglichkeit scheint sogar effektiver zu sein. Hierbei handelt es sich also nicht um meßbare elektromagnetische Energien, sondern um Einflußnahmen über den Geist. Die Stimmung eines Menschen, seine Gedanken und seine Gefühle, sie bilden ein »Informationsfeld«, das den Raum der menschlichen Gegenwart nicht nur erfüllt, sondern gewissermaßen auch strukturiert. Mit seinen Gefühlen bringt der Mensch eine bestimmte Botschaft in den Raum. Fühlige Personen erkennen beim Betreten eines Raumes, ob dort bezüglich der geistigen Strukturen eine gute oder einen schlechte Atmosphäre herrscht. Die Gedanken prägen den Raum gleich einer Botschaft an alle, die es etwas angeht. Dieses »Etwas-Angehen« ist der entscheidende Punkt. Kraft des menschlichen Willens kann dieses Energiepotential in eine bestimmte Richtung gelenkt werden, wobei »Richtung« nicht unbedingt räumlich zu sehen ist. »Richtung« bedeutet hier einfach das Zielobjekt, sei es reeller oder imaginärer Natur. Der auf Erhaltung, Funktion oder Einflußnahme gerichtete Wille des Menschen bewirkt im Objekt eine Neustrukturierung des Energiefeldes, in dem zum Beispiel etwas gestört war oder geändert werden soll. Auch technische Geräte haben eine Seele, haben ein Schwingungsumfeld im elektromagnetischen Energiespektrum und im Bereich der Informationsenergie, der »geistigen Strukturen«. Das zielgerichtete Informationsfeld des Menschen wird über den Wunschprozeß mit dem Informationsfeld des Gerätes verbunden und bewirkt dort eine neue Strukturierung der Energiefelder, die für den ordnungsgemäßen Ablauf verantwortlich sind. Aus dieser Interaktion vermag »Materie« zu entstehen in Form elektromagnetischer Energie, die nun im Gerät bewirkt, daß es wieder funktioniert. Diese Interaktion zwischen Mensch und seiner elektromagnetischen Umwelt geht sogar noch einen Schritt weiter. Im Beisein von »starken« Persönlichkeiten, zum Beispiel aus Heilerkreisen, funktionieren defekte Geräte wieder ganz spontan, ohne daß jemand seinen Geist auf sie ausgerichtet hat. Auch werden Personen in der Gegenwart von Heilern oder an speziellen Gnadenorten mitunter gesund, obgleich sich niemand um sie gekümmert hat. Hier ist es das Umfeld, das durch die Persönlichkeit oder die Energiestruktur des Platzes einen so hohen Ordnungsgehalt aufweist, so daß auch »Objekte«, die mehr oder weniger zufällig in diesen Interaktionskreis gelangen, dieser Ordnung teilhaftig werden.

Die hier dargestellten Gedankengänge bilden lediglich einen Erklärungsversuch für das Wirken mentaler Kräfte auf materielle beziehungsweise technische Systeme. Gesichert ist jedoch, daß mentale Einwirkung auf Materie mit dauerhafter Wirkung möglich ist. Durch Gedankenkonzentration allein kann ein reines Blatt Papier mit beliebigen Informationen versehen werden, die dann auch mit Hilfe der physikalischen Radiästhesie nachweisbar sind. Ein Vorgang also, der von mentalen Kräften ausgehend in den Bereich der elektromagnetischen Energien führt. Ein weiteres, bereits besprochenes Beispiel ist die mentale Steuerung einer Energieübertragung mit Hilfe einer aufgeladenen Kerze. Berührt eine Person, die von diesen Experimenten nichts weiß, einen Gegenstand mit einer solchen Kerze, wird in diesem keinerlei energetische Änderung nachweisbar sein. Berührt dagegen der in mentalen Techniken Erfahrene mit der Kerze das Objekt, so gehen in Sekundenschnelle die Energien von der Kerze auf den Gegenstand über und sind dort nachweisbar, auch im Blindversuch.

In diesem Abschnitt geht es um den Einsatz radionisch arbeitender Verstärkungssysteme für mentale Prozesse der Energieübertragung. Die weiter oben angesprochenen klassischen radionischen Systeme sollen hier ausgeklammert werden; im Prinzip arbeiten sie ebenfalls nach den hier angesprochenen Übertragungstheorien. Auch auf das Arbeiten mit Kristallen zur Übertragung mentaler Energien soll hier nicht näher eingegangen werden. Im Grunde kann nämlich fast jeder Gegenstand in irgendeiner Form mentale Kräfte leiten beziehungsweise dirigieren, aber nicht aus sich selbst heraus, sondern nur in der Hand des Kundigen. Allein mit Hilfe eines normalen Bleistiftes lassen sich mit Leichtigkeit induktive und kapazitive Kräfte auf ein Blatt Papier oder ein anderes Objekt übertragen – also auch ohne etwas damit aufzuschreiben. Mit einem Bleistift geht es sogar besonders gut, denn das Material hat aus technischer Sichtweise die Eigenschaften eines Halbleiters, vermag also induktive und kapazitive Energien zu leiten beziehungsweise zu beeinflussen.

In neuerer Zeit ist in esoterischen Kreisen, aber auch im Arbeitsbereich von Energiemedizinern von einem »Weißen Strahler« die Rede, der als elektronisches Bauteil für Energieübertragungen vorteilhaft gerade im Zusammenhang mit computergesteuerten Therapieverfahren eingesetzt werde. Dabei handelt es sich um ein Bauteil, das induktive und kapazitive Energien gleichzeitig auszustrahlen vermag, wenn es in irgendeiner Weise angeregt wird. Die Anregung erfolgt normalerweise mit Strom; die praktische Erfahrung zeigt aber, daß dieses System auch ohne Strom funktioniert. Besonders charakteristisch an diesem System ist, daß hier weder eine irgendwie räumlich ausgerichtete Strahlung abgegeben wird noch daß bestimmte Wellenlängenbereiche vorherrschen. Auch wird hier keine Steuerung durch Impulsgebung oder ähnliche Verfahren vorgenommen. Der »Weiße Strahler« emittiert sozusagen »diffuse« Energie in einer zufälligen Art und Weise oder in einer zufälligen Strahlungsfolge, soweit man diese Begriffe überhaupt bei diesem System verwenden kann. Auch geht es hier nicht um eine irgendwie geartete Eigenstrahlung des Systems, die vom Anwender modifiziert wird. Zwei Beispiele mögen die Arbeitsweise mit einem »Weißen Strahler« verständlicher machen:

Zu Beginn der Entwicklung von Notebooks kam ein Organizer der Firma PSION auf den Markt. Im Gegensatz zu den heutigen Computern war die Ausstrahlung dieses Gerätes weitgehend rechtsdrehend. Es gab Ärzte, die mit Hilfe dieses Taschencomputers Patienten heilten. Dieser Computer hatte ein Tonprogramm. Töne sind Wellenlängen. Auf dem Gerät konnte man eine Tonfolge einstellen, die dann auf den Patienten übertragen wurde, eine Musiktherapie mit Pieptönen sozusagen. Das Erstaunliche war nun, daß die so übertragenen Wellenlängen lange Zeit im menschlichen Organismus wirksam blieben und Heilungsvorgänge auszulösen vermochten. Natürlich ließen sich diese Wellenlängen ebenso gut auf ein Glas Wasser übertragen oder auf andere Materialien. Noch erstaunlicher war, daß dieses Gerät auch ohne das Einstellen bestimmter Tonfolgen funktionierte. Das Gerät besaß drei Speicher, einen internen Arbeitsspeicher und externe Speicherkarten. Vor der Arbeit mit dem Gerät mußte der gewünschte Speicher über eine Umschalttaste angewählt werden. Wurde diese Taste permanent gedrückt gehalten, sprang die Anzeige im Display zwischen den Speichern hin und her, wobei ein vernehmbares Knattern ertönte. Mit Hilfe dieses Knatterns als »Trägerwelle« ließen sich nun mentale Energien in kürzester Zeit und in hoher Intensität auf beliebige Objekte übertragen. Dieses Gerät konnte also zu Energieübertragungen verwendet werden, die über unkoordinierte Knattergeräusche verstärkt wurden. Im Zusammenhang mit diesem Gerät wurde niemals über einen »Weißen Strahler« gesprochen. Ich erwähne dieses Beispiel lediglich, um das Wirkungsprinzip eines solchen Strahlers verständlich zu machen.

Ein weiteres Beispiel: Es gibt in Waffenläden sogenannte Elektroschocker zur Selbstverteidigung. In ihnen wird Batteriestrom auf eine hohe Spannung gebracht. Wird mit diesem Gerät ein Angreifer berührt, so springt ein Funke zu ihm über und versetzt ihm einen starken elektrischen Schlag. Mit diesem Gerät läßt sich auch ohne Berührung einer Person oder eines Objektes eine rasche Funkenabfolge unter knatterndem Geräusch erzeugen. Funken senden elektromagnetische Energie in einem weiten Frequenzspektrum aus. Durch Arbeiten mit Funkeninduktoren wurden um 1900 die elektromagnetischen Wellen entdeckt. In jener Experimentalzeit ereigneten sich im Zusammenhang mit solchen Geräten seltsame Vorgänge, die heute eher dem esoterischen Bereich zugeordnet werden würden. Es traten in den Experimentierräumen Kugelblitze auf, farbige Lichtphänomene und andere Merkwürdigkeiten bis hin zu spukhaften Phänomenen und Erscheinungen. Verwandte Systeme wurden von Nikola Tesla zur drahtlosen Energieübertragung verwendet.

In unserem radiästhetischen Arbeitskreis wurden Experimente mit den als Funkeninduktor wirkenden Elektroschockgeräten angestellt. Menschen, die negative Energien in ihrem Aurafeld aufwiesen im Sinne von geistigen Beeinflussungen durch jenseitige geistige Kräfte, konnten davon befreit werden, wenn mit dem funkensprühenden Gerät in respektvollem Abstand einigen Male die Wirbelsäule vom Kopf bis zu den Füßen überstrichen wurde. Unter strengem Vorbehalt könnte hier von einem Austreiben böser Geister durch Feuer gesprochen werden – dies nur, um das Wirkungsprinzip unmißverständlich herauszustellen. Bewußt unterlasse ich es, diesen Gedankengang weiterzuspinnen bis hin zu den leidvollen Hexenverbrennungen des Mittelalters, wo durch Feuer böse Geister aus den angeblich Besessenen ausgetrieben werden sollten. Natürlich können auch leblose Gegenstände mit diesen Elektroschockgeräten von anhaftenden negativen Energien befreit werden. Es geht hier also wieder um eine unkoordinierte Aussendung von Energien, die sozusagen als Trägerwelle für neue Informationsstrukturen dienen, die in dem damit behandelten Objekt verankert werden sollen.

Die Arbeitsweise des »Weißen Strahlers« mag ähnlich verstanden werden wie die Wirkung der Funken und Knattergeräusche in den zuvor angeführten Beispielen. Der Unterschied liegt darin, daß das System des »Weißen Strahlers« keinerlei Geräusch erzeugt, keine Funken sprüht, nicht elektromagnetisch angeregt wird und auch sonst in keiner Weise mit bekannten äußeren Energien in Berührung gebracht wird. Der »Weiße Strahler« wirkt aus sich selbst heraus, wie eine Informationen sendende Quelle, wobei der Zufluß zu dieser Quelle von den geistigen Kräften des Menschen gesteuert wird. Da mit Hilfe dieses Systems Mentalenergie in elektromagnetische Energie umgewandelt wird, kann es auch nur in einem mit Energien geladenen Umfeld wirken, denn daß aus nichts nur nichts werden kann, gilt auf allen Ebenen und in allen Bereichen, auch außerhalb unserer physikalischen Erkenntnisbereiche. Es ist immer leicht, hier auf die universelle kosmische Energie zu verweisen, die vielfach als Energiequelle herhalten muß, doch existiert zur Zeit meines Wissens keine andere Erklärungsweise, die das Wirkungsprinzip solcher Systeme veranschaulichen kann.

Der »Weiße Strahler« ist in gewisser Weise ein Universalgenie, das mentale Kräfte des Anwenders über das Informationsfeld des Gerätes in wirksame Aktionen setzen kann. Doch auch hier wieder die Einschränkung: Auch dieses System funktioniert in gewünschter Weise nur bei der Anwendung des Kundigen. Vom Prinzip her unterscheidet sich das mit diesem System erzielte Ergebnis nicht von einer reinen Mentaltechnik, doch der Übertragungsvorgang geschieht schneller, leichter (kräftesparender) und intensiver. Die Möglichkeiten, die ein solches System bietet, sind noch lange nicht ausgeschöpft. Anhand eines praktischen Beispieles möchte ich die Wirkung des »Weißen Strahlers« erläutern. Es handelt sich dabei um meinen ersten Kontakt zu dieser Einwirkungsmethode:

Ein befreundeter Radiästhet und Bastler entwickelte einen Weißen Strahler mit USB-Anschluß für den Computer. Das elektronische Bauteil verbarg er in einem schön gearbeiteten Holzgehäuse. Er bat mich, mit ihm gemeinsam zu experimentieren. Als der erfahrenere Radiästhet sollte ich die Versuchsergebnisse kontrollieren und aufzeichnen. Es war Spätsommer, wir saßen im Garten neben einem reichlich Früchte tragenden Apfelbaum. Günter S. baute seinen Laptop auf und verband den »Weißen Strahler« mit ihm. Wir waren uns noch nicht darüber einig, wie nun ein Mentalprogramm über den Computer mit dem »Weißen Strahler« als Ausgang der Energie zu realisieren war und begannen, auf einem Schreibprogramm zu experimentieren. Ich schlug vor, eine bestimmte Wellenlänge zu übertragen, die ich dann radiästhetisch im Versuchsobjekt nachweisen wollte. Als Zielobjekt der Energie wählten wir einen Apfel, den wir neben die Gerätschaften auf den Tisch legten. Eine Kontrolle ergab, daß die zu übertragende Wellenlänge nicht im Apfel vorhanden war.

Die Textvorgabe zur Unterstützung des mentalen Prozesses sah so aus, daß die Aufgabe formuliert wurde und sich Befehle anschlossen, die den Weg der Energie durch den Computer angaben. Die einzelnen Schritte vermag ich aus dem Gedächtnis nicht mehr genau nachzuvollziehen. Es sah in etwa so aus: Von der Bildschirmoberfläche sollte die Energie in den Arbeitsspeicher, von dort aus zu dem USB-Ausgang am Computer, in den Eingang zum »Weißen Strahler« und über das Sendeteil zum Zielobjekt, dem Apfel. Die einzelnen Schritte wurden möglichst exakt formuliert. Wir experimentierten eine Zeitlang und versuchten, den Weg der Energie im Computer immer detaillierter zu beschreiben. Mehrere Versuche wurden gestartet, doch das Ergebnis blieb immer gleich, es kam keine Energie in den Apfel. Wir waren so auf die exakte Programmbeschreibung fixiert, daß wir offenbar etwas Wesentliches nicht beachteten. Dann kam meinem Freund der Gedankenblitz: Der Apfel mußte einen Namen bekommen. Ich nannte ihn »Hans«, nachdem wir feststellen mußten, daß der Allgemeinbegriff »Apfel« nicht ausreichend war. Der Name wurde in das Textprogramm aufgenommen, und sofort zeigte die Kontrolle, daß die gewünschte Wellenlänge in den Apfel »Hans« übergegangen war. Ich kann nicht mehr die Intensität angeben, die ebenfalls Bestandteil des geschriebenen Mentalprogramms war, glaube mich aber zu erinnern, daß es wenige Meter waren, also eine solche Intensität, wie sie normalerweise im Umfeld unseres Experimentierbereiches nicht vorkommen könnte.

Ich erwähne dieses Beispiel deshalb so ausführlich, weil ich darauf hinweisen möchte, daß im Zusammenhang mit mental unterstützten Energie-Übertragungsprozessen absolut exakte Angaben gemacht werden müssen über das Ziel, das zu erreichen gewünscht ist. Dieser Gesichtspunkt wurde mir auch mehrfach von einem befreundeten Heilpraktiker bestätigt, der über Kontaktmöglichkeiten zu geistigen Wesenheiten verfügt und für diese Wesenheiten Arbeitsanweisungen in Form von Bitten niederschrieb. Die auf kleinen Blättchen formulierten Texte (und hinzugefügte Symbole) legte er zwischen undurchsichtige Kartonlagen und schweißte sie in Folien ein. So entstanden kleine Kärtchen, mit deren Hilfe zum Beispiel Nahrungsmittel positiviert werden konnten. Mit anderen Texten versehene Kärtchen konnten eingesetzt werden, um das energetische Wohnumfeld zu verbessern. Infolge der Anwendung dieser Texte traten mitunter nicht erwünschte Nebeneffekte auf, die dann aber durch Formulierung einer präziseren Ausdrucksweise verhindert werden konnten.

In einem Holzgehäuse verborgener »Weißer Strahler« mit USB-Anschluß für den Computer. Daneben ein Verstärker für die eigenen mentalen Kräfte, bestehend aus unterschiedlichen Holzarten, Scheiben von Halbedelsteinen und speziellen Füllmaterialien.

Wirkungen von heiligem Wasser und Himalayasalz

In diesem Kapitel geht es um die gesundheitlichen Wirkungen durch Trinken besonderer Wässer oder von Wasser, dem etwas Himalayasalz zugesetzt wurde. Vielfach herrscht Unverständnis darüber, was »heiliges« Wasser überhaupt ist, warum mineralarmes Wasser getrunken werden solle und warum dem Trinkwasser etwas von einem besonderen Salz zugesetzt werden solle, damit es besondere Eigenschaften erhalte. Unverständnis erzwingen allein schon die widersprüchlichen Angaben, einerseits mineralarmes Wasser zu trinken und andererseits dem Wasser noch Salz hinzuzusetzen.

Von Naturheilkundigen wird allgemein empfohlen, mineralarmes Wasser zu trinken, um ausscheidungspflichtige Stoffe sowie Schadstoffe aus dem Organismus besser ausleiten zu können. Mineralarm ist ein Wasser, das unter 800 Milligramm Mineralstoffe pro Liter enthält. Viele Wässer dieser Art weisen sogar einem Mineralsalzgehalt von unter 100 Milligramm pro Liter auf. Je weniger Mineralien das Wasser enthalte, um so besser solle es für die Ausscheidungsvorgänge geeignet sein. Als Idealfall wird mitunter sogar destilliertes Wasser empfohlen.

Grundsätzlich ist es richtig, daß mineralarmes Wasser mehr Substanzen lösen kann, als mineralreiches. Dieses Gesetz gilt jedoch nur im Experiment und nicht unbedingt für den Organismus. Die Substanzen, die für die Ausscheidung in Frage kommen, liegen im Körperwasser nicht in der mineralischen Form vor, in der man sie als Festsubstanzen kennt, sondern in ionisierter (elektrisch geladener) Form. Diese Ionen weisen ein völlig anderes Lösungsverhalten auf. Auch liegen die Ionen nicht in einfacher atomarer oder molekularer Form vor, sondern in komplexen Molekülaggregaten, wobei die Ionen von anderen Molekülen als Komplexbildner (teilweise in der Funktion als Lösungsvermittler) und reichlich angelagertem Wasser stabilisiert werden. Diese Komplexe sind es, die ausgeschieden werden können, und nicht die Substanz selbst. Um Substanzen in eine zur Ausscheidung fähige Form zu überführen, ist also weniger das Wasser erforderlich als Substanzen, die als Komplexbildner fungieren, und Energien, die die gebildeten Komplexe zu stabilisieren vermögen. Welche Voraussetzungen sind also wirklich erforderlich, um Substanzen besser ausleiten zu können?

Heiliges Wasser und mineralarmes Wasser

Unsere zellulären Körperflüssigkeiten und auch die Flüssigkeiten, welche wir ausscheiden, sind weitgehend rechtsdrehend bezüglich ihrer Zirkularpolarisation. Lebendes biologisches Material ist generell rechtsdrehend. Die Begriffe rechtsdrehend und linksdrehend bezeichnen hier keine optischen

Aktivitäten, sondern Strahlungseffekte, die der Rutengänger eher subatomaren Prozessen zuordnet. Wenn also schon alle biologischen Flüssigkeiten rechtsdrehende Eigenschaften aufweisen, so scheint es nur sinnvoll, dem Körper nach Möglichkeit auch nur rechtsdrehendes Wasser zuzuführen. Quellen, die rechtsdrehendes Wasser führen, sind sogenannte »heilige« Quellen. Rechtsdrehendes Wasser mit bestimmten Eigenschaften weisen hauptsächlich Quellen auf, die aus größerer Tiefe an die Erdoberfläche kommen. Diese tiefen Quellen sind in der Regel auch sehr mineralarm. In bestimmten Gebieten treten auch rechtsdrehende Quellen zutage, die nur aus wenigen Metern Tiefe an die Erdoberfläche kommen. Diese sind in den meisten Fällen mineralreicher als die tiefen Quellen, was mit den Gesteinsschichten zu tun hat, die diese Wässer durchflossen haben. Heilig werden diese Quellen deswegen genannt, weil sie stets kultischen Zwecken dienten und später auch Kirchen darüber erbaut wurden. Listet man die Wellenlängen auf, die sich in diesen heiligen Wässern befinden, so stellt man im Vergleich fest, daß es sich dabei um die gleichen Wellenlängen handelt, die auch in religiösen Kreisen eine Rolle spielen, die Sakralgegenstände abstrahlen, die im Zusammenhang mit Heil und Gesundheit stehen.

Untersucht man diese heiligen rechtsdrehenden Wässer, so stellt man fest, daß sie vielfach noch etwas ganz Besonderes aufweisen, nämlich das Vorhandensein einer Energieform, die wir in der Radiästhesie als »Haftung« bezeichnen. Dies scheint nur bei rechtsdrehenden Wässern aufzutreten, aber auch nicht bei allen. Diese Energieform der »Haftung« befähigt das Wasser in besonderer Weise, andere Substanzen zu hydratisieren (mit Wassermolekülen einzuschließen) oder zu komplexieren (in lockerer Form zu binden). Nur solches Wasser ist in der Lage, über das normale Lösungsvermögen hinaus Schadstoffe aus dem Körper auszuleiten. Mineralarm sind diese Wässer mehr oder weniger schon von ihrer Herkunft. Sicher sind wenige Mineralien zum Zwecke der Ausleitung besser als viele, aber ein gewisser Prozentsatz an Mineralien ist zwingend erforderlich, damit diese speziellen Schwingungseigenschaften des Wassers überhaupt auftreten und in ihm stabilisiert bleiben. Bei destilliertem Wasser funktioniert das nicht. Es ist wohl mehr oder weniger ein Zufall, daß die propagierten mineralarmen Wässer auch stets rechtsdrehende Wässer sind mit heiligen Energien und der speziellen Eigenschaft der Haftung.

Destilliertes Wasser sollte weniger aus dem Grund gemieden werden, weil es von seinen normalen Lösungseigenschaften her in der Lage ist, zu viele Mineralien fortzuschwemmen, als aus energetischen Gründen. Destilliertes Wasser entzieht dem Organismus Lebensenergie! Wir bezeichnen destilliertes Wasser als eine Speicherform der »Nullenergie«. Plätze mit Nullenergien (sie kommen auch auf der Erdoberfläche vor) entziehen dem Organismus soviel Lebenskraft, daß er in kurzer Zeit erkrankt, und zwar an schweren chronischen Erkrankungen.

Wer also für seine Gesundheit etwas Gutes tun möchte, auch im Hinblick auf Unterstützung für ausleitend wirkende Medikamente, sollte mineralarmes rechtsdrehendes Wasser trinken, wobei nochmals betont werden soll, daß gerade die mineralarmen Wässer am ehesten die geforderten Eigenschaften der Haftung aufweisen. Die energetischen Eigenschaften des Wassers sind für die Gesundheit und für die Ausleitung also in erster Linie von Bedeutung und nicht primär die Mineralarmut.

Das Wasser der besonders mineralarmen Quellen kommt aus großen Tiefen und kann unter Umständen ein Alter von mehreren Jahrhunderten aufweisen. Aus diesem hohen Alter des Wassers und den langen Wegen, die es bis zu seiner Entnahme zurücklegte, lassen sich Eigenschaften ableiten, die bislang noch nicht zur Sprache gekommen sind. Das Wasser hat auf seinem Weg durch die Jahrhunderte die unterschiedlichsten Gesteinsarten durchflossen und damit alle Wellenlängen gespeichert, die für die Entwicklung der Lebewesen auf der Erde von Bedeutung sind. Diese dem Wasser aufgeprägten Strukturen sind durch Hitze, Strudelbildung, Erschütterungen (Erdbeben) und andere Prozesse im Erdinnern und auf der Erde immer wieder zerstört und neu aufgebaut worden. Das Wasser ist wandelbar geworden. Auch die Geschicke der Menschen auf der Erde und die Vorgänge in der Erdatmosphäre weisen ihre eigenen Energiestrukturen auf, die vom tiefen Wasser gespeichert und den jeweils aktuellen Verhältnissen angepaßt werden. Das alte Wasser spiegelt sozusagen die gesamten Geschicke der Erde wider mitsamt ihren Bewohnern. Jede Epoche der Erde, jede Epoche der Menschheit hat dem Wasser seine Strukturen aufgeprägt. Haben sich die Menschen gewandelt, wandelte sich auch die innere Struktur des Wassers. Nur sehr altes Wasser kann die Entwicklung der Erde und der Lebewesen in den zahlreichen Vorgängen des Lösens und Bindens von Strukturen repräsentieren. Diese Wandlungseigenschaften des alten Wassers sind für den Menschen (und wahrscheinlich für alle Lebewesen) von besonderer Bedeutung für seine Entwicklung. Heil und Gesundheit können wir nur dadurch erlangen, daß wir uns in geistiger sowie physischer Entwicklung immer weiter voranbewegen. Geistige Starre führt in der Folge stets auch zu körperlichen Erkrankungen, und diese können geheilt werden, wenn der erkrankte Mensch seine geistige Haltung und damit seine Art zu leben verändert, das ist aus Heilungsberichten immer wieder zu entnehmen. Um Heilung zu erlangen, muß der Erkrankte seine geistigen Strukturen, seine Einstellung zum Leben verändern. Ändern heißt, sich von alten Strukturen zu lösen und neue zu bilden, neue Ansichten, Einsichten und Erkenntnisse zu erlangen. Dieser stete Umbruch auf geistiger und physischer Ebene hält gesund, weil sich hiermit den Lebensumständen angepaßt wird. Für die meisten Menschen sind diese Prozesse aber nicht so einfach zu erlernen beziehungsweise nachzuvollziehen, meist mangelt es schon an der erforderlichen Einsicht.

Was hat das alte Wasser im Zusammenhang mit gesundheitlichen Prozessen für eine Bedeutung? Das Wasser hat diese steten Änderungen, die im Lösen von alten Strukturen und dem Aufbau neuer Strukturen bestehen, bereits kennengelernt. Das Wasser hat damit Eigenschaften erlangt, die dem Menschen not tun und die das Wasser auf die energetische Struktur des Menschen übertragen kann. Dieses alte Wasser weist nach meinen Untersuchungen auch stets kapazitive Eigenschaften auf, also Eigenschaften, die den Geist des Menschen betreffen. Das Wasser prägt den Geist des Menschen mit den Urinformationen des Lösens und Bindens, des Trennens und Neuverknüpfens, es prägt dem Menschen die Information der Wandlung auf. Der Mensch, der dieses Wasser trinkt, speichert die erforderlichen Informationen für seine Entwicklung in seinem eigenen Zellwasser. Diese Wasserschwingung bereitet ihn auf eine Resonanzbeziehung zu überirdischen Kräften vor, zu den Kräften der Schöpfungsenergien. Es liegt nun an ihm, sich diesen Resonanzen zu öffnen oder sie durch den Verstand zu blockieren. Warum kommen so viele Wunderheilungen gerade an Gnadenorten vor, die heilige Quellen aufweisen? Weil hier über das Wasser die Urinformationen aufgenommen werden, die den Menschen wieder mit der Schöpfungsordnung verbinden können. In dieser Beziehung liegt letztendlich der Grund für die Notwendigkeit, ein natürliches heiliges Wasser zu sich zu nehmen.

Ein Destabilisierungsprozeß, wie es das Löschen von festgefahrenen Energiestrukturen im Menschen darstellt, bedingt für sich allein gesehen noch keinerlei Heilungsprozeß, ist ja die Erkrankung selbst eine Form der Destabilisierung. Das Lösen der alten Strukturen ermöglicht lediglich die Möglichkeit zu neuen Verknüpfungen, zu neuen Strukturierungen. Damit die neuen Strukturen im Sinne der Gesundheit und Schöpfungsordnung geknüpft werden können, bedarf es dazu einer formgebenden Matrix, einer geistigen Struktur, die das richtige Endergebnis als Informationspotential vorgibt. Diese Vorgabe vermag die eigene Lebensvorstellung zu leisten, das sichere Gefühl von Gesundheit und Integriertsein in die Schöpfungsordnung; der Glaube und das Gebet können dabei hilfreich sein. Das ist Heilung durch den Geist. Die Vorgabe einer neuen Ordnung im Sinne der Schöpfung kann aber auch durch Einnahme eines geeigneten Wassers erfolgen, das mit seinen kapazitiven Eigenschaften die erforderlichen Voraussetzungen zur Neustrukturierung einer energetischen Matrix bietet, nach der dann der erneuerte Zellaufbau erfolgt. In der Regel verlaufen bei Heilungsprozessen innere Einstellung und äußere Maßnahmen (in diesem Fall die Einnahme des heiligen

Wassers) parallel zueinander; eine der beiden Maßnahmen ist oft nicht ausreichend. Die körpereigene Energiestruktur ist der wesentliche Fakt; wenn sich hier nichts in der Lebenseinstellung ändert, so hilft auch das heilige Wasser nicht, weil es seine naturgegebenen Strukturen im Organismus nicht auf Dauer beibehalten kann und sozusagen verstoffwechselt wird. Es kann aber helfen, die eigenen geistigen Strukturen zu stärken, weil mit einer Wirkungsdauer von etwa 24 Stunden gerechnet werden kann, wenn man ein Glas eines solchen Wassers getrunken hat. Besteht in der Energiestruktur des Menschen und den Energien des heiligen Wassers eine Resonanzbeziehung (das richtige Wasser finden!), so kann davon ausgegangen werden, daß die energetischen Vorgaben des Wassers mehr oder weniger dauerhaft in die Strukturen der Körperflüssigkeiten eingebaut werden und so zu einer Zellerneuerung im Sinne einer höheren Ordnung beitragen.

Lichtwässer

Lichtwässer sind eine Auswahl von natürlichen heiligen Wässern. Sie weisen alle Eigenschaften von heiligen Wässern auf und besitzen darüber hinaus noch weitere Eigenschaften, die auch bei guten Wässern selten anzutreffen sind. Unter der Bezeichnung »Lichtwässer« sind diese Wässer bekannt geworden durch Dr. Enza Maria Ciccolo (Italien). Sie beschreibt besondere Effekte durch Anwendung dieses Wassers auf Pflanzen, Tiere, Menschen und Umwelt. Die besonderen biologischen Wirkungen dieser Wässer sollen dabei auf den Farbfrequenzen des Lichtspektrums beruhen, die in diesen Wässern gespeichert sein sollen. Die biologischen Effekte können etwa mit den Effekten von Farblicht-Therapien verglichen werden. Aber im Unterschied zur Farblicht-Therapie werden die entsprechenden Frequenzen der Lichtwässer offenbar besser im Organismus gespeichert, woraus eine verstärkte Wirksamkeit resultiert. Wie heilige Wässer generell bringen auch die Lichtwässer die natürliche Ordnung wieder in den Organismus. Fotos von Wasserstrukturen zeigen, wie sich eine natürliche Ordnung im Wasser darstellt.

Beispiele für Lichtwässer sind nach Dr. Ciccolo: Fatima (Portugal), Lourdes (Südfrankreich), Santa Maria a la Fontana (Mailand), Montichiari (Oberitalien), Medjugorje (Bosnien, kein Quellwasser[24]), San Damiano (Italien) und Ephesus (Türkei). Das sind die ersten sieben Lichtwässer, die Frau Ciccolo entdeckt hat. Darüber hinaus werden von ihr als Lichtwässer erwähnt:

[24] In Medjugorje gibt es bislang noch keine Lichtwasser-Quelle. Wenn die Marienerscheinung zugegen ist, lädt sich normales Wasser so hochgradig auf, daß es zum Lichtwasser wird.

Guadelupe (Mexiko), Einsiedeln (Schweiz), Heroldsbach (Deutschland), Loreto (Italien). Das Wasser vom Wallfahrtsort Wemding (Schwaben) ist ebenfalls ein Lichtwasser. Viele Quellen mit dem Charakter eines Lichtwassers stehen mit Wallfahrtskirchen oder anderen alten Kultstätten im Zusammenhang; es werden aber auch immer wieder neue Lichtwässer entdeckt. Die meisten der hier genannten Wässer habe ich persönlich untersucht und mit Methoden der Radiästhesie das Vorhandensein der Lichtwellenlängen festgestellt.

Lichtwässer bilden sich in der Natur unter besonderen energetischen Einflüssen, die ein Zusammenwirken der Quelle mit Kräften höherer Ordnung vermuten lassen. Nach Aussagen des Bauchautors Peter Elster verteilt sich die Energie des Ortes an diesen besonderen Plätzen in Pyramidenform auf der Basis eines Rhomboids. Energiefelder von Pyramiden mit quadratischer Basis sollen die Energie nur in einer Richtung bewegen, was als Stagnation gewertet wird mit der Folge von Mumifizierung. Energiefelder einer Pyramide mit Rhomboidbasis sollen sich dagegen in einer Spiralform von oben nach unten und von unten nach oben verbreiten. Obgleich ich persönlich diese Erklärung mit meinen Untersuchungsmethoden nicht nachvollziehen kann, so sprechen doch Aussagen hellsichtiger Personen in diese Richtung. Hier liegt offenbar das Phänomen einer »heiligen Geometrie« vor. Dieser Begriff kennzeichnet ein Muster, ein Energiefeld, das die Umgebung dazu motiviert, sich dieser idealen Ordnung anzupassen und harmonische Verhältnisse zu realisieren. Interessant im Zusammenhang mit der heiligen Geometrie ist die Beobachtung, daß der Bindungswinkel des Wassermoleküls aufgeweitet ist von 104° bei normalem Wasser auf 108° beim Lichtwasser. Das spricht für einen festeren Zusammenhang der Moleküle. Dieser Bindungswinkel entspricht der heiligen Geometrie, dem Goldenen Schnitt der Naturproportionen und den Winkeln des Fünfecks. Radiästhetisch nachweisbar ist neben den Lichtwellenlängen eine Resonanz der betreffenden Lichtwässer zu von oben einfallenden kosmischen Kräften. »Normale« Wässer weisen Energiefelder auf, die sich radial in der Ebene und ein wenig nach oben hin verbreiten; die Lichtwässer weisen dagegen eine ausgeprägte nach oben strebende Energiesäule auf.

Für das Vorhandensein besonderer Energien (Wellenlängen) in Lichtwässern existieren eine Reihe auch physikalisch-technischer Untersuchungsmethoden. Die speziellen Lichtfrequenzen im Wasser wurden durch den sogenannten Piccardi-Test (Giorgio Piccardi, Mailand) entdeckt: Stellt man kolloidale Lösungen von Goldsalzen her, so zeigen die mit Lichtwasser hergestellten Kolloide ein anderes Brechungs- beziehungsweise Streuverhalten als mit normalem Wasser hergestellte Kolloide. Das unterschiedliche Verhalten wird mit dem Auftreten der Lichtfrequenzen begründet, die gemessen werden konnten. Der Piccardi-Test besagt vom Prinzip her, daß bestimmte energetische Konstellationen (wie Mondphasen, Sonnenaktivität, Planetenstellungen) ein verändertes Verhalten bei chemischen Reaktionen in wäßriger Lösung bewirken. Auf die Lichtwässer bezogen heißt das, daß bestimmte energetische Konstellationen (heilige Geometrie) am Quellort vorhanden sein müssen, damit die betreffenden Wellenlängen auftreten und im Wasser gespeichert werden können.

Viele physikalische Eigenschaften der Lichtwässer gelten generell für heilige Wässer. So konnte der Physiker Dr. Wolfgang Ludwig (Horb) in wässrigen Systemen unterschiedlicher Herkunft auch verschiedene Schwingungsfrequenzen nachweisen. Durch Untersuchungen an Homöopathika stellte er zum Beispiel fest, daß Handverschüttelung der Wirkstoffe andere Frequenzmuster erzeugt als Mischung durch elektrisch und hydraulisch betriebene Schüttelgeräte. Photographien von Wasserkristallen (Masuro Emoto, Günter Schön) sowie die Klangbilder von beschalltem Wasser (Alexander Lauterwasser) zeigen, in welcher Weise externe Energieeinflüsse im Wasser verarbeitet und gespeichert werden. Mittels kalorimetrischer Messungen (Vittorio Elina) wurde festgestellt, daß Wasser sich erwärmt, wenn ein Mensch den Untersuchungsraum betritt. Verläßt dieser den Raum wieder, so geht die Temperatur langsam zurück. Daraus kann gefolgert werden, daß menschliches Bewußtsein einen starken Einfluß auf die Clusterbildung des Wassers hat (vgl. auch die Kristallbilder von Emoto, in denen dieser Effekt nachgewiesen wurde).

Ein Lichtwasser »antwortet« auf Frequenzen des lebenden Gewebes, speziell im Bereich von 2,5 Hz bis 160 Hz. Die maßgeblichen sieben Lichtfrequenzen liegen bei 2,5 Hz, 5 Hz, 10 Hz, 20 Hz, 40 Hz, 80 Hz, 160 Hz. Daraus kann die Schlußfolgerung gezogen werden, daß Lichtwasser oder heiliges Wasser generell eine starke Wechselwirkung zu lebendem Gewebe aufbaut und dadurch im Gewebewasser selbst Veränderungen bewirken kann. Mittels Elektroakupunktur oder vergleichbaren Verfahren der Bioresonanz-Testung kann festgestellt werden, daß Lichtwasser die aus der Norm geratenen organspezifischen Meßwerte harmonisiert. Die vergleichende Infrarot-Spektroskopie zeigt auf, daß die Spektren von Lourdes- und Fatimawasser eine Ähnlichkeit mit den menschlichen Hirnwellen haben. Im Infrarotspektrum weist jedes Lichtwasser ein für es charakteristisches Frequenzmuster auf mit scharfen Frequenzsprüngen – im Gegensatz zu normalen Wässern, die stets gleichbleibende Frequenzmuster aufweisen. Gerade im Zusammenhang mit dem menschlichen Bewußtsein ist auffällig, daß die meisten Lichtwässer auch kapazitive Eigenschaften aufweisen, von denen bekannt ist, daß diese den menschlichen Geist beeinflussen.

Die Lichtwässer weisen offenbar einen ganz besonderen Bezug zu höher organisiertem lebendem Gewebe auf. Während pathologisch wirkende Mikroorganismen in Lichtwasser ihre Aggressivität verlieren und inaktiv werden, scheint höher organisiertes Gewebe (Ordnung!) sich durch Lichtwasser in einer für den Menschen besonders positiven Form zu entwickeln. Dabei scheint jedes Lichtwasser spezielle Gewebeformen zu bevorzugen, was möglicherweise mit den speziellen Lichtfrequenzen zusammenhängt, die in diesem Wasser gefunden werden. In diesem Sinne stellt Frau Maria Ciccolo einen Zusammenhang her zwischen den Lichtwasser-Frequenzen und den drei embryonalen Keimblättern, aus denen sich die Gewebestrukturen des Körpers entwickeln, dem Entoderm (inneres Keimblatt, magnetische Natur), dem Mesoderm (mittleres Keimblatt, elektromagnetische Natur) und dem Ektoderm (äußeres Keimblatt, elektrische Natur). Aus diesen drei embryonalen Keimblättern haben sich in einer Selektion alle Gewebestrukturen und Organe des Menschen entwickelt. Da spezielle Wässer offenbar bestimmte Gewebestrukturen besonders ansprechen, kann jedes Lichtwasser seiner Natur gemäß zu therapeutischen Zwecken eingesetzt werden.

Wasser durch Übertragungsprozesse informieren

Wässrige Systeme stellen gute Energiespeicher dar. Diese Speichereigenschaften können genutzt werden, um über geeignete Techniken Trinkwasser oder andere wasserhaltige Nahrungsmittel energetisch aufzubessern. Das Wasser kann durch unterschiedliche Techniken aufgeladen (energetisiert) werden, von denen einige hier angesprochen werden sollen. Eine andere Möglichkeit der Energieübertragung besteht darin, Leitungswasser oder anderes minderwertiges Wasser durch Hinzugeben von einem heiligen Wasser aufzubessern. Man spricht hier von einem »Überimpfen« der Eigenschaften des guten Wassers. Es genügen wenige Tropfen eines guten Wassers, um seine speziellen Eigenschaften auf ein minderwertiges Wasser zu übertragen. Was hier für die Übertragung auf Wasser gilt, gilt ebenso gut für die Übertragung auf andere wasserhaltige Systeme wie Fruchtsäfte, Suppen und Getränke beliebiger Art.

Eine Reihe von möglichen Aufladungstechniken habe ich bereits im Kapitel über die Reinigungs- beziehungsweise Entodungsvorgänge angesprochen, weil mit der energetischen Reinigung häufig eine Aufladung einhergeht. Von den hier angesprochenen Verfahren erwiesen sich folgende als geeignet, um neben der Reinigung auch eine Aufladung zu gewährleisten: Aufladung mittels Orgonstrahler oder anderen orgonotischen Systemen, Energie-Übertragung mittels Kerzen, Anwendung radionischer beziehungsweise technischer Systeme, Lagerung an einem positiven Kraftort (es gibt auch negativ wirkende Kraftorte), Lagerung auf speziellen aufladenden Systemen, Energieübertragung durch Symbole und Bilder, Anwendung mentaler Energien.

Wenn die Verfahren ausgeschlossen werden, die technisch aufwendig sind, besondere Fähigkeiten verlangen und sich für den Hausgebrauch als unpraktisch erweisen, so bleibt eigentlich nur eine Methode übrig, nämlich das Aufladen auf irgendwie informierten Platten, Untersetzern und ähnlichen Objekten, die alle relativ rasch wirken und gute Ergebnisse zeigen. Die schnellsten und sichersten Ergebnisse erziele ich dabei mit der Mikrochipkarte. Damit erfolgen eine energetische Reinigung und eine sehr schnelle und ausreichend starke Aufladung auch bei kohlensäurehaltigen Getränken. Dabei werden induktive und kapazitive Eigenschaften übertragen. Die Verfahrensweisen dazu habe ich bereits angegeben. Die Methode ist so sicher und zuverlässig, daß dazu nichts weiter zu sagen ist.

Mit dem Verfahren des *Überimpfens* von Wassereigenschaften können sehr viel subtilere Effekte erzielt werden, weil natürliches Wasser noch andere Informationen enthält als solche, die mittels technischer Systeme auf das Wasser übertragen werden können. Da diese Effekte in gesundheitlicher Hinsicht von besonderer Bedeutung zu sein scheinen, möchte ich das Verfahren des Überimpfens genauer beschreiben. Der Vorgang ist folgender: Wenn ich etwa einen Liter eines linksdrehenden Leitungswassers vorgebe und dieses mit etwa neun Tropfen eines heiligen Wassers versetze (das Wasser sozusagen impfe), so sind nach einer gewissen Zeit der Einwirkung alle Wellenlängen und speziellen Eigenschaften des heiligen Wassers auf das Leitungswasser übertragen worden. Ich kann also mit wenigen Topfen eines guten Wassers eine große Menge Wasser herstellen, das praktisch die gleichen Eigenschaften aufweist, wie das verwendete heilige Wasser. Wenn mir zum Beispiel jemand etwas Wasser aus Lourdes mitbringt, so wäre dieses Wasser nach kurzer Zeit ausgetrunken. Mit der Methode des Überimpfens kann ich mir nun jederzeit ein eigenes Lourdeswasser herstellen, das heißt ein Wasser, das die gleichen Eigenschaften aufweist. Aus der praktischen Durchführung der Überimpfungsmethode ergeben sich folgende Fragestellungen:

1. Kann ich jedes Ausgangswasser dazu hernehmen?
2. Werden die negativen Eigenschaften des minderwertigen Wassers ausgelöscht?
3. Funktioniert die Methode auch bei anderen Getränken?
4. Funktioniert die Methode auch bei kohlensäurehaltigen Getränken?
5. Wieviel Tropfen des heiligen Wassers benötige ich wirklich?
6. Was sind das für Eigenschaften, die übertragen werden?
7. Bleibt das durch Überimpfen gewonnene Wasser stabil?
8. Kann ich das neu gewonnene Wasser als Ausgangswasser für weitere Übertragungsprozesse verwenden?

Zu 1.: Grundsätzlich ist jedes Wasser als Ausgangswasser für den Prozeß des Überimpfens geeignet, wenn es Trinkwasserqualität aufweist. Verschmutzte oder bakteriell belastete Wasser sind nicht geeignet, da sich in ihnen eigendynamische Prozesse abspielen, die zur Zerstörung der neu zu bildenden Wasserstrukturen führen beziehungsweise deren Bildung von vornherein unmöglich machen. Aber auf diese Idee wird wohl auch kaum jemand kommen, da das Wasser ja getrunken werden soll.

Zu 2.: Wenn das Ausgangswasser Spuren von Schadstoffen oder anderen substanziellen Belastungen aufweist, so bleiben diese negativen Eigenschaften der Substanzen auch nach dem Überimpfen mit heiligem Wasser erhalten. Linksdrehend darf das Wasser sein, es sollte aber schon eine möglichst gute Trinkwasserqualität aufweisen. Diese Einschränkung ist mit dem Wirkungsmechanismus zu begründen, mit dem das heilige Wasser auf das profane Wasser einwirkt: Zunächst verbreitet sich das Energiefeld des heiligen Wassers im profanen Wasser, worauf zeitabhängig die intermolekularen Wasserstrukturen neu geknüpft werden. Die Wasserstrukturen (Cluster) bilden die Basis für die Energiespeicherung. Weil das System an der Struktur der Wasser-Cluster angreift, ist der erste zu beobachtende Vorgang der, daß das Wasser allmählich die linksdrehenden Eigenschaften verliert, eine gewisse Neutralitätsphase passiert und dann langsam rechtsdrehend wird. Mit diesem Rechtsdrehendwerden werden dann auch die speziellen Eigenschaften des heiligen Wassers auf das profane Wasser übertragen. Sind im profanen Wasser Substanzen vorhanden, die auch ohne Einbau in das Wasser-Cluster (Hydratisierung) linksdrehend sind, so behalten diese verständlicherweise ihre linksdrehenden Eigenschaften, weil diese substanzbedingt sind und nicht wasserbedingt. Deshalb ist es also sinnvoll, als Ausgangswasser für den Vorgang des Überimpfens ein relativ gutes Trinkwasser zu verwenden, das möglichst frei von Schadstoffen ist. Andererseits kann aber davon ausgegangen werden, daß auch Schadstoffe, die im Wasser sein könnten, auf den Organismus wesentlich harmloser wirken, wenn sie in einem rechtsdrehenden Wasser zu sich genommen werden. Ein Beweis dafür ist die Beobachtung, daß Nebenwirkungen beziehungsweise Unverträglichkeiten von bestimmten Arzneimitteln nicht mehr auftreten, wenn das Arzneimittel in rechtsdrehendem Wasser verabreicht wird.

Zu 3.: Die Methode des Überimpfens von guten Eigenschaften funktioniert im Prinzip bei allen Getränken und auch bei wasserhaltigen Nahrungsmitteln wie Suppen usw. Bei heißen Getränken ist allerdings eine geringere Wirkungsintensität zu beobachten. Das hängt mit der Struktur der Wasser-Cluster zusammen, die bei höherer Temperatur kleiner sind und eine größere Eigendynamik aufweisen, das heißt die Strukturen zerfallen in der Hitze schneller als im kalten Zustand. Zerfall und Neubildung sind in der Wärme in einem stärkeren wechselseitigen Prozeß, so daß sich stabile energetische Systeme nicht so gut ausbilden können. In jedem Fall aber werden auch heiße Getränke durch Überimpfen rechtsdrehend.

Zu 4.: Die Einschränkungen der Wirksamkeit, die für heiße Getränke gelten, gelten in ähnlicher Form auch für kohlensäurehaltige Getränke. Das Entweichen der Kohlensäure zerstört die Wasser-Cluster, die für die Fixierung der Eigenschaften verantwortlich sind, die übertragen werden sollen. Aus diesem Grund sollten zum Beispiel Homöopathika niemals in kohlesäurehaltigem Wasser eingenommen werden.

Zu 5.: Eingangs erwähnte ich die Größenordnung von neun Tropfen heiligem Wasser auf einen Liter profanem Wasser. Diese Angabe stellt lediglich eine Größenordnung dar. Es funktioniert auch mit weniger Tropfen und einer größeren Wassermenge. Der Übertragungsprozeß dauert dann allerdings etwas länger. Je mehr heiliges Wasser zugesetzt wird, um so schneller verläuft der Übertragungsprozeß. Als zeitliche Größenordnung kann angesetzt werden, daß die Übertragungsprozesse in etwa einer halben Stunde bis zu einer Stunde abgeschlossen sind.

Zu 6.: Welche Eigenschaften werden übertragen? Linksdrehendes Wasser wird rechtsdrehend. Hier wird also die Eigenschaft der Zirkularpolarisation übertragen. Auch die Polarität des heiligen Wassers wird übertragen: Ist dieses Yang, wird auch das profane Wasser Yang, ist es Yin, wird auch das profane Wasser Yin. Als dritte Basisgröße werden auch alle induktiven und kapazitiven Schwingungseigenschaften des heiligen Wassers übertragen. Eine Einschränkung gibt es jedoch: Wenn das profane Wasser, also das Wasser, das geimpft werden soll, extrem starke negative Strahlungseigenschaften aufweist (durch Messung der Strahlungsreichweite feststellbar) und das heilige Wasser eine nur geringe Strahlungsintensität, dann ist mit einer mangelnden Übertragung der Eigenschaften zu rechnen. In der Praxis kommt dies aber so gut wie nie vor, denn die heiligen Wässer haben meist meterweite Strahlungsreichweiten, während die Strahlung des Leitungswasser in der Reichweite meist deutlich unter einem Meter liegt. In manchen Regionen ist das Leitungswasser rechtsdrehend. In diesem Fall werden weitere positive Eigenschaften durch das Überimpfen auf das Leitungswasser übertragen. Nur wenn zwei besonders »heilige« Wässer zusammenkommen, kann es zu Unverträglichkeiten der Wässer untereinander kommen, was zu einem Verlust der positiven Energien führt. Bislang ist es mir noch nicht gelungen, diese Besonderheit experimentell nachzuvollziehen, so daß ich hierüber keine konkrete Aussage machen kann. Die Experimente zeigen allerdings, daß in der Praxis mit diesem Effekt kaum zu rechnen ist. Normalerweise vertragen sich rechtsdrehende Wässer untereinander recht gut.

Zu 7.: Hier geht es um die Stabilität der durch Überimpfen neu gewonnenen Wässer. Soweit ich es bislang feststellen konnte, bleiben diese Wässer ebenso lange stabil wie das heilige Wasser selbst. Es kann also mit einer Lagerungsstabilität von Monaten bis Jahren gerechnet werden, wenn das Wasser einwandfrei sauber und keimfrei ist. Die Strahlungsreichweite der Energien des durch Überimpfen gewonnenen Wassers ist etwas geringer als die des zugesetzten heiligen Wassers. Ist das zugegebene heilige Wasser schwach, wird das neu gewonnene Wasser noch etwas schwächer. Eine energetische Schwächung des Wassers macht dieses für andere energetische Einflüsse anfälliger. In diesem Fall könnte es zu einer kurzzeitigeren Lagerungsstabilität kommen. Doch wird niemand sein Wasser informieren und es erst Wochen später trinken wollen, so daß dieser Effekt praktisch zu vernachlässigen ist.

Zu 8.: Das durch Übertragung neu gewonnene Wasser weist auf allen Wellenlängen eine etwas geringere Strahlungsintensität auf. Bei einzelnen Wellenlängen können sogar größere Intensitätsunterschiede auftreten, auch wenn das selten zu beobachten ist. Das profane Wasser enthält gewisse Mineralien oder andere Substanzen (zum Beispiel vielleicht Chlor oder Schadstoffe), deren Energien mit den Schwingungen des zugesetzten heiligen Wassers in Wechselwirkung treten. Daraus müssen sich Änderungen im Gesamtgefüge der Schwingungen ergeben, die sich auf spezielle Wellenlängen im Wasser negativ auswirken können. Das Wasser vermittelt dann natürlich auch keine Resonanz mehr zu den Energien, die am Ort der heiligen Quelle herrschen. Wenn nun dieses durch Übertragung neu gewonnene Wasser für weitere Übertragungsprozesse verwendet wird, können sich die möglichen negativen Effekte verstärken. Obgleich ein mehrfaches Übertragen der Energien durchaus möglich ist, muß mit einem gewissen Qualitätsverlust bei jedem neuen Übertragungsprozeß gerechnet werden. Im Sinne der optimalen Wirksamkeit des Wassers sollte für die Übertragungsprozesse immer das ursprüngliche heilige Wasser herangezogen oder nur *eine* weitere Übertragung vorgenommen werden.

Mittels EM-Produkten informiertes Wasser

EM ist eine Abkürzung für den Begriff »Effektive Mikroorganismen«. Es handelt sich um ein aus lebenden Bakterienstämmen von Professor Teruo Higa (Japan) entwickeltes Produkt, das ursprünglich zur Verbesserung der Bodenbakterienflora im Gartenbau konzipiert war. Inzwischen hat sich diese Bakterienmischung als vielseitiges Mittel in unterschiedlichen Bereichen des täglichen Lebens bewährt: in der Landwirtschaft, bei der Wasseraufbereitung, in der Industrie, im Hotelgewerbe, im Haushalt und in der Medizin. Die Bakterienstämme haben sich als sehr nützliche Begleiter des pflanzlichen, tierischen und menschlichen Lebens erwiesen. Eigene Experimente zur Kompostierung von Küchenabfällen und der Einsatz dieses Kompost als Pflanzendünger zeigten ungewöhnlich positive Effekte auf das Pflanzenwachstum und die gesundheitliche Entwicklung der Pflanzen. An dieser Stelle soll jedoch nur *eine* Anwendungsform der EM-Produkte zur Sprache kommen, nämlich ihr Einsatz zur Aufbesserung des Trinkwassers. Hier gibt es im wesentlichen drei Anwendungsmöglichkeiten:

Die lebenden Bakterienstämme kommen in wäßriger Form in einer Nährlösung (sogenanntes EMa) in den Handel und können durch den Anwender selbst vermehrt werden. Einige Tropfen des Bakterienkonzentrates in Trinkwasser gegeben machen das Wasser rechtsdrehend und versehen es mit einigen lebenspositiven Wellenlängen. Eine zweite Möglichkeit der Anwendung besteht darin, Kochsalz mit dem Bakterienkonzentrat zu besprühen und trocknen zu lassen. Das so hergestellte EM-Salz kann zum Salzen von Speisen genommen werden oder zur Positivierung des Trinkwassers, wenn davon etwas in das Wasser gegeben wird. Beide Anwendungsmöglichkeiten weisen jedoch einen gewissen Nachteil auf: Da es sich um lebende bakterielle Produkte handelt, ist die Gefahr einer Besiedelung mit Fremdbakterien (Verkeimung) relativ groß, wenn es nicht gelingt, bei der Vermehrung der Bakterien halbwegs sterile Verarbeitungsbedingungen zu realisieren. Für die medizinische Anwendung steht ein Produkt zur Verfügung, daß keine lebenden Bakterienstämme mehr enthält (das sogenannte EM-X). Ein weiteres Produkt, das ohne lebende Bakterien auskommt, aber doch das energetische Verhalten dieser Bakterien aufweist, ist die sogenannte EM-Keramik. Zur Herstellung dieser Keramik wird das Rohprodukt mit den Bakterienstämmen behandelt und als Keramik gebrannt. Das fertige Produkt ist damit steril und unbedenklich einsetzbar. EM-Keramik ist als Pulver erhältlich oder in Form kleiner oder mittelgroßer Keramikröhrchen. Diese Keramikröhrchen eignen sich zur Positivierung des Trinkwassers, sie brauchen einfach nur in die Wasserflasche gegeben zu werden. Man läßt sie dann über Nacht einwirken. Das Wasser wird rechtsdrehend mit etwa einem Meter Strahlungsreichweite und enthält die Wellenlänge der Lebenskraft mit einer Strahlungsreichweite von 1,2 Metern. Wesentliche Heilenergien, wie sie aus heiligem Wasser bekannt sind, fehlen in dem so aufbereiteten Wasser oder sind nur in geringer Intensität vorhanden. Bedeutsam ist das Fehlen der Haftungsenergie im so aufbereiteten Wasser. Deshalb ist anzunehmen, daß dieses Wasser im Organismus nicht die Heilwirkungen aufweisen kann wie ein natürliches heiliges Wasser. Hinzu kommt, daß das so aufbereitete Trinkwasser bezüglich der übertragenen Energien nicht lagerungsstabil ist.

Mittels Himalayasalz informiertes Wasser

Himalayasalz zu sich zu nehmen, ist gewissermaßen ein Modethema geworden. Diesem Salz werden besondere gesundheitliche Wirkungen nachgesagt. Was ist Himalayasalz? Es handelt sich hierbei um Brocken eines unverarbeiteten Steinsalzes, wie es aus Salzbergwerken gewonnen wird. Bestandteile an Eisen und anderen Spurenelementen geben diesem Salz eine meist rötliche bis leicht bräunliche Farbe, wie es von den Salzkristalllampen bekannt ist. In der Regel enthält dieses Salz noch feine Gesteinsfragmente, die beim Lösen des Salzes zurückbleiben.

Leider gibt es im Handel gutes und weniger gutes Himalayasalz, und wohl nur der geringste Anteil der erhältlichen Produkte kommt wirklich aus dem Himalaya. Wenn die Qualität des Salzes gut ist, ist der Ursprungsort unbedeutend. Ich habe selbst einige Zeit »Himalayasalz« bester Qualität erhalten können, das aus dem Reichenhaller Bergwerk kam. Meines Wissens ist hier die Gewinnung dieses besonders sorgfältig per Handbetrieb abgebauten Salzes eingestellt worden.

Entscheidend für die Salzqualität ist nicht der Ort seiner Gewinnung, sondern die energetische Qualität. Gutes Steinsalz ist vielfach rechtsdrehend und weist zahlreiche lebenspositive Wellenlängen auf. Himalayasalz minderwertiger Qualität ist linksdrehend und ebenso teuer. Entscheidend für die Salzqualität ist der Ort, an dem sich das Salz unter natürlichen Bedingungen gebildet hat. Stammt das Salz aus einer Verwerfungsspalte mit rechtsdrehender Strahlungsqualität, so hat das Salz die energetischen Eigenschaften der Verwerfung angenommen und vermag sie beim Auflösen an das Wasser oder die Speisen weiterzugeben. Beim routinemäßig und maschinell abgebauten Steinsalz wird der Ort des Abbaus nicht zuvor auf seine energetische Strahlungsqualität untersucht. Dabei kann durchaus zufällig rechtsdrehendes Salz gewonnen werden, meist ist es aber linksdrehend. Woher das Salz auch kommt, einen besonderen gesundheitlichen Wert (der über den eines natürlichen Salzes hinausgeht) hat nur das rechtsdrehende Steinsalz. Der Käufer eines solchen Salzes ist gut beraten, dieses zuvor auf seine energetischen Eigenschaften hin auszutesten. Im Geschäft ist das meist nicht möglich, auch verfälschen kristallisierte Salzbrocken leicht das Testergebnis, weil der größere Salzbrocken polarisiert ist (Yin- und Yang-Polarität) und damit rechtsdrehende oder linksdrehende Eigenschaften vortäuschen kann. Die sicherste Methode, ein solches Salz zu testen, ist die, es zu kaufen, eine Probe in Wasser aufzulösen und dieses Wasser auf seine energetischen Eigenschaften hin zu untersuchen. Wird das Wasser stark rechtsdrehend und enthält es viele lebenspositive Energien in hoher Intensität, dann wird dieses Wasser auch für die Gesundheit förderlich sein.

Es gibt mehrere Gesichtspunkte, weshalb für das Trinken von Salzwasser geworben wird, das durch Auflösen von diesem Steinsalz gewonnen wird. Einer davon ist die Aufnahme von Mineralien und Spurenelementen, die in dem Salz in natürlicher Form vorliegen. Dieses Argument gilt aber für jedes Steinsalz und auch für Meersalz und ist für unsere Untersuchungen nicht von Belang. Das wesentliche Argument für das Trinken von Steinsalzlösung ist, daß dieses Salzwasser die Ausscheidung von Giftstoffen aus dem Organismus fördert. In diesen Aussagen scheint ein Widerspruch vorzuliegen. Das Salzwasser soll einerseits zur Aufnahme von Mineralien dienen, andererseits wird diesem ein die Ausscheidung von Giftstoffen fördernder Effekt zugesprochen. Ausscheidungspflichtige Giftstoffe sind aber meist ebenfalls mineralische Substanzen. Bezieht man sich nur auf den Mineralgehalt des Wassers, so ist dieser Widerspruch nicht zu erklären. Zieht man aber die energetischen Qualitäten eines mineralarmen Wassers einerseits und des Salzwassers andererseits in Betracht, so erhält man vergleichbare Ergebnisse. Die Erfahrung zeigt, daß sehr mineralarmes Wasser gleichzeitig ein rechtsdrehendes Wasser ist mit vielen Heilungseigenschaften und insbesondere der Eigenschaft, ausscheidungspflichtige Stoffe im Organismus zu binden und auszuleiten. Diese speziellen Wassereigenschaften sind für die gesundheitliche Wirkung von Bedeutung und nicht der Mineralgehalt. Wird Leitungswasser oder anderes minderwertiges (linksdrehendes) Wasser mit einem guten Salz versetzt, so übernimmt das Wasser die energetischen Eigenschaften des Salzes und wird zu einem »heiligen« Wasser mit den gleichen energetischen Qualitäten, wie es auch ein gutes mineralarmes Wasser aufweist. Entscheidend ist also nicht der Mineralgehalt des Wassers, sondern seine speziellen energetischen Qualitäten. Diese Qualitäten kann das Wasser natürlicherseits aufweisen (mineralarmes Wasser), es kann sie aber auch durch Zugabe eines besonders guten Salzes übertragen bekommen.

Für das Kristallsalz ist aber noch eine weitere Eigenschaft von Bedeutung, die auch beim heiligen Wasser bereits angesprochen wurde. Es ist der Gehalt an Ur-Informationen des Bindens und Lösens, mit denen im Organismus Wandlungsprozesse eingeleitet werden können. Diese Ur-Informationen sind im Kristallsalz in vollständigerer und intensiverer Form enthalten als in einem guten Mineralwasser. Das Wasser ist mit seiner Wandlungsfähigkeit (Lösen und Binden der Wasser-Cluster) der Ursprung der energetischen Speicherung der Energien der Schöpfung und der energetischen Entwicklung der Erde. Durchfließt dieses Wasser salzhaltige Bodenschichten, so nimmt es weitere Ur-Informationen auf. An geeigneten Stellen im Erdinneren kommt es nun durch Hitzeeinwirkung oder Austrocknung dazu, daß das Wasser verdunstet und kristallisiertes Salz zurückbleibt. Die Ur-Informationen sind damit in das Salz übergangen und im Kristall bleibend fixiert. Die Fixierung der Energien ist der entscheidende Punkt. Das Wasser kann durch Umorganisationen von Bindungen bestimmte Eigenschaften wieder verlieren und sich an eine veränderte (auch verschlechterte) energetische Situation anpassen, im Salzkristall hingegen bleibt die Energie dauerhaft gespeichert. Deshalb ist es beim Salz auch so wichtig zu wissen, an welchem Ort das Salz gewonnen wurde. In den Salzstöcken liegen Lagerstätten mit rechtsdrehendem und linksdrehendem Salz dicht beieinander. Welcher Rutengänger geht hier täglich in den Salzstollen und sagt den Arbeitern, welches Salz sie abbauen sollen und welches nicht? Wenn das nicht untersucht wird, kann man eine Zeitlang gutes rechtsdrehendes Salz bekommen, dann aber plötzlich linksdrehendes vom gleichen Hersteller und aus dem gleichen Stollen. Hier liegt das Problem. Jede einzelne Tüte (oder zumindest jede Charge) Himalayasalz, die man kauft, muß auf ihre energetische Qualität untersucht werden, um der segensreichen Wirkung dieses Salzes teilhaftig zu werden. Es ist heute einfacher, ein gutes rechtsdrehendes Wasser zu bekommen, als ein gutes Salz, um damit sein Wasser rechtsdrehend zu machen.

Verzeichnis verwendeter Fachbegriffe

Od, Odkraft

Der Begriff »Od« wurde von Carl Ludwig Freiherr von Reichenbach (1788-1869, deutscher Chemiker und Philosoph) 1852 in die psychische Forschung eingeführt. Der Wortstamm soll vom höchsten germanischen Gott »Odin« beziehungsweise »Wodan« entlehnt sein. Od bezeichnet eine alles durchdringende Emanation, eine Lebenskraft, dem Prana vergleichbar. Der Begriff des Od benennt den medizinisch-therapeutischen Aspekt dessen, was Mesmer als Magnetismus bezeichnet hatte. Das von Menschen, Tieren, Pflanzen, Magneten, Metallen und Kristallen ausgestrahlte Od soll von besonders empfindsamen Menschen, die Reichenbach Sensitive nannte, als »odische Lohe« (Aura) wahrgenommen werden können. Od wird damit zu einer Kraft, die allen Objekten zu eigen ist. Die Intensität der Odstrahlung und deren qualitative Eigenschaft kann mit Hilfe radiästhetischer Instrumente bestimmt und untersucht werden. Wir finden den Begriff des Od noch heute in Begriffen wie »Odeur«, »Odl«, »Odlgrube«, wo diese Begriffe eher einen Geruch kennzeichnen.

Odspeicher

Als Odspeicher werden Materialien bezeichnet, die Od (Lebenskraft) in besonders hohem Maße zu speichern vermögen. Grundsätzlich ist jedes Material mit einem gewissen Anteil an natürlichem Od behaftet, welches seine Eigenausstrahlung kennzeichnet. Auch kann jedes Material in gewisser Weise fremdes Od aufnehmen und speichern. Die Speicherqualität für Od ist aber materialbedingt unterschiedlich und vom chemischen Aufbau des Materials abhängig, denn die Art der chemischen Bindungsmöglichkeiten entscheidet darüber, wie weit fremde Energien in einem Material fixiert werden können. Besonders gute Odspeicher sind alle biologischen Materialien wie wäßrige Systeme, Fette, Öle, Schmalz, Blut, Kohle, Baumwollwatte usw. Auch Metalle gehören zu den guten Odspeichern, verlieren die aufgenommenen Energien jedoch leicht wieder. Holz und Papier sind weniger gute Odspeicher. Steine und Kristalle würden unter physikalischer Sichtweise eigentlich zu den schlechten Odspeichern gehören. Mit Hilfe mentaler Energien können diese Materialien aber in hohem Maße geistige Informationen annehmen, die Transformationen in physikalische (elektromagnetische) Energien zulassen.

Entoden und Beoden

Entoden bezeichnet das Befreien eines Objektes von anhaftendem Od. Gemeint ist hier Od, welches zusätzlich zur arteigenen Materialstrahlung aufgenommen wurde und die sich nicht entfernen läßt. In der Regel wird unter Entoden das Befreien von negativem (belastendem, unerwünschtem) Od verstanden. Dabei kann es sich um physikalisch faßbares Od handeln oder auch um geistige Informationen. Zum Entoden stehen unterschiedliche Verfahren zur Verfügung, die teilweise selektierende Anwendungsmöglichkeiten aufweisen (bestimmtes Od wird entfernt, anderes wird belassen).

Beoden bezeichnet das Übertragen von (positivem, gewünschtem) Od auf beliebige Objekte. Auch hierfür gibt es unterschiedliche Verfahren. Als Odquellen stehen im Prinzip alle Materialien zur Verfügung, die genügend eigenes Od in ausreichend guter Qualität enthalten. Die beste Odquelle ist allerdings der Mensch selbst beziehungsweise die kosmische Energie, die durch den Menschen umgesetzt werden kann. Auch Tiere und Pflanzen sind in hohem Maße mit eigenem Od guter Qualität behaftet.

Energieübertragung

Energieübertragung meint das Umsetzen von Energien (Od, Lebenskraft, selektierte Wellenlängen) von einem Objekt auf ein anderes. In der Regel dient eine Energieübertragung dazu, energieschwache Objekte – das kann der Mensch selbst sein, aber auch Pflanzen, Tiere oder Gegenstände – mit lebenspositiven Energien aufzuladen. Bei Lebewesen wird durch die Energieübertragung eine Steigerung der Lebenskraft beobachtet. Der Erfolg der Übertragung ist bei Lebewesen oder beliebigen Objekten in gleicher Weise meßbar (Radiästhesie, Reaktionsabstand beziehungsweise Strahlungsreichweite). Zur Übertragung von Energien muß ein Odspeicher vorliegen und ein geeignetes Übertragungsverfahren angewandt werden. Eine Übertragung von Energien kann mit Hilfe der (geistigen) Kraft eines Menschen erfolgen, aber auch ohne sie. Eine Energieübertragung im Sinne eines Beodens von Objekten ist immer dann erwünscht, wenn Objekte zuvor energetisch gereinigt (entodet) wurden und mit bestimmten positivierenden Energien versehen werden sollen, insbesondere solchen, die bestimmte radiästhetische Arbeitstechniken (Auffinden definierter Energien) zu unterstützen vermögen.

Positivieren, Positivierungsverfahren

Positivieren heißt, ein Objekt mit guten Energien (gutem Od) zu versehen. Das kann durch Übertragung von guten Energien geschehen, aber auch durch Umwandlung von Energien in lebenspositive Energien. Als positiv wird im allgemeinen das verstanden, was dem Menschen guttut – doch das kann unterschiedlicher Natur sein. Unter radiästhetischen Gesichtspunkten gilt ein Objekt dann als positiviert, wenn keine linksdrehenden Energien mehr festgestellt werden können, rechtsdrehende Energien in ausreichender Intensität nachgewiesen werden können und wenn bestimmte Wellenlängen vorhanden sind, die als lebenspositiv gelten. Wichtig ist, positivierende Maßnahmen auf ein gewisses Intensitätsmaß zu beschränken, da zuviel positive Energie im Umfeld des Menschen ebenso belastend wirken kann, wie zuviel negative Energie.

Sensitivität

Der Begriff »Sensitivität« (vom lat. *»sentire«* = fühlen, empfinden) wurde durch Freiherr von Reichenbach (siehe Od) in die psychologische Forschung eingeführt. Die häufigste Verwendung fand dieser Begriff in der parapsychologischen Forschung, wo er für das übernormale Wahrnehmungsvermögen stand im Sinne von Hellsehen, Telepathie, Medialität usw. In verallgemeinerter Form kennzeichnet der Begriff hochsensible Personen, die sich bezüglich ihres Empfindungsvermögens in einem Grenzbereich hin zur paranormalen Wahrnehmung befinden. Das Empfindungsvermögen eines Sensitiven ist wesentlich höher als das einer allgemein als sensibel bezeichneten Person. Sensitive Personen arbeiten vielfach als Rutengänger oder Pendler, aber auch als Hellseher. Sie empfinden die Energien anderer Menschen, die Ausstrahlung von Objekten sowie das energetische Umfeld allgemein meist als belastend, sie spüren aber auch positive Energien (zum Beispiel an Kultorten) wesentlich intensiver als andere Personen. Eine für unser Lebensumfeld zu hohe Sensitivität hat schon viele Rutengänger in den Freitod getrieben oder einen vorzeitigen Tod veranlaßt, da die Betroffenen nicht mehr in der Lage waren, ihr eigenes Aurafeld gegenüber den energetischen Fremdeinwirkungen abzuschließen.

Abziehen, Aufladen und Verladen von Energien

Diese Begriffe sind synonym mit den Bezeichnungen *»Entoden«*, *»Beoden«* und *»Energieübertragung«*. Abziehen meint das Entfernen unerwünschter Energien aus einem Objekt. Aufladen bedeutet, ein Objekt mit Energien anzufüllen. Verladen ist eine Übertragung von Energien von einem Objekt auf ein anderes.

Radiästhetische Untersuchung

Der Begriff der Radiästhesie (griechisch; Strahlenfühligkeit) wurde von Abbé M. L. Bouly 1930 für die wissenschaftliche Untersuchung und praktische Durchführung des Rutengehens und Pendelns vorgeschlagen. Die dahinterstehende Theorie geht von einem besonderen Reaktionsvermögen mancher Menschen (Sensitive) in bezug auf Strahlungen aus (Kraftfelder, geopathische Reizzonen usw.). Der Rutengänger arbeitet in der Regel mit Hilfe eines Instrumentes (Wünschelrute), welches ihm als Indikator (Anzeiger) für Strahlungszonen dient. Die Weiterentwicklung der klassischen Rutensysteme hat zu Instrumenten geführt, mit denen selektiert eingestellte Wellenlängen (es wird von einer elektromagnetischen Strahlung ausgegangen) erfaßt werden können (LECHER-Antenne[25], »physikalische Radiästhesie«). Diverse Hilfsmittel zu diesem Instrument (Aufsteckschieber für die Erfassung bestimmter Energieformen, Magnetstäbchen usw.) sowie bestimmte Untersuchungstechniken (Testobjekttechnik, Nosoden) lassen reproduzierbare Messungen zu und ermöglichen es dem Rutengänger, ein weites Energiespektrum zu erfassen. Radiästhetisch erfaßbare Strahlung ist nicht grundsätzlich mit elektromagnetischer Strahlung identisch. Kraftfelder anderer (zum Teil unklarer) Art (geistige Potentiale, Informations-Energien) werden offenbar durch eine Hinwendung des Menschen zu diesen Energien (Aufmerksamkeit, Konzentration) oder/und durch Einsatz des Ruteninstrumentes in elektromagnetische Energiebereiche transformiert und somit über das Ruteninstrument faßbar.

Zirkularpolarisation: rechtsdrehend, linksdrehend

Linksdrehende oder rechtsdrehende Strahlung wird auch als polarisierte Strahlung bezeichnet. Der aus der Physik stammende Begriff der Zirkularpolarisation kennzeichnet eine Erscheinungsform bei der Ausbreitung elektromagnetischer Wellen. Elektromagnetische Wellen schwingen in einer Ebene (Horizontalwellen); diese Ebene dreht sich schraubenförmig im Zusammenhang mit der Ausbreitung der Welle. Je nach Art der Drehbewegung spricht man von einer linksdrehenden (linkszirkularpolarisierten) oder rechtsdrehenden (rechtszirkularpolarisierten) Welle oder Schwingung. Zirkularpolarisierte Strahlung wird in der Technik vorzugsweise in der Mikrowellenphysik angewendet (Sendeanlagen). Die Drehbewegung der Strahlung kann durch unterschiedliche Faktoren ausgelöst werden: Art der verwendeten »Antenne« beziehungsweise des Objektes, welches die Strahlung auslöst, Brechungs- oder Reflexionserscheinungen sowie bestimmte Molekularstrukturen, insbesondere bei Materialien biologischen Ursprungs (Naturmaterialien, Lebewesen). Zirkularpolarisierte Strahlung entsteht aber auch aus dem subatomaren

[25] Patentiertes System, Reinhard Schneider.

Bereich, im Zusammenhang mit dem Aufbau von Atomen und Molekülen. Allgemein kann davon ausgegangen werden, daß praktisch jedes Material rechts- oder linkszirkularpolarisierte Strahlung aussendet. Bei fast allen künstlich hergestellten Materialien kann davon ausgegangen werden, daß ihre Strahlung linksdrehend ist.

Trifft zirkularpolarisierte Strahlung auf lebende Organismen, tritt sie in eine Wechselwirkung mit der körpereigenen Strahlung. Da die Strahlung von Organismen nahezu ausnahmslos rechtsdrehend ist, wirkt linksdrehende Strahlung als belastend (schwächend) in bezug auf die Lebenskraft der Lebewesen. Rechtsdrehende Strahlung wirkt aufbauend und die Lebenskraft verstärkend. Empfindliche Personen vermögen rechtsdrehende oder linksdrehende Objektstrahlungen allein von ihrem Gefühl her zu unterscheiden. Beide Strahlungsarten sind allerdings von der Natur her vorgegeben; deshalb kann davon ausgegangen werden, daß auch beide für die Entwicklung der Lebewesen von Bedeutung sind.

Polung, Polarität (Yin und Yang)

Die Begriffe »Polung« (griechisch *»polos«* = Drehpunkt) oder »Polarität« stehen in engem Zusammenhang mit dem Begriff »Zirkularpolarisation«. Polung beschreibt die Ausbildung gegensätzlicher Pole, die miteinander in einer Beziehung stehen. Aus der Elektrostatik (Magnet, Batterie) kennen wir die Begriffe eines Nordpols und Südpols beziehungsweise eines Pluspols und Minuspols. Polaritäten bilden sich aber auch in allen Materialien aus, denn schon die kleinsten Moleküle besitzen unterschiedliche Ladungen, also unterschiedliche Pole. Das setzt sich fort bis hin zu den makromolekularen Strukturen. Werden die Pole mittels radiästhetischer Techniken untersucht, so wird die Strahlung über dem Pluspol als rechtsdrehend wahrgenommen, die über dem Minuspol als linksdrehend. Bilden sich in Materialien Pole aus (besonders stark zum Beispiel in Kristallen), so tritt die Eigenstrahlung des Materials an diesen Polen mit besonders hoher Intensität aus (Spitzenentladung), was für die Wechselwirkung des Materials mit lebenden Organismen von Bedeutung ist.

Zirkularpolarisation und Polarität stehen offenbar in einem bislang nicht vollständig geklärten Zusammenhang. Im asiatischen Raum werden für die Polaritäten die Begriffe »Yin« und »Yang« verwendet. Yang kennzeichnet den positiven Pol, Yin den negativen. Aus der damit zusammenhängenden chinesischen Philosophie geht besonders deutlich hervor, daß beide Pole Endpunkte gewisser Wandlungsvorgänge darstellen. Das impliziert die Möglichkeit einer Umwandlung von Yin in Yang und umgekehrt, was als Endeffekt eine Angleichung oder Vertauschung der Pole bewirken kann. So ist es auch möglich, eine linksdrehende Strahlung in eine rechtsdrehende umzupolen.

Der Radiästhet mißt die Polstrahlung unter gleichzeitiger Verwendung eines Magnetstäbchens (Zirkularpolarisation) sowie eines Polaritätenschiebers, ausgestattet mit einer Diode, die eine selektierte Erfassung von Yin oder Yang zuläßt.

Die Zirkularpolarisation einer Strahlung ist aber nicht mit den Strahlungseigenschaften eines bestimmten Poles identisch! Es existieren rechtsdrehend Yang und rechtsdrehend Yin sowie linksdrehend Yang und linksdrehend Yin. Das hat mit der Art der Entstehung der Zirkularpolarisation zu tun, die auf subatomaren energetischen Eigenschaften beruht (wahrscheinlich aus dem Atomkern stammend) und erst im Zusammenhang mit Materiebildung (elektromagnetische Strahlung ist dazu ein Übergangszustand), ansetzend bei den Molekülen, eine Polung aufbaut.

Resonanz, Resonanzfähigkeit

Der Begriff *»Resonanz«* (lateinisch *»resonare«* = widerhallen) beschreibt die Fähigkeit eines »Körpers«, auf eine anregende Schwingung hin eine Anregung zu erfahren und nun gleichfalls Schwingungen der entsprechenden Art auszusenden. Aus der Akustik ist bekannt, daß eine angeregte Stimmgabel eine andere ohne Berührungskontakt in Schwingung setzen kann. Dieses Prinzip funktioniert auch bei »radiästhetischer Strahlung«: Eine anregend wirkende Bodenstrahlung vermag zum Beispiel einen Stein, einen Kristall usw. in eine gleichgeartete Schwingung zu versetzen, worauf das Objekt nun wesentlich stärker zu strahlen beginnt, als an einem anderen Ort, der diese, die Resonanzfähigkeit anregende Strahlung, nicht aufweist.

Der Begriff der Resonanz findet auch im Bereich mentaler Energien Anwendung. Durch Konzentration auf ein bestimmtes Objekt, eine bestimmte Strahlung usw. ist es möglich, mit diesem Objekt beziehungsweise mit dieser Strahlung oder Energieform in eine Wechselbeziehung (Resonanz) zu treten. Dabei wird die entsprechende Energie des Objektes beziehungsweise ihre Wirkungsweise im konzentrierten Beobachter fühlbar und damit nachweisbar (Mentaltechnik). Häufiges Einüben der Resonanzbeziehung (zum Beispiel durch Rutengehen oder Pendeln) führt zu besonderer, im ungünstigen Fall unerwünschter Empfindlichkeit. Der Geübte kann auf diese Weise auch mit rein geistigen Energien über eine Resonanzbeziehung in einen wechselseitigen Kontakt kommen.

Reaktionsabstand

Diese von Matthias Leisen und Hans Dannert bereits in den 1940er Jahren angewandte Rutentechnik macht eine Aussage über die Intensität einer radiästhetisch faßbaren Strahlung. Der Reaktionsabstand kennzeichnet die Entfernung, in der ein Rutengänger bezüglich einer bestimmten Strahlungsintensität noch eine Rutenreaktion bekommt. Werden vergleichbare Ruteninstrumente eingesetzt, die wellenlängenspezifisch arbeiten, so erzielen Rutengänger vergleichbare Reaktionsabstände. Verallgemeinernd kann ausgesagt werden, daß der Reaktionsabstand eine Aussage über die Strahlungsintensität einer Objektstrahlung macht. Für biologische Verhältnisse sind Reaktionsabstände im Bereich von Dezimetern bis hin zu mehreren Metern von radiästhetischer Bedeutung. Mit Hilfe von Mentaltechniken können radiästhetisch aber auch Reaktionsabstände im Bereich von mehreren Kilometern erfaßt werden.

Mentaltechnik

Die Mentaltechnik geht davon aus, daß geistige (mentale) Kräfte eine Resonanzbeziehung zu radiästhetisch erfaßbarer Strahlung aufbauen können. Das bedeutet, daß die bewußte Konzentration auf eine radiästhetische Arbeit, auf einen zu erzielenden Effekt usw. die gewünschte Durchführung erleichtert. Im Laufe jahrelanger Rutenarbeit kommt es automatisch zu einer starken Resonanzbeziehung zu den Energiefeldern, mit denen der Rutengänger arbeitet. Darauf aufbauend genügt nun dem Geübten die reine Konzentration auf eine bestimmte Energie, um mit ihr auch ohne Ruteninstrument in Beziehung zu treten. In der Regel wird diese Energie gefühlt oder ihre Anwesenheit über eintrainierte Körperreaktionen (schnipsen) zur Aussage gebracht. Bei der Übertragung von Energien (Aufladen, Verladen, Entoden usw.) ist die Mentaltechnik hilfreich, um die Arbeitszeit zu verkürzen. Mittels Mentaltechnik können die genannten Aktionen im Idealfall aber auch ohne jegliche Hilfsmittel realisiert werden. Der geübte Mentalist kann Entodungs- oder Aufladungsvorgänge allein über die Kraft seiner Gedanken steuern, wobei sogar Intensitätsverhältnisse oder das Übertragen bestimmter Wellenlängen oder Energien mental vorgegeben werden können. Mittels Mentaltechnik ist es auch möglich, Kontakt zu rein geistigen Informationsfeldern aufzubauen und Abfragen im Sinne eines Hellsehvermögens zu tätigen.

Information

Ein Objekt zu »informieren« bedeutet, in ihm eine spezifische Energieform zu verankern, die vor dem Informationsprozeß im Objekt nicht nachweisbar oder wirksam war. Demnach wäre bereits die Übertragung einer bestimmten Wellenlänge eine Information, was bei einfacher Auslegung dieses Begriffs auch richtig ist. In esoterischen oder mental-energetischen Disziplinen wird unter Information allerdings ein über dieses einfache Prinzip hinausgehender Vorgang verstanden: Hier bedeutet Information die energetische Übertragung eines (geistigen) »Programms« im Sinne eines sich selbst steuernden, nach außen hin wirksam werdenden Prinzips. Eine Information zu übertragen bedeutet, ein Programm in einem Objekt zu verankern.

Ein Leitungswasser kann zum Beispiel durch Zugabe weniger Tropfen eines Heilwassers »informiert«, also mit neuen Strukturierungsprinzipien (Informationen) und Wellenlängen versehen werden. Die im Heilwasser gespeicherte Information überträgt sich dabei auf das Leitungswasser. Es läuft folgender Vorgang ab: Das Ordnungsprinzip des Heilwassers veranlaßt das Leitungswasser zur Bildung neuer (dem neuen Ordnungsprinzip entsprechender) Wasser-Cluster. Diese verleihen dem Wasser dann zum Beispiel rechtsdrehende Strahlungseigenschaften sowie die Anwesenheit heilkräftiger Energien.

Der Begriff *»Information«* steht in engem Zusammenhang mit den Begriffen *»Programmierung«* und *»Matrix«*.

Programmierung

Ein Programm stellt eine Arbeitsvorschrift dar, eine Aneinanderreihung nacheinander zu bearbeitender Schritte, um auf diesem Wege zu einem bestimmten Ergebnis zu gelangen. In der Mentaltechnik handelt es sich um eine im Geiste abgefaßte Handlungsabfolge, die in einem Objekt ablaufen soll. Mit dieser Handlungsabfolge wird ein Objekt informiert oder programmiert. Mental unterstützte Entodungs- oder Beodungsvorgänge zum Beispiel beinhalten solche Programmierungen. Der Anwender stellt sich vor, was im Objekt der Reihe nach ablaufen soll, um zu einem bestimmten Ergebnis zu gelangen. Je überschaubarer und klarer die Schritte eines solchen Programms im Geist definiert werden (eventuell zur Unterstützung aufschreiben), um so leichter und sicherer kann das Programm verankert werden. Ein Ziel allein vorzugeben ist nicht ausreichend.

Matrix

Die Ausbildung einer Matrix ist die Folge einer Programmierung oder Information. Eine Matrix ist das Strukturgefüge, das sich in einem Objekt ausbildet, um ein internes Programm ablaufen zu lassen.

Literaturverzeichnis

Bächtold-Stäubli, Hanns: »*Handwörterbuch des deutschen Aberglaubens*«, de Gruyter, Berlin, 1987 (Nachdruck der Ausgabe von 1953)

Bardon, Franz: »*FRABATO – Autobiographischer Roman*«, Rüggeberg-Verlag, Wuppertal, 1997

Bardon, Franz: »*Der Schlüssel zur wahren Quabbalah*«, Verlag Hermann Bauer, Freiburg/Br., 1957

Dalla Via, Gudrun: »*Lichtwässer und ihre Heilkräfte*«, – AT Verlag, Aarau (Schweiz), 2002

Durville, Hector (Henry): »*Die Physik des Animal-Magnetismus (Animismus)*«, Verlag von Max Altmann, Leipzig 1912.

Flowers Kollektion: Psychologischer Verlag Van Tuyl Daniels, Berlin, o. J.; enthält vier Bände der Autoren Victor Turnbull sowie Walter Atkinson mit den Themen: Persönlicher Magnetismus; Hypnotismus; Heilmagnetismus; Gedankenkraft

Ghanshymam Singh Birla und Hemlin, Colette: »*Magnet-Therapie. Wirkungsweise und Anwendung von Heilmagneten*«, Schirner Verlag, Darmstadt, 2005

Geßmann, Gustav W.: »*Magnetismus und Hypnotismus. Eine Darstellung dieses Gebietes mit besonderer Berücksichtigung der Beziehungen zwischen dem mineralischen Magnetismus, dem sogenannten tierischen Magnetismus (Mesmerismus) und dem Hypnotismus*«, A. Hartlebens Verlag, Wien und Leipzig, 1923

Grabowski, Siegfried: »*Der Heilstrom*«, Schirner-Verlag, Darmstadt, 2007 (Druckausgabe vergriffen, Titel als E-book weiterhin lieferbar)

Grabowski, Siegfried : »*Die Magie der Kirche*«, Schirner-Verlag, Darmstadt, 2007

Grabowski, Siegfried: »*Über die bioenergetische Wirksamkeit »angesprochener« Gegenstände*« in: Thomas Eich (Hrsg.): »*Der Bruno Gröning-Freundeskreis – Was ist das?*«, DGH-Schriftenreihe Bd.2, Verlag für geistiges Heilen, Schönbrunn, 1997

Grabowski, Siegfried: »*Die Heilkraft der Wallfahrtsorte. Kultus und Brauchtum an Wallfahrtsorten*«, Ohetaler Verlag, Riedlhütte, 2010

Kaiser, H.: »*Das große Kneipp Hausbuch*«, Droemersche Verlagsanstalt, München, 1975 (Taschenbuchausgabe)

Laars, R. H.: »*Das Buch der Amulette und Talismane. Talismanische Astrologie und Magie*«, Verlag Richard Hummel, Leipzig, 1932

Lakhovsky, Georges: »*Das Geheimnis des Lebens*«, VGM Verlag für Ganzheitsmedizin, Essen, 1981 (Nachdruck der deutschen Erstausgabe aus dem Französischen: Oskar Beck, München 1931)

Lazarev, S. N.: »*Karma-Diagnostik*«, Karma Verlag Berlin, 2006-2007, 5 Bände

Lemke: H.: »*Die Kraft von oben. Bewährte Rezepte zur Anwendung des Heilmagnetismus und des Gebetes in der ärztlichen Praxis und in der Familie*«, Dr. Lemke-Verlag, Berlin, 1926

Leprince, Albert: »*Telepathie*«, Hermann Bauer Verlag, Freiburg/Br., 1980

Mau, Franz-Peter: »*EM. Fantastische erfolge mit Effektiven Mikroorganismen in Haus und Garten, für Pflanzenwachstum und Gesundheit*«, Goldmann, München, 2002

Neumann, Erich: »*Auf den Spuren der Feinkrafttechnik. Grundlagen und Bedeutung der frühzeitlichen Formenenergie*«, Verlag Burkhart Weecke, Horn, 1992

Patten, Leslie u. Terry: »*Der Strom des Lebens*«, Droemersche Verlagsanstalt, München, 1980

Pirchl, Gerhard: »*Geheimnis Adernsterne. Unterirdische Kraft- und Orientierungslinien aus prähistorischer Zeit*«, Folio Verlag, Wien, 2004

Raphaell, Katrina: »*Wissende Kristalle für unsere spirituelle Entwicklung, zur Heilung und zur Harmonisierung des Alltags*«, Ansata, Interlaken (Schweiz), 1986

Raphaell, Katrina: »*Heilen mit Kristallen. Die therapeutische Anwendung von Kristallen und Edelsteinen*«, Droemersche Verlagsanstalt, München, 1988

Raphaell, Katrina: »*Botschaft der Kristalle. Die Transformation des Lichtes*«, Verlag Neue Erde, Saarbrücken, 1997

Reichenbach, Karl Freiherr von: »*Der sensitive Mensch und sein Verhalten zum Ode*«, Cottascher Verlag, Stuttgart und Tübingen 1854/1855 (2 Bände)

Schott, Heinz: »*Formen der Geistheilung in Geschichte und Gegenwart*« in Andreas Resch: »*Paranormologie und Religion*«, Reihe: Imago Mundi Bd. XV, Resch Verlag, Innsbruck 1997

Smith, Michael, G.: »*Crystal Spirit*«, Llewellyn Publications, St. Paul (USA), 1990

Straniak, Ludwig: »Die achte Großkraft der Natur und ihre physikalischen Gesetze«, Jos. C. Hubers Verlag, Diessen vor München, 1936

Tarozzi, Giancarlo; Fiorentino, Maria Pia: »*Calligaris. Vorläufer einer neuen Aera*«, VGM Verlag für Ganzheitsmedizin, Essen, 1981 (deutsche Übersetzung der italienischen Ausgabe; Casa Editrice MEB, Torino 1975)

Uyldert, Mellie: »*Verborgene Kräfte der Metalle*«, deutsche Ausgabe Hugendubel, München, 1992

Uyldert, Mellie: »*Verborgene Kräfte der Edelsteine*«, deutsche Ausgabe Hugendubel, München, 1992

Werthmann, Hans-Volker: »*Sehen mit den Fingerspitzen?*« in: »*Neue Wissenschaft*« (Zeitschrift für Grenzgebiete des Seelenlebens), Jahrgang 12 (1964), Heft 1., Francke Verlag, München